民事生效裁判监督案件
审查思维与方法

兰 楠 著

中国检察出版社

图书在版编目（CIP）数据

民事生效裁判监督案件审查思维与方法 / 兰楠著
. -- 北京：中国检察出版社，2024.9
ISBN 978 - 7 - 5102 - 2968 - 8

Ⅰ.①民… Ⅱ.①兰… Ⅲ.①民事诉讼 - 审判 - 案例 - 中国 Ⅳ.①D925.118.2

中国国家版本馆 CIP 数据核字（2024）第 047108 号

民事生效裁判监督案件审查思维与方法
兰　楠　著

策划编辑： 王伟雪
责任编辑： 王伟雪
技术编辑： 王英英
封面设计： 徐嘉武

出版发行： 中国检察出版社
社　　址： 北京市石景山区香山南路 109 号（100144）
网　　址： 中国检察出版社（www.zgjccbs.com）
编辑电话：（010）86423797
发行电话：（010）86423726　86423727　86423728
（010）86423730　86423732
经　　销： 新华书店
印　　刷： 河北宝昌佳彩印刷有限公司
开　　本： 710 mm × 960 mm　16 开
印　　张： 17.25
字　　数： 235 千字
版　　次： 2024 年 9 月第一版　　2024 年 12 月第二次印刷
书　　号： ISBN 978 - 7 - 5102 - 2968 - 8
定　　价： 78.00 元

序　一

理论联系实际、满足实践需求，实现理论与实践的辩证统一，是马克思主义“活的灵魂”。习近平总书记强调，一定要弘扬理论联系实际的学风，自觉运用理论指导实践，使各方面工作更符合客观规律、科学规律的要求，不断提高新时代坚持和发展中国特色社会主义的能力。法学研究，尤其是应用法学研究，应当充分立足于我国的司法实践，着眼于对司法实践的观察、分析与指导，把解答实务问题放在首要位置。检察官立足检察办案，对案件办理过程中的具体问题进行反思，对办案方法、办案思维进行提炼，本身就是理论联系实际。

民事法律监督是我国法律赋予检察机关的重要职能，是检察机关法律监督职能的重要组成部分，检察机关通过抗诉、检察建议等方式，对人民法院民事审判、执行活动实行法律监督，维护司法公正和司法权威，保障国家法律统一正确实施。最高人民检察院党组和应勇检察长明确指出，民事检察要在更加重视监督质量的同时，以有合理的办案数量为基础，体现监督的力度；在保证一定监督规模的基础上，始终坚持精准监督的理念引领，不断拓宽监督的广度和深度，真正实现有效监督。《中共中央关于加强新时代检察机关法律监督工作的意见》也重申了要加强对损害社会公共利益、程序违法、裁判显失公平等突出问题的监督，要健全抗诉、检察建议等法律监督方式，增强监督的主动性、精准度和实效性。民事法律监督以公权力行使（人民法院行使审判权、执行权）为监督对象，以抗诉、检察建议为具体的监督方式，以实现保障国家法律统一正确实施为总目标，并且间接效果及于对公益和私益的保护。在这样一个框架体系内，检察机关对民事生效裁判的监督居于非常重要的位置，其所指向的监督对象是生效裁判，作出生效裁判是审判权行使的核心内容，生效裁判对当事人实体权利义务进行配置，极具影响力；所运用的抗诉、再审检察建议的监督方式，是检察权行使中相对刚性的手段方式；更本质的说，生效裁判监督指向公权力行使，体现出强烈的法律监督职能属性。对民事生效裁判监督案件的审查思维和审查方法进行分析探讨，是一件很有意义的事。

这本书以问题为导向，以对一些基础问题的分析为前提，比如法律监督的本质属性、民事抗诉的价值追求，提出了法律监督属性对抗诉实践的期待；在此基础上，回应了一些实践中的争议观点，比如检察机关抗诉是否实际打破了两造平衡，精准监督是否意味着可抗可不抗的不抗；当前提和基础性问题得到充分梳理后，这本书提出了“一个中心两个辐射点”的审查思维，也就是坚持聚焦对公权力进行监督的审查思维，并由此辐射到对案件的全面审查思维和正确把握对私权利进行救济的审查思维；更进一步，这本书提炼了固定争议焦点、优先和重点审查法律适用、审查事实认定和法律适用中的交叉问题、审查程序违法以及合理限度内尊重审判规律的“五步审查法”。

阅读全书的过程，我欣喜地发现了两大亮点：第一，充分运用大量生动翔实的民事生效裁判监督案例进行分析，有的案例为检察官办案提供正向的借鉴参考价值，有的案例则提供了反向审视价值，可以说较大程度上打通了理论和实践；第二，既依托民事实体法，对生效裁判的权利义务配置是否适当进行分析探讨，又依托于民事程序法，对程序违法进行观察，可以说实现了实体和程序的生动交流。我想这应该得益于作者相对丰富的民事审判和民事检察实践积累，以及在办案同时持续不间断的思考，包括全程参与最高检民法典编纂研究工作，都是有益的积累。

希望这本书能够引发检察官们更多的讨论，能为检察实践提供有益的依据和支撑。感受到兰楠写作快乐的同时，也期待她更多的思考和作品，不懈探索、满足人民群众对公平正义的新要求新期待，是检察实务、法学研究永恒的课题。

那艳芳

最高人民检察院控告申诉检察厅厅长

2024 年 8 月

序　二

初次浏览本书书稿时，最吸引我的是作者提炼和总结的民事生效裁判监督的“五步审查法”，这让我想起了邹碧华法官的“要件审判九步法”。不过，两者因针对的问题域不同，其思维原则、程序和方法均存在较大差异。

我国检察机关对民事生效裁判的监督制度相当具有中国特色。在制度功能上，它是对法院审判权和执行权的法律监督，这涉及法院和检察院复杂的权力分配和行使关系。在法律作业上，一方面，它要复盘生效案件裁判的实体法适用过程，即三段论涵摄；另一方面，它要按照《民事诉讼法》第211条规定的要件决定抗诉与否。在民事生效裁判的监督实践中，最为疑难的问题是如何正确理解法定抗诉要件。这又源于民事诉讼法虽采列举式立法技术，但使用了内涵并不那么确定、外延模糊的概念，如在事实认定方面，它使用了“新证据”“基本事实”“认定事实的主要证据”“足以推翻原判决、裁定”；在法律适用方面，“适用法律确有错误”则更为语焉不明。尽管《最高人民法院关于适用〈中华人民共和国民事诉讼法〉的解释》和《人民检察院民事诉讼监督规则》尽可能澄清了前述概念，但在面对纷繁复杂的民事案件时依然难免捉襟见肘。这导致检察官在对案件进行实体和程序双重审查后，对很多案件面临抗诉还是不抗诉的巨大困惑。

本书提到的一个令我非常有感触的抗诉案例是，《最高人民法院关于适用〈中华人民共和国担保法〉若干问题的解释》第39条有关“借新还旧”的类推适用。该条规定的一个漏洞是，它仅规定了保证人在这种情形下是否承担保证责任，却遗漏了物上保证人的担保责任。这是否构成“适用法律确有错误”？因为担保法并没有涉及“借新还旧”，检察机关是否可以运用宪法平等原则以及“事物当然之理”，认定没有将该条类推适用于物上保证人的民事裁判存在适用法律确有错误？这无疑是很难回答的问题。这不过是诸多“抗不抗”案例之一而已，但也足见抗诉审查实践面临的抉择困境。

在我看来，本书试图从根源上解决这一问题，其基本思路是回到民事生效裁判监督的原初功能，并为圆满实现这一功能而建构体系化的审查程序和方法。作者结合多年实务经验，精研覃思，为我们呈现了一套立场鲜明、目标明确、层次分明、清晰易行的思维原则、程序和方法。

首先，确立抗诉审查的思维原点，即回到民事生效裁判监督的功能预设。本书将其概括为“一个中心，两个辐射点”，前者即坚持检察机关民事生效裁判监督是对公权力的监督。后者包括两个方面：一是检察机关对案件全面审查，包括对案件本身的审查和对裁判者的审查，这契合检察机关的法律监督功能，也意味着这种审查是对公权力运用的合法性甚至合理性的审查，而并非完全着眼于当事人权利义务的分配；二是保障民事主体的合法权益，民事审判权和执行权均需以保障民事权益为首要目的，对公权力的运用自然将辐射到私权救济领域。这种理解既符合检察机关和法院在宪法、组织法上的分工，也从根源上澄清了民事生效裁判监督审查的根本目的。

其次，构建具体案件的“五步审查法”：(1) 固定争议焦点；(2) 优先和重点审查法律适用问题；(3) 审查事实认定和法律适用中的交叉问题；(4) 结合法定性和必要性审查程序违法问题；(5) 合理限度内尊重审判规律。就每个思维步骤，本书都进一步提供了详细的思维顺序，如在固定争议焦点时，应当根据当事人的诉讼请求、答辩意见以及证据交换的情况确定等。值得注意的是，第五步“合理限度内尊重审判规律”看似与前四个步骤并不在一个层面，但它其实是对前四步审查结论的再审查，是检察机关在作出抗诉与不抗诉决定时最后必须考量的要素。毕竟，检察机关的民事生效裁判监督受制于该制度的有限功能预设、裁判者的有限理性、生效裁判文书确定的民事秩序的价值、重启民事程序耗费的司法资源等诸多必须权衡要素。检察机关不宜也不可能对但凡存在瑕疵的生效裁判都提出抗诉，这不仅有违抗诉制度设置的初衷，而且在很多情形下也可能为救济一方而牺牲更多不特定人的利益。

本书的特色之一是将民事抗诉理论和审查实践融为一体。作者长期致力于抗诉审查工作，熟谙各种类型的抗诉案件，书中不乏其从事个案审查的心路历程，这种风格更能让读者——无论是专司从事抗诉的法律工作者，还是谋求检察机关支持抗诉的律师和当事人，在短时间把握抗诉工作的要点，以更准确地作出是否提出抗诉或申请抗诉的决定。

套用莎翁的话用于抗诉决断，可以说，“抗诉与不抗诉，这是一个问题”。本书最为成功之处在于，它为疏解这一难题贡献了实务智慧，也丰富了我国的民事抗诉理论。作为读者，期待兰楠检察官的“五步审查法”在经过不断磨炼后，能和邹碧华法官的“要件审判九步法”一样被高度关注，成为我国抗诉实操中的基本思维程序和思维方法；也期待她未来能奉献更多更好的作品。她的扎实才学、丰富经验，尤其是对抗诉工作的热情，足可满足这一期待。

谢鸿飞
中国社会科学院法学研究所研究员
2024 年 8 月

前　言

习近平总书记强调，“坚持实践第一的观点，不断推进实践基础上的理论创新”，“要根据时代变化和实践发展，不断深化认识，不断总结经验，不断实现理论创新和实践创新良性互动”。当前，社会面临百年未有之大变局的加速演进，国内外各类风险显著增多，检察理论研究和实践发展，也直面完成好与时俱进的改革发展任务的要求，直面满足人民群众关于民主、法治、公平、正义的更高要求。检察理论与检察实践需要实现“双向奔赴”，检察实践应当主动为检察理论提供问题与经验，检察理论研究应当积极为检察实践提供依据和支撑。

法律监督是检察机关的立身之本，法律监督机关的职能定位要求检察机关深刻领悟、切实担负起党和人民赋予的更重政治责任，以法治之力服务推进中国式现代化——检察工作现代化要具体生动地体现为法律监督理念、体系、机制、能力的现代化；强化法律监督，在纵深推进全面依法治国中贡献检察力量——既要在办案中积极引领社会法治意识，妥善办理好疑难复杂和有重大影响的案件，又要深耕细作，高质效办理好每一件具体的、常见多发的普通案件。

如何实实在在地做到“让人民群众在每一个司法案件中感受到公平正义”？为答好这道践行习近平法治思想、回应时代之问的必答题，最高检党组明确提出，要让“高质效办好每一个案件”成为新时代新征程检察履职办案的基本价值追求，并且进一步从认识论、方法论的角度提出“三个善于”的理念。“高质效办好每一个案件”重点在于“高质效”，要求办案质量好、办案效率高、办案效果佳，难点在于“每一个”，注重每一个、覆盖每一个。以此为目标，在方法论层面上，要善于从纷繁复杂的法律事实中准确把握实质法律关系，善于从具体法律条文中深刻领悟法治精神，善于在法理情的有机统一中实现公平正义。

可以说，“高质效办好每一个案件”为民事生效裁判监督案件的办理提供了目标方向，要求最高的办案质量、效果，要求最优的办案效率；“三个善于”则为民事生效裁判监督案件的办理进一步提供了具体的方法论指引。具体而言，一方面，民事生效裁判的监督，在民事诉讼监督工作中居于绝对的基础性位置，是履行法律监督职能最典型、最有力、最能体现制度价值、实现制度功能的方式，体现了最强的监督公权力的属性，应当重点把握；另一方面，民事生效裁判监督所特有的“抗诉”监督方式由于本身所具有的“刚性”——当然引发再审，而被通常认为要格外审慎适用——要不要用（正当性与适应性），以及如何用对、用好（合法性与准确性），追求质与量的统一，突出民事生效裁判监督案件的高质效，都是天然的焦点问题，就更需要突出强调办案质量、办案理念和办案方法，民事检察官要格外善于从纷繁复杂的法律事实中准确把握实质性法律关系、贯彻法治精神、在法理情的统一中实现公平正义。

本书以民事生效裁判监督案件的“审查思维和方法”为研究对象，针对实践中存在的不敢抗、抗不对的问题和抗诉与不抗诉困惑，以真实抗诉案例为样本，实则指向民事生效裁判监督案件的监督标准，据此提出“五步审查法”，试图为民事检察官提供此类案件的审查思维和方法，强调检察机关通过履行法律监督职能，促进检察官与法官一道共同致力于在个案、类案中追求正确、自洽的法律适用，共同保障国家法律的统一正确实施。

笔者试图最大限度地交叉、融合实体与程序问题。传统民事检察研究相对集中于程序问题，从民事检察制度建立之初，绝大多数研究是从程序法的角度切入：回答监督方式手段的选择、监督的正当性问题；而相应的民法研究、商法研究很少关注民事检察问题，但是对程序问题的研究远远不足以供给民事生效裁判监督实务的需要，即无论多么精深地回答监督的正当性问题，证明检察机关依法介入民事诉讼不会导致双方权利义务失衡、不会影响审判权威，都不足以依法、准确地决定对一个案件是否应当提出抗诉，不足以精准地抗诉一个有价值、有意义的案件。只有紧紧围绕《民事诉讼法》第211条所列举的13种情形，通过一个个真实的抗诉案例的检、法碰撞，充分展示、分析实体争议，充分展示实体与程序的联结；按照“一个中心两个辐射点”的审查思维，着眼于对公权力行使的监督，运用“固定争议焦点——优先和重点审查法律适用问题——审查事实认定和法律适用中的交叉问题——结合法定性和必要性审查程序违法——合理限度内尊重审判规律”五步分析法，才能在是否应当抗诉之间寻找尽可能唯一、精准的答案。

兰 楠

2024年8月

目 录

导 论 …… 1

一、民事生效裁判监督的定位 …… 1

（一）法律监督的性质定位 …… 1

（二）民事法律监督的性质定位 …… 8

二、民事生效裁判监督的切入点 …… 11

（一）民事生效裁判监督的视角与内外两个维度 …… 11

（二）民事生效裁判监督的基本逻辑 …… 14

三、民事生效裁判抗诉标准 …… 20

（一）刑事再审与民事抗诉标准的比较分析 …… 20

（二）民事生效裁判监督案件抗诉与否的分析 …… 27

（三）确定抗诉标准的根本出发点——对公权力的监督 …… 31

（四）法定抗诉事由的理解适用 …… 36

第一章 民事生效裁判监督案件审查思维与方法 …… 50

一、审查民事生效裁判监督案件的问题导向 …… 50

二、“一个中心两个辐射点”的审查思维 …… 52

（一）一个中心的审查思维 …… 53

（二）审查思维的两个辐射点 …… 53

三、民事生效裁判监督案件“五步审查法” …… 55
（一）固定争议焦点 …… 56
（二）优先和重点审查法律适用 …… 56
（三）审查事实认定和法律适用中的交叉问题 …… 58
（四）结合法定性和必要性审查程序违法 …… 58
（五）合理限度内尊重审判规律 …… 58

第二章 “五步审查法”之一：固定争议焦点 …… 60
一、固定争议焦点的一般规则 …… 60
二、总体把握争议焦点在各个审理阶段的动态变化 …… 64
（一）查明事实、聚焦关键问题 …… 64
（二）引导举证和辩论 …… 66
（三）适时纠错 …… 69
（四）提高效率，并有利于庭审记录 …… 69
三、把握争议焦点在各个审理阶段的逐渐限缩 …… 69
四、争议焦点的归纳 …… 72
（一）找出原审遗漏的争议焦点 …… 72
（二）关注监督阶段特有的争议焦点 …… 75
（三）通过归纳争议焦点强化对法律适用的全案审查 …… 76

第三章 “五步审查法”之二：优先和重点审查法律适用 …… 81
一、法律适用是评价司法裁判的关键性因素 …… 81
（一）适用法律错误类型的一般分析 …… 82
（二）民事生效裁判监督的三段论推理 …… 83
（三）在法律适用中持续追求公平正义应当成为法官、检察官的一致目标 …… 84

二、适用的法律与案件性质明显不符 …… 89
（一）以“法律适用错误＋事实关系认定错误”为抗诉理由 …… 90
（二）以事实关系认定错误为抗诉理由 …… 97
（三）以法律适用错误为抗诉理由 …… 101
（四）法律适用不当但不影响裁判结果 …… 112
（五）司法解释的溯及力问题 …… 116
三、确定民事责任明显违背法律规定或者当事人约定 …… 119
（一）确定民事责任明显违背法律规定 …… 119
（二）确定民事责任明显违背当事人约定 …… 135
四、明显违背立法原意 …… 147

第四章 “五步审查法”之三：审查事实认定和法律适用中的交叉问题 …… 169
一、对举证责任的审查 …… 169
（一）举证责任分配规则 …… 170
（二）举证责任的审查 …… 173
二、对证据认定的审查 …… 192
（一）未经庭审质证而采信证据 …… 193
（二）所采信的各证据之间存在内在矛盾 …… 195
（三）所采信的证据之间不能相互印证 …… 198
（四）二审判决对一审未予质证的证据处置不当 …… 199
（五）采信不具有合法性和关联性的证据 …… 203
三、对法官释明义务的审查 …… 206
（一）释明在司法实践中的基本情况 …… 206
（二）对法官释明义务的一般观察 …… 207
（三）法官释明义务的规范分析 …… 209
（四）从民事生效裁判监督的视角观察不当释明的后果 …… 218

第五章 “五步审查法”之四：审查程序违法 …………………… 220
一、未经传票传唤缺席判决 ………………………………………… 220
（一）不同视角观察公告送达 ……………………………………… 221
（二）公告送达的本质：在效率和公正之间寻找平衡的拟制送达 ……………………………………… 222
（三）民事生效裁判监督思路：在纠正程序违法和维护既判力之间寻找平衡 …………………………… 224
（四）判断是否严重违反法定程序——违法缺席判决 ……… 226
二、违反法律规定剥夺当事人辩论权利 ………………………… 238
（一）对剥夺辩论权利的理解 ……………………………………… 238
（二）剥夺当事人辩论权利的形式 ………………………………… 239

第六章 “五步审查法”之五：合理限度内尊重审判规律 …… 244
一、民事生效裁判监督需尊重的具体审判规律 ………………… 244
（一）审判权行使以起诉立案为先决条件 ……………………… 245
（二）以庭审和听证查明的事实为裁判依据 …………………… 245
（三）法官的自由裁量权 …………………………………………… 246
（四）庭审的决定性优势 …………………………………………… 247
二、尊重自由裁量权并观察其行使边界 ………………………… 247
（一）法官行使自由裁量权不能违反法律规定 ………………… 248
（二）法官行使自由裁量权以个案正义为目标 ………………… 249
三、尊重并容忍司法认识的有限性 ……………………………… 250

后 记 …………………………………………………………………… 252

导　论

一、民事生效裁判监督的定位

“努力让人民群众在每一个司法案件中感受到公平正义”，这是每一位检察官在办案时面临的必答题。对标习近平总书记的这一重要要求，最高检党组提出要让“高质效办好每一个案件”成为新时代新征程检察履职办案的基本价值追求。高质效履行民事生效裁判监督职责，难在如何准确把握民事抗诉标准。“三个善于”给我们提供了方法指引，即从具体法律规定、总体法治精神中寻找答案。民事生效裁判监督制度期待什么样的抗诉履职，检察官应当通过抗诉履职实现何种制度目标。厘清这一问题，首先要回到法律监督的职能定位进行分析，同时，以发展的眼光分析观察法律监督职能的新发展、新阐释，并始终坚守监督的属性。

（一）法律监督的性质定位

1. 法律监督机关职能的由来

《中共中央关于加强新时代检察机关法律监督工作的意见》指出：“人民检察院是国家的法律监督机关，是保障国家法律统一正确实施的司法机关，是保护国家利益和社会公共利益的重要力量，是国家监督体系的重要组成部分，在推进全面依法治国、建设社会主义法治国家中发挥着重要作用。”这一表述既强调了检察机关作为“法律监督机关”的宪法定位，又指明了检察机关在新发展阶段所承载的法治功能。尽管“法律监督机关”是宪法对检察机关的性质定位，但在检察制度实践和理论发展过程中经历了长期争论。对检察机关的性质定位、对检察权的性质定位，并不在于概念本身，而在于概念的内涵，以及在相应的历史和社会背景下的内涵阐释，即检察权的实际权能定位，实际承担的功能价值，以及对未来发展与走向的把握。

对苏联检察机关职权的概括和阐释，大致包括“一般监督”和“司法监督”。[①] 其中，“一般监督”在1936年的苏联宪法中得以确认——“苏联总检察长对于所有的部和这些部所属的机关以及每一个公职人员和苏联公民是否严格遵守法律进行最高监督”。由此，一般监督被视为苏联检察机关职权的核心，更是理解检察机关性质的重要坐标。“司法监督”则是“对调查、侦查、审判等工作是否正确及有无违背法律的情形进行监督”。[②] 我国关于检察制度的立法和理论研究，在早期受到苏联检察制度的颇多影响，这一背景对于理解我国检察机关的性质定位具有重要意义。但是，我国“法律监督机关”的概念又不是完全照搬苏联，苏联并没有直接使用“法律监督机关”的概念，这一概念实际是我国的立法者和理论研究者对苏联检察机关性质的理解和借鉴，体现对域外制度进行了解、认识并加以中国化的特殊的过程性特征，比如对当时的检察机关（人民检察署）的性质问题，我们理解为“正是基于对新民主主义社会阶段的认识，这时只是强调‘它是人民民主专政的重要武器’。要像苏联的检察机关那样，逐步建设成为法律监督机关”。[③] 可以说，早期已显现以法律监督机关来定位检察机关的趋势。

1954年5月22日，《人民日报》发表社论《加强检察工作保障国家建设》，提出“有计划有步骤地把全国各级人民检察署的组织和工作

---

① 徐鹤喃、闵钐、韩啸：《中央苏区检察—监察的制度演进——与苏俄实践比较》，载《人民检察》2021年第21—22期。

② 王海军：《人民检察院性质的理论辩思——“法律监督机关”的概念史考察》，载《华东政法大学学报》2022年第3期。

③ 孙谦主编：《人民检察制度的历史变迁》，中国检察出版社2009年版，第166页。

系统地建立和健全起来”，并将人民检察署表述为“作为国家法律监督机关”。[①] 这是官方媒体首次采用“国家法律监督机关”界定人民检察署。与此同时，1954 年《宪法》第 81 条规定“最高人民检察院对于国务院所属各部门、地方各级国家机关、国家机关工作人员和公民是否遵守法律，行使检察权。地方各级人民检察院和专门检察院，依照法律规定的范围行使检察权”。1954 年《人民检察院组织法》也没有直接描述检察机关的性质定位，而是通过描述职权进行间接表述。该法第 3 条规定“最高人民检察院对国务院所属各部门、地方各级国家机关、国家机关工作人员和公民是否遵守法律，行使检察权”，第 4 条第 1 项规定地方各级人民检察院的职权包括“对于地方国家机关的决议、命令和措施是否合法，国家机关工作人员和公民是否遵守法律，实行监督”。对于相关表述，当时负责立法的同志坦言，“对检察工作我们没有经验，现在只能写成这个样子”[②]。显然，立法已经非常确定地表达了浓厚的“实行监督”定位，甚至“一般监督”的内容。

1954 年《宪法》和 1954 年《人民检察院组织法》都规定了一般监督的内容，但是实践与期待发生了偏差，“检察机关在‘一般监督’上徒费精力而少有效果，同时又削弱了侦查、起诉和司法监督的开展”。由于能力和效果的限制，检察机关还是应当更加着眼于具体监督[③]。加之更加复杂的历史原因，一般监督真正运行的时间是非常短暂的。1979 年《人民检察院组织法》已经不再赋予检察机关一般监督职权[④]，并经

---

① 人民日报社论：《加强检察工作保障国家建设》，载《山西政报》1954 年第 11 期。

② 彭真传编写组编：《彭真传》（第 2 卷），中央文献出版社 2012 年版，第 881 页。

③ 彭真传编写组编：《彭真传》（第 2 卷），中央文献出版社 2012 年版，第 880 页。

④ 删除了 1954 年《人民检察院组织法》第 3 条、第 4 条的规定。

过反复争论[①]，最终明确使用了“法律监督机关”的概念，又经过1982年《宪法》第129条确认“人民检察院是国家的法律监督机关”的宪法定位，从根本法上赋予了“法律监督机关”的宪法内涵，其意义重大，相当程度上意味着这一概念专有、“狭义”，获得了“允许宪法解释的空间”[②]，并且在宪法所构建的权力框架之下履职。从职权上看，法律监督和人大的最高层次监督存在位阶上的差异，比如范围当然不涉及监督“国家权力机关实施的活动”[③]，宪法上的“法律监督机关”这一概念就此沿用至今。

2. 法律监督职能的发展与阐释

随着依法治国基本方略的提出，以及推进国家治理体系和治理能力现代化的全面部署，关于法律监督职能的认识和实践不断得到拓展和深化。2018年《人民检察院组织法》第2条规定，“人民检察院是国家的法律监督机关。人民检察院通过行使检察权，追诉犯罪，维护国家安全和社会秩序，维护个人和组织的合法权益，维护国家利益和社会公共利益，保障法律正确实施，维护社会公平正义，维护国家法制统一、尊严和权威，保障中国特色社会主义建设的顺利进行”；第20条规定了人民检察院的职权包括“（一）依照法律规定对有关刑事案件行使侦查权；（二）对刑事案件进行审查，批准或者决定是否逮捕犯罪嫌疑人；（三）对刑事案件进行审查，决定是否提起公诉，对决定提起公诉的案件支持公诉；（四）依照法律规定提起公益诉讼；（五）对诉讼活动实行法律监督；（六）对判决、裁定等生效法律文书的执行工作实行法律

---

① 当时讨论出现过“法律监督机关”和“法律检察机关”（试图回避“法律监督”的概念）之争，参见孙谦主编：《人民检察制度的历史变迁》，中国检察出版社2009年版，第328页。

② 田夫：《监督与公诉的关系——以苏中比较为中心》，载《清华法学》2019年第1期。

③ 秦前红：《两种“法律监督”的概念分野与行政监察监督之归位》，载《东方法学》2018年第1期。

监督；（七）对监狱、看守所的执法活动实行法律监督；（八）法律规定的其他职权”。第20条第5项、第6项中包括的对民事诉讼活动实行法律监督和对民事生效裁判等生效法律文书的执行工作实行法律监督，即民事检察职权，结合该法第2条的规定分析，民事检察工作是通过对诉讼活动（审判、执行活动）实行法律监督，维护民事法律的统一正确实施的。

进入新的发展阶段，法律监督的内涵呈现新的发展，但始终在变化中保持其核心要义的不变——依法履职、依法监督公权力。分析民事生效裁判监督案件的抗诉标准，要时刻反思制度究竟要让检察官做什么以及怎么做，以何种作为实现制度与实践的自洽。

（1）法律监督不能泛化为“一般监督”

通常认为，新中国成立初期的“一般监督”理论借鉴自苏联，苏联的一般监督则源于列宁对检察机关的制度设计——检察机关“本来就是为我们的一切国家机关而设的，它的活动应毫无例外地涉及所有一切国家机构”①，苏联的一般监督权旨在维护“国家的法律的统一”，检察官所肩负的使命是通过实施法律监督维护国家法治的统一和权威，实际上，苏联检察机关承担了更广泛的法律监督职能，突破了一般意义上侦查、诉讼活动或诉讼监督的职能，甚至一定程度上有违宪审查的意蕴。新中国成立初期，我国曾借鉴苏联的“一般监督”理论，除了规定检察机关的公诉、侦查和诉讼监督职能外，还规定了对“行政决议、命令和措施的合法性和国家工作人员是否遵守法律”的监督。②“一般监督”的合理内核在于运用检察权监督公权力的违法行为，而经历短暂的实践被摒弃也正是由于没有牢牢把握“公权力”和“违法性”这两个关键

① 《列宁全集》（第43卷），人民出版社2017年版，第199页。

② 秦前红：《两种“法律监督”的概念分野与行政检察监督之归位》，载《东方法学》2018年第1期。

因素，试图以检察权纠正一切，被泛化为监督一切。[①] 现在看来，一般监督给我们的借鉴是，检察监督应当准确把握对公权力（行政机关、审判机关）的法律实施行为（排除立法行为）的违法性（排除违纪行为、不当行为、不合理行为）进行监督。从另一个角度说，履行法律监督职能属于行使检察权，检察权的性质是公权力，凡公权力都不可避免地存在一种天然的、不断向外扩张的驱动力，[②] 纵然公权力的边界会随着社会发展时时调整，但是，公权力的行使在每一个特定的历史阶段，其边界都应当是清晰的，而不是模糊的，公权力的行使应当是谦抑、克制的，应当恪守法律授权、严格按照职能定位履职，即便进行履职的探索，也应当基于职能性质、严格依法进行，最终实现“法定职责必须为，法无授权不可为”。[③]

（2）法律监督又不能限定于“诉讼监督”

检察权经历过了“一般监督”到“法律监督”的限缩、回归，与公诉、侦查并列的是“狭义的法律监督”，共同组成“广义的法律监督”的概念。具体来说，“狭义的法律监督”，应当指专门法律监督机关对立法权之外的国家职权及其活动是否统一正确实施法律进行的监督，也就是对行政机关[④]和审判机关行使公权力的活动实施法律监督，

---

① 胡卫列：《从一般监督到公益诉讼——检察事业创新发展的历史见证》，载《人民检察》2021 年第 21—22 期合刊。

② 潘爱国：《论公权力的边界》，载《金陵法律评论》2011 年春季卷。

③ 《检察日报社评：让检察工作进一步回归到高质效办案本职本源上来》，载最高检微信公众号，网址 https://mp.weixin.qq.com/s/kFJ870IMcCytbgQ8jRwNcA，2024 年 9 月 15 日访问。

④ 对行政机关违法行使职权或不行使职权的行为进行的监督，不是“监督一切”，不监督“违法行为”之外的“违纪行为、不当行为等”，后者曾是检察系统内外广泛存在的错误理解，曾因为这样的错误理解导致不适当的履职和扩权。参见胡卫列：《从一般监督到公益诉讼——检察事业创新发展的历史见证》，载《人民检察》2021 年第 21—22 期。

督促纠正违法行为。[①] 然而，较长时间以来，狭义的法律监督却实则仅仅围绕“诉讼监督”进行构建，这并不符合我国宪法对检察机关的性质定位。党的十八届四中全会作出《关于全面推进依法治国若干重大问题的决定》，首次以执政党中央全会的方式专题研究部署全面依法治国，其中提出完善认罪认罚从宽制度，探索建立检察机关提起公益诉讼制度（检察机关在履行职责中发现行政机关违法行使职权或者不行使职权的行为，应该督促其纠正），是对新时代检察职能具有重塑性的重大制度构建，对于辨明检察机关的法律监督职能意义重大——认罪认罚从宽制度拓展了传统的诉讼监督的内涵，检察公益诉讼制度“冲破了”诉讼监督的范围。[②]

“诉讼监督”能否代表“狭义的法律监督”？包含侦查与公诉的“法律监督职能”和“检察职能”本质上是否具有一致性？或者说，法律监督能否涵盖全部检察职能？能否认为一切检察职能都是法律监督职能的具体形式？全部检察职能可否统一于法律监督职能？具体地，诉讼监督职能之外的公益诉讼检察职能是否属于法律监督职能？

要全面理解检察权（检察职能），还是要放到我国的根本政治制度之下来观察：第一，在我国，人民代表大会是国家权力机关，全国人民代表大会及其常委会作为最高国家权力机关及其常设机关，负责监督宪法和法律在全国范围内的实施；地方各级人民代表大会及其常委会作为地方权力机关及其常设机关，负责监督宪法和法律在各自区域内的实施。人民代表大会及其常委会的监督权是最高层次的监督权。第二，检察机

① 狭义的法律监督，专指国家检察机关代表国家所进行的法律监督，是为了保障国家法律统一、正确地实施而对法律的适用和遵守进行的监督。广义的法律监督，包括在国家和社会生活中维护法制，督促宪法、法律和行政法规实施的一切活动，它包括宪法监督、检察机关的法律监督，也包括行政监督，以及社会团体、民主党派、人民群众对法律执行的监督。参见孙谦：《论检察机关法律监督的几个问题》，载《当代法学》1987 年第 4 期。

② 胡卫列：《从一般监督到公益诉讼——检察事业创新发展的历史见证》，载《人民检察》2021 年第 21—22 期合刊。

关由权力机关产生，对其负责、受其监督，检察机关依法独立行使检察权，履行法律监督职责，与行政机关、审判机关分别行使职权，不受行政机关、社会团体和个人的干涉。第三，法律监督不是“一般监督”，不宜泛化，但也不能限缩为“诉讼监督”——作为宪法意义上的“国家法律监督机关”，检察机关监督的是“法律实施”，宪法文本或有权解释并未将对法律实施的监督限缩为“诉讼监督”，也未在法律监督之外赋予检察机关其他职能。法律监督机关旨在通过对公权力行使的合法性（违法情形）进行审查与监督，以保障法律的正确统一实施。① 就此而言，法律监督的根本价值在于保障国家法律的统一正确实施，将法律监督限制在诉讼领域不符合监督原则，难以担任国家法律监督机关的应有职责。

（二）民事法律监督的性质定位

仅有“法律监督机关”这一概念，尚不足以为检察机关的监督职权行使提供具体、清晰的规范指引②，有待于进一步阐释。

有研究从历史解释、目的解释和结构解释的方法论视角对法律监督的内涵进行分析，认为 1982 年《宪法》和 1979 年《人民检察院组织法》修订于“拨乱反正取得阶段性成果”的历史时期，是特定的历史时期“决定暂时放下争论的结果”，也是理论共识之缺失、制度实践不足以及修宪策略等因素作用的共同结果③；理解检察机关宪法定位的影响因素，首先是“宪制结构之变革”④，从宪法所包含的监督制度的总体格局中观察检察权的性质与定位，以及结合宪法所极度依赖的检察院

---

① 就检察机关的传统职能进行分析，包括批准和决定逮捕、公诉、职务犯罪侦查、诉讼监督，也一致认为是实现对警察侦查权和法官审判权的双向监督。参见朱孝清：《中国检察制度的几个问题》，载《中国法学》2007 年第 2 期。

② 黄明涛：《法律监督机关——宪法上人民检察院性质条款的规范意义》，载《清华法学》2020 年第 4 期。

③ 黄明涛：《法律监督机关——宪法上人民检察院性质条款的规范意义》，载《清华法学》2020 年第 4 期。

④ 秦前红：《全面深化改革背景下检察机关的宪法定位》，载《中国法律评论》2017 年第 5 期。

组织法等规范性文件对检察机关所赋予的各种具体职权分析检察权行使的方法、手段、效果[①]。2018 年《人民检察院组织法》第 20 条规定人民检察院的职权包括“对诉讼活动实行法律监督；对判决、裁定等生效法律文书的执行工作实行法律监督”，结合该法第 2 条的规定，民事检察工作是通过对审判、执行活动实行法律监督，维护民事法律的统一正确实施的。早在 2013 年 3 月，最高人民检察院发布《关于深入推进民事行政检察工作科学发展的意见》，根据这一指导意见的阐述，民事检察工作是为保障民事法律“统一正确实施而进行的法律监督，其核心是对公权力的监督”。

就民事检察而言，“法律监督”的概念内涵和制度价值需要通过办案体现，检察机关的主责主业是法律监督，履行职责的基本方式是办案，不断强调“让检察工作进一步回归到高质效办案这个本职、本源上来”，更是因应了让每一个案件“都遵循法律规定和法治精神”价值目标。1982 年《民事诉讼法（试行）》第 12 条规定，“人民检察院有权对人民法院的民事审判活动实行法律监督”；1991 年《民事诉讼法》第 185 条在 1982 年《民事诉讼法（试行）》的基础上，增加了人民检察院提出抗诉制度的规定，第 185 条规定，“最高人民检察院对各级人民法院已经发生法律效力的判决、裁定，上级人民检察院对下级人民法院已经发生法律效力的判决、裁定，发现有下列情形之一的，应当按照审判监督程序提出抗诉：（一）原判决、裁定认定事实的主要证据不足的；（二）原判决、裁定适用法律确有错误的；（三）人民法院违反法定程序，可能影响案件正确判决、裁定的；（四）审判人员在审理该案件时有贪污受贿，徇私舞弊，枉法裁判行为的。地方各级人民检察院对同级人民法院已经发生法律效力的判决、裁定，发现有前款规定情形之一的，应当提请上级人民检察院按照审判监督程序提出抗诉”。第 186 条

① 黄明涛：《法律监督机关——宪法上人民检察院性质条款的规范意义》，载《清华法学》2020 年第 4 期。

规定，“人民检察院提出抗诉的案件，人民法院应当再审”。此时的抗诉情形（事由）为4项；2007年《民事诉讼法》第187条将应当再审（抗诉）的情形（事由）由4项指向第179条的共13项。2012年《民事诉讼法》第14条规定“人民检察院有权对民事诉讼实行法律监督”，监督的对象从“民事审判活动”扩大到“民事诉讼”，增加了检察机关对民事审判人员违法行为、民事执行活动的监督和民事调解书的监督。

从民事检察工作的实践发展看，虽然1982年《民事诉讼法》作出了原则性规定，但是随后的几年，对民事审判活动的法律监督并未实际得到有效开展。直至1986年，部分检察院零星开展了民事审判法律监督的试点工作；1987年，最高人民检察院正式确定“积极试点，稳步发展”的方针，开始尝试对民事审判活动的法律监督；1988年9月，最高人民检察院设立民事行政检察厅，一些地方检察院成立了民行检察机构，初步办理了一批案件。[①] 2010年7月，最高人民检察院召开全国检察机关第二次民事行政检察工作会议，全面阐述了民行检察工作的法律监督属性、职能定位和基本要求。

检察职能的创新发展，归根结底是因为进入新时代，社会主要矛盾和国内国际两个大局都发生了深刻变化，为满足人民群众更高要求、内涵更丰富的美好生活需要，尤其是满足人民群众在民主、法治、公平、正义、安全、环境等方面的新需求，党和国家对检察机关提出了更高的要求，检察机关也在不断因应新时代新要求，主动担当作为，开拓创新。[②] 民事法律监督是法律监督的传统保留内容，定位于对审判（执行）机关行使公权力的诉讼监督，在新的时代背景下，监督的范围和内容没有如公益诉讼职能一般发生颠覆性的变化，但是监督的标准、效果应当是不断深化的。

---

① 胡卫列、兰楠、刘小艳：《中国特色民事行政检察的制度实践与理论探索——民事行政检察30周年综述》，载《国家检察官学院学报》2018年第6期。

② 胡卫列：《从一般监督到公益诉讼——检察事业创新发展的历史见证》，载《人民检察》2021年第21—22期合刊。

民事法律监督本质上仍然是一种运用检察权（司法程序、司法手段）监督公权力（审判、执行）合法性的制度，纠正民事审判权、执行权行使过程中的违法行为，保障民事法律的统一正确实施。公权力的违法性是监督的起点，民事法律监督始终不能脱离这样一个制度定位。

二、民事生效裁判监督的切入点

（一）民事生效裁判监督的视角与内外两个维度

深化执法司法权力运行机制改革是习近平总书记反复强调的一个重要课题。党的二十大报告再次强调，要规范司法权力运行，强化对司法活动的制约监督，促进司法公正，加强检察机关法律监督工作。检察机关在改革中肩负双重责任：既要健全检察权优化运行机制，确保监督办案权力依法公正高效行使；又要深化对诉讼活动法律监督，助推侦查、审判、执行以及相关行政执法等权力依法规范运行。①

关于检察履职，最高人民检察院党组书记、检察长应勇在海南省检察机关调研时明确指出，检察机关的主责主业是法律监督，履行职责的基本方式是办案，要让检察工作进一步回归到高质效办案这个本职、本源上来，并且充分用好“严格依法、实事求是、遵循规律”这“三大法宝”。民事生效裁判监督案件的办理，恰恰应当并能够在严格依法、实事求是和遵循规律中找到答案——抗诉有法律内生的抗诉标准，既要观察法律条文的直接、具体规定，也要分析法律框架、法律体系对抗诉职能的制度设计、制度定位，回归本源。

1. 健全优化检察权运行机制，依法公正高效行使检察权

（1）典型监督方式的观察：抗诉的本质是启动再审实施法律监督

① 参见《在改革中肩负的双重责任如何落实？——全国检察机关加强政治建设暨深化检察改革与理论研究工作推进会就深化检察改革提出要求》，载最高人民检察院微信公众号，https：//mp. weixin. qq. com/s/EenhN9ydKK5zjdttuG_IEA，2022年7月21日访问。

所谓民事抗诉制度，是指法律规定的，由人民检察院对人民法院的发生法律效力的民事判决、裁定、调解书以提出抗诉的方式实施法律监督的程序制度。① 民事诉讼法共有12处关于“抗诉”的表述，其中，第219条第1款规定了“最高人民检察院对各级人民法院已经发生法律效力的判决、裁定，上级人民检察院对下级人民法院已经发生法律效力的判决、裁定，发现有本法第二百一十一条规定情形之一的，或者发现调解书损害国家利益、社会公共利益的，应当提出抗诉”；第2款规定了“地方各级人民检察院对同级人民法院已经发生法律效力的判决、裁定，发现有本法第二百一十一条规定情形之一的，或者发现调解书损害国家利益、社会公共利益的，可以向同级人民法院提出检察建议，并报上级人民检察院备案；也可以提请上级人民检察院向同级人民法院提出抗诉。”

从民事诉讼法的规定来看，第一，民事抗诉的对象是已生效的民事判决、裁定和调解书；第二，行使方式是人民检察院对人民法院提出；第三，民事抗诉的本质是实施法律监督，民事抗诉的总则性规定在《民事诉讼法》第14条“人民检察院有权对民事诉讼实行法律监督”；第四，民事抗诉制度是一种当然启动再审的程序性制度，效果在于启动再审，《民事诉讼法》第222条规定“人民检察院提出抗诉的案件，接受抗诉的人民法院应当自收到抗诉书之日起三十日内作出再审的裁定”，至于法院再审是否改判，如何改判，抗诉程序无法决定。

（2）质与效的观察：精准、引领、高质效、数量

2018年10月，最高人民检察院向十三届全国人大常委会第六次会议所作《关于检察机关加强民事诉讼和执行活动法律监督工作情况的报告》提出，以五大理念引领民事检察工作创新发展，包括“树立全面平衡充分发展的理念”“树立双赢多赢共赢的理念”“树立精准监督的理念”“树立智慧借助的理念”“树立统筹发展的理念”，其中，“精准监督的理念”直接指向民事生效裁判监督案件，具体要求“通过优化

① 汤维建：《论民事抗诉制度的完善》，载《人民检察》2007年第9期。

监督实现强化监督，不搞粗放式办案，防止片面追求监督数量”。

精准监督意味着：第一，“精”——要注重选择在法治理念、司法活动中具有纠偏、创新、进步、引领价值的典型案件，努力做到通过监督一件，力求实现促进解决一个领域、一个地方乃至一个时期的司法理念、政策、导向问题；第二，“准”——要做到案件认定事实清楚、适用法律正确，并选择恰当的监督方式；第三，精准监督是尊重民事诉讼监督活动客观规律，不搞粗放式办案，不片面追求监督数量，意味着不唯数量论，不片面追求数量，以监督质量为当然标准，但也不是不追求数量，符合监督条件的案件，则应当依法监督，依法纠正，充分实现精准基础上的引领，引领法律适用，引领社会法治意识。

2023 年 3 月，最高人民检察院应勇检察长在“全国检察机关贯彻全国两会精神电视电话会议”上强调“以高质效法律监督促进执法司法公正维护公平正义”，具体来说就是要坚持“高质效办好每一个案件，努力实现办案质量、效率与公平正义的有机统一”，既要“通过履职办案实现公平正义”，也要“让公平正义更好更快实现”，还要让公平正义“可感受”——这应当成为新时代新征程检察工作的基本价值追求。①

“高质效办理好每一个案件”对于民事生效裁判监督意义重大，既意味着要追求高质量，也要追求高效率，还要做到质量与效果的结合、平衡。任何单一的价值目标都是不恰当的：检察监督作为法律监督必然应当依法进行，符合法定程序、法定标准，同时，还应当有一定的案件量作为业务支撑，切实发挥相应的覆盖作用。

2. 深化对民事诉讼活动的法律监督，助推审判权依法规范运行

2020 年 5 月，中共中央政治局就“切实实施民法典”组织第二十次集体学习，习近平总书记强调，要加强民事检察工作，加强对司法活动

① 《践行人民至上、做实为民检察永无止境》，载最高人民检察院微信公众号，https：//mp. weixin. qq. com/s/EenhN9ydKK5zjdttuG_IEA，2023 年 3 月 21 日访问。

的监督，畅通司法救济渠道，保护公民、法人和其他组织合法权益。[①]

（1）积极引领社会法律意识

2021年6月发布的《中共中央关于加强新时代检察机关法律监督工作的意见》将“积极引领社会法治意识”作为充分发挥法律监督职能作用的具体要求之一，要求将社会主义核心价值观融入法律监督，通过促进严格执法、公正司法，规范社会行为、引领社会风尚，深化检务公开，提升司法公信力，以司法公正引领社会公正。《民法典》将“弘扬社会主义核心价值观”纳入，成为精准监督的“价值判断基础”；将社会主义核心价值观融入司法办案，贯穿于立法、执法、司法、守法的各个环节，体现良法善治。

（2）助推审判权规范运行

优化民事抗诉制度，有利于强化人民法院生效裁判的正当性。人民法院自行依职权启动再审，再审的纠错意义受到质疑，又常常被认为有悖“不告不理”的基本法理，通过当事人申请路径是否启动再审同样由法院决定，而人民检察院作为法律监督机关启动再审，法理上更加自洽。

（二）民事生效裁判监督的基本逻辑

1. 问题导向

（1）质疑

民事生效裁判监督工作中出现的问题一直在受到关注，曾有研究认为，检察机关为开发“案源”而鼓励当事人申请监督；[②] 有研究认为，抗诉率高导致再审程序频繁启动，破坏了既判力和司法权威；[③] 也有研

---

① 北京人大：《中央政治局就“切实实施民法典”举行集体学习》，载https://mp.weixin.qq.com/s/EenhN9ydKK5zjdttuG_IEA，2022年7月10日访问。

② 卢军、孙南翔：《民事抗诉再审制度理论审视与实效分析——以当事人穷尽上诉救济之建构为视角》，载《法律适用》2012年第7期。

③ 王德玲：《民事抗诉中的法理冲突与协调》，载《法学论坛》2012年第5期。

究认为，提请抗诉实质上导致案件经历了两级检察机关的重复审查，浪费司法资源。[①] 更有研究通过比对十几年的办案数据，并对相关人员进行访谈，发现一段时期，有的检察机关把握“对于可抗可不抗的案件，原则上是不抗的”；有的检察机关则把握“工作要得到发展必须保持一定的办案规模，在严格抗诉标准的前提下，对于可抗可不抗的案件，要积极抗诉或提请上级院抗诉”。[②] 这反映了抗诉标准规范化缺失的问题。还有研究对民事检察监督质效进行了问卷调查，向民事检察官、非民事检察官、法官、当事人与社会公众发放并回收了共计6284份有效问卷，问卷结果显示民事检察工作仍有“较大的提升空间，还不能满足人民群众对新时代法治建设的需求”，尤其是“从根本上实现同案同判、服判息诉”的要求还有一定上升空间；检察机关通过广泛调研也充分意识到，民事检察履职中依然存在“不会”的问题，[③] 较之行政检察的“不敢”、公益诉讼检察的“不精”、侦查检察的“不强”，“不会”所涉及的问题可能更为基础，面临的形势可能更为严峻。

（2）重构

随着民事诉讼法的修改，检察机关法律监督工作的进一步完善，民事抗诉工作的许多问题已经得到改善，比如，关于开发案源鼓励当事人申请监督的问题，《民事诉讼法》第220条已将当事人向人民法院申请再审作为申请检察机关抗诉的前置程序[④]，不再存在明显的“开发案

---

① 卢勇、韩广新：《应确立“同级抗诉、同级再审”的民事检察监督规则》，载《人民检察》2008年第11期。

② 吴英姿等：《民事抗诉实证研究》，载《国家检察官学院学报》2015年第4期。

③ 应勇：《坚持以习近平法治思想为指引 加强中国特色社会主义检察理论研究》，载《人民检察》2023年第13期。

④ 《民事诉讼法》第220条规定，“有下列情形之一的，当事人可以向人民检察院申请检察建议或者抗诉：（一）人民法院驳回再审申请的；（二）人民法院逾期未对再审申请作出裁定的；（三）再审判决、裁定有明显错误的。人民检察院对当事人的申请应当在三个月内进行审查，作出提出或者不予提出检察建议或者抗诉的决定。当事人不得再次向人民检察院申请检察建议或者抗诉”。

源”的问题；关于抗诉率过高、改判率低的质疑，2020 年 6 月发布的《人民检察院检察委员会工作规则》已经要求“拟提请或者提出抗诉的重大、疑难、复杂案件”应当提交检委会讨论决定[①]，有不少地方甚至已经实际普遍性要求提请抗诉案件经过专家委员会咨询论证、下级院检察委员会讨论决定等前置程序，从 2022 年最高检公布的最新数据来看，民事抗诉案件的改变率已高达 90.9%，同比增长 6.7 个百分点，监督精准性不断提高[②]；关于提请抗诉案件经历上下两级检察机关重复办理、浪费司法资源的质疑，民事诉讼法基于审慎启动抗诉程序的考虑作了制度设计，相关质疑所指向的不是检察机关的实践问题，也应当承认认识分歧的正常性与不可避免性。

（3）反思

相关研究对抗诉标准的质疑，是值得进一步反思的：第一，对民事生效裁判监督案件的把握，究竟有没有所谓“可抗可不抗”的适用空间；第二，如果存在“可抗可不抗”的空间，如何抉择、“可抗可不抗的不抗”是否属于司法政策、有无依据；第三，抗诉标准是一个政策问题还是法律问题；

上下级检察机关常常会对事实认定和法律适用有正常的分歧，司法制度设计已经考虑到这一不可避免的问题，通过“提请抗诉”的制度安排，试图以程序设计来“消化分歧”。也就是说，上级检察机关对下级检察机关提请抗诉案件的审查、把关、决定不支持监督是制度设计的

---

① 《人民检察院检察委员会工作规则》第 8 条规定，“人民检察院办理下列案件，应当提交检察委员会讨论决定：（一）涉及国家重大利益和严重影响社会稳定的案件；（二）拟层报最高人民检察院核准追诉或者核准按照缺席审判程序提起公诉的案件；（三）拟提请或者提出抗诉的重大、疑难、复杂案件；（四）拟向上级人民检察院请示的案件；（五）对检察委员会原决定进行复议的案件；（六）其他重大、疑难、复杂案件”。

② 《最高检案管办负责人就 2022 年 1 月至 6 月全国检察机关主要办案数据答记者问》，载最高人民检察院网，https://www.spp.gov.cn/spp/wxfb/wsfbt/202207/t20220720_565763.shtml#3，2022 年 7 月 20 日访问。

应有之义，但是提请抗诉案件支持率应当在一个“相对合理的区间”运行，过低的提请抗诉案件支持率会在社会公众面前过分暴露上下级检察机关的认识不一致，呈现给当事人的是：先收到下级院决定提请抗诉决定的通知书，再收到上级院的不支持监督申请决定书，损害司法权威。①

以某上级检察机关为例，2019 年受理下级院提请抗诉案件 108 件，截至 2022 年 6 月 30 日已结 105 件，未结 3 件，已结 105 件中提出抗诉 25 件，提请抗诉支持率 23. 8%；2020 年受理下级院提请抗诉案件 60 件，截至 2022 年 6 月 30 日已结 45 件，未结 15 件，已结 45 件中提出抗诉 11 件，提请抗诉支持率 24. 4%。对这一组数据进行分析，从 2019 年到 2020 年，下级院提请抗诉案件数从 108 件减少到 60 件，下降了 44. 4%；上级院提出抗诉案件数从 25 件减少到 11 件，下降了 56%；提请抗诉案件支持率从 23. 8% 上升到 24. 4%，上升了 2. 5%。

实践中，许多地方已经实际要求下级院提请抗诉要经过专家委员会咨询论证、下级院检察委员会讨论决定等前置程序，加之《人民检察院检察委员会工作规则》也要求“拟提请或者提出抗诉的重大、疑难、复杂案件”应当提交检察委员会讨论决定，经过严格把关，提请抗诉案件数量确实下降了 44. 4%，但是提出抗诉率下降了 56%，提请抗诉案件支持率仍然在低位运行，仅仅上升了 2. 5%，与此前 2018 年和 2019 年的阶段性观察数据大体一致（提请抗诉案件支持率分别为 21. 2%、23. 2%）。② 对数据的分析可能提示，专家委员会咨询论证和下级院检委会讨论可能仍未彻底解决上下级院对于案件应否抗诉的观点不一致问

① 兰楠：《民事抗诉标准的再探讨》，载《国家检察官学院学报》2021 年第 4 期。

② 通过对 2018 年和 2019 年某上级检察院受理的下级院提请抗诉案件办理情况进行跟踪观察：截至 2020 年 12 月，在该上级院办结的 2018 年受理的 222 件提请抗诉案件中，办理结果为提出抗诉的 47 件，提请抗诉案件支持率为 21. 2%；截至 2020 年 12 月，在该上级院办结的 2019 年受理的 99 件提请抗诉案件中，办理结果为提出抗诉的 23 件，提请抗诉案件支持率为 23. 2%。参见兰楠：《民事抗诉标准的再探讨》，载《国家检察官学院学报》2021 年第 4 期。

题，仍然要到“抗诉标准”中寻找答案。

2. 以司法公正为首要考虑因素

（1）再审的“有限纠错”

根据民事诉讼法原理，再审的功能定位是“补救”。补救和恢复程序的正当性，在学理上往往被定位为一种“有限纠错”[①]，是一种被严格限制启动条件的“备用程序”，是一种例外情形、非正常程序。这样的制度设计，在民事诉讼法原理上主要被归因于三个方面原因：一是维护生效裁判的权威性；二是维护法律关系的稳定性；三是基于司法成本与效率的考虑。因此，启动再审需要在维护稳定性与纠错之间寻找平衡，这个平衡点在民事诉讼法中体现为再审启动情形被定位为“确有错误”“严重瑕疵”，需要通过再审恢复秩序、救济权利的。[②]

（2）补救之后的监督

《民事诉讼法》第十六章使用了“审判监督程序”的表述，根据第十六章的规定，再审的启动程序有三种：一是“院长发现程序”，即《民事诉讼法》第209条规定，“各级人民法院院长对本院已经发生法律效力的判决、裁定、调解书”“最高人民法院对地方各级人民法院”“上级人民法院对下级人民法院已经发生法律效力的判决、裁

① 张卫平：《有限纠错——再审制度的价值》，载《法律适用》2006年第7期。

② 《民事诉讼法》第211条规定，“当事人的申请符合下列情形之一的，人民法院应当再审：（一）有新的证据，足以推翻原判决、裁定的；（二）原判决、裁定认定的基本事实缺乏证据证明的；（三）原判决、裁定认定事实的主要证据是伪造的；（四）原判决、裁定认定事实的主要证据未经质证的；（五）对审理案件需要的主要证据，当事人因客观原因不能自行收集，书面申请人民法院调查收集，人民法院未调查收集的；（六）原判决、裁定适用法律确有错误的；（七）审判组织的组成不合法或者依法应当回避的审判人员没有回避的；（八）无诉讼行为能力人未经法定代理人代为诉讼或者应当参加诉讼的当事人，因不能归责于本人或者其诉讼代理人的事由，未参加诉讼的；（九）违反法律规定，剥夺当事人辩论权利的；（十）未经传票传唤，缺席判决的；（十一）原判决、裁定遗漏或者超出诉讼请求的；（十二）据以作出原判决、裁定的法律文书被撤销或者变更的；（十三）审判人员审理该案件时有贪污受贿，徇私舞弊，枉法裁判行为的”。

定、调解书”“已经发生法律效力的判决、裁定、调解书”，可以提交审判委员会讨论决定，或指令再审；二是“当事人申请”，即《民事诉讼法》第 210 条规定，当事人对已经发生法律效力的判决、裁定，认为有错误的，可以申请再审；三是“抗诉启动再审”，即《民事诉讼法》第 219 条规定，检察机关提出抗诉，人民法院应当裁定再审。

审判监督的表述显然已经有别于再审，定位于“监督”，既有上级法院对下级法院的审判监督，也有检察机关对审判机关的法律监督。检察机关的法律监督被定位在人民法院再审之后，或是驳回当事人的再审申请，或是逾期未对再审申请作出裁定，或是再审裁判明显错误。检察机关法律监督的目标定位在于“法律的统一正确实施”，在于监督、促进审判权的客观公正行使，维护审判权的客观公正行使之下的司法公正是检察监督的首要关切。

3. 司法权威、司法效率以司法公正为前提和基础

诚然，启动再审可能是一柄“双刃剑”，一边是可能牺牲程序安定、司法权威，一边是可能牺牲个案的正确裁判。纠正了个案，某种程度上说可能牺牲了当下的司法的权威性与程序的安定性，但如果一味维护司法权威，可能牺牲了个案的正确裁判，还可能影响长远的、真正的司法权威。司法权威不是空洞的概念，是建立在追求无限接近实质正义上的司法权威，当然，任意启动再审程序是坚决被反对的——正因如此，检察监督才要反复地、精益求精地追求最精准、恰当的“抗诉标准”，力求从司法公正的视角准确把握法律精神，准确对抗诉（再审）事由进行解释和适用，既避免轻易启动再审程序，又期待尽可能地接近实质正义，保护当事人的权利。更为关键的是，通过监督公权力的客观公正行使，保障民事法律的统一正确实施，实现抗诉制度对法律适用的引领价值，对社会法治意识的引领作用。

但是，审慎启动再审和精准监督不意味着不抗诉，不意味着不启

动再审，也不意味着简单化地决定可抗可不抗的不抗诉，或可抗可不抗的抗诉，还是要从立法原意、法律精神、法律适用上把握到底应不应该通过抗诉方式启动再审予以纠正。

三、民事生效裁判抗诉标准

检察机关作为国家法律监督机关的宪法定位，决定了民事检察不仅要对某些涉及国家利益和社会公共利益的民事违法行为进行干预，还肩负着监督审判（执行）机关行使公权力，维护国家法律统一正确实施的重要职能。[①] 一方面，检察机关的法律监督属性和立法赋予抗诉权的强制性程序效力，为检察权的介入提供了正当性基础；另一方面，由于启动抗诉一定程度上打破了民事诉讼程序的封闭性，司法节制主义必然要求法律监督应当是谦抑、节制、保持适度的。民事抗诉也应当是审慎的，是契合于“切实推动政法工作高质量发展”“统一民事法律适用标准”[②] 需要的，《民事诉讼法》第211条所列举的情形相对宽泛、模糊，作为抗诉和再审事由，无法切实提供标准或依据，究竟如何梳理确定抗诉标准，值得再次探讨。

（一）刑事再审与民事抗诉标准的比较分析

笔者尝试以刑事诉讼法和民事诉讼法规定的“依照审判监督程序提出”的抗诉（刑事区别于二审抗诉的审监抗）进行对比分析、相互证成，针对实践中一些做法、分歧，比较、碰撞不同的实体法领域的再审抗诉标准分析体系。

1. 有无“可抗可不抗”的情形

“提出抗诉”源于刑事诉讼法和民事诉讼法的明确规定，并规定了

---

① 韩静茹：《民事检察权的基本规律和正当性基础》，载《湖北社会科学》2018年第4期。

② 习近平：《论坚持全面依法治国》，中央文献出版社2020年版，第281页。

具体抗诉事由，如《民事诉讼法》第219条第1款规定，最高人民检察院对各级法院生效裁判，上级检察院对下级法院生效裁判，发现有该法第211条规定情形之一的，或者发现调解书损害国家利益、社会公共利益的，应当提出抗诉；《刑事诉讼法》第254条第3款规定，最高人民检察院对各级法院已经生效裁判，上级检察院对下级法院生效裁判，如果发现确有错误，有权[1]按照审判监督程序向同级法院提出抗诉。不同于民事诉讼法的表述，结合《人民检察院办理刑事申诉案件规定》（2020年9月22日起施行，以下简称《申诉规定》）第2条、第12条、第45条的规定理解，当事人或法定代理人、近亲属不服法院生效裁判，向检察机关提出刑事申诉，检察机关经复查认为法院生效裁判确有错误，具有下列情形之一的，应当按照审判监督程序向人民法院提出抗诉。法律和司法解释的表述清晰准确，结构为：“符合法定条件，则应当提出抗诉”，而非“符合法定条件，在审慎介入民事诉讼的情况下，可以提出抗诉”，也非“符合法定条件，确有必要的，可以提出抗诉”。那么究竟如何理解是否存在“可抗可不抗”的情形？法律和司法解释是否规定了酌定情形？如检察官有自由裁量权，在“确有错误”“应当”之内还是之外？需要进一步分析。

2. “确有错误＋应当抗诉”的程度与内涵意蕴

法律关于抗诉事由的规定，可以区分为两个层次：第一个层次是确有错误；第二个层次是符合具体事由应当抗诉。

在第一个层次，根据《刑事诉讼法》第254条第3款，检察机关对于法院生效裁判，如果发现“确有错误”，有权按照审判监督程序提出抗诉；根据《民事诉讼法》第219条，抗诉事由指向第211条人民法院

---

① 此处表达为“有权”可能也有两方面考虑：一是检察机关作为控方，在二审已经被赋予抗诉的权利，不宜在依职权的情形下过于强调审监抗；二是在有当事人或其法定代理人、近亲属提出申诉的情况下，情况则不同，检察机关依法抗诉的履职则表达为符合法定条件应当提出抗诉，既是对当事人申诉权利的保障，也是强调检察机关的履职义务。

应当再审情形。

在第二个层次，两部诉讼法则规定了应当抗诉的事由，以刑事抗诉事由为例，《刑事诉讼法》第253条规定了法院应当重审的情形，《最高人民法院关于适用〈中华人民共和国刑事诉讼法〉的解释》（以下简称《刑事诉讼法解释》）进一步规定了对第253条的理解适用，《申诉规定》规定了检察机关办理刑事申诉案件应当再审的情形，表1对三者的区别进行了比较：

表1 “三法”关于应当抗诉的区别

《刑事诉讼法》第253条	《刑事诉讼法解释》第457条	《申诉规定》第45条
（一）有新的证据证明原判决、裁定认定的事实确有错误，可能影响定罪量刑的	（一）有新的证据证明原判决、裁定认定的事实确有错误，可能影响定罪量刑的	（五）有新的证据证明原判决、裁定认定的事实确有错误，可能影响定罪量刑的
（二）据以定罪量刑的证据不确实、不充分、依法应当予以排除，或者证明案件事实的主要证据之间存在矛盾的	（二）据以定罪量刑的证据不确实、不充分、依法应当排除的 （三）证明案件事实的主要证据之间存在矛盾的	（四）据以定罪量刑的证据不确实、不充分，或者主要证据之间存在矛盾，或者依法应当予以排除的
	（四）主要事实依据被依法变更或者撤销的	（一）原判决、裁定认定事实、适用法律确有错误致裁判不公或者原判决、裁定的主要事实依据被依法变更或者撤销的
（三）原判决、裁定适用法律确有错误的	（五）认定罪名错误的 （六）量刑明显不当的	（二）认定罪名错误且明显影响量刑的
	（七）对违法所得或者其他涉案财物的处理确有明显错误的 （八）违反法律关于溯及力规定的	（三）量刑明显不当的 （六）违反法律关于追诉时效期限的规定的

续表

《刑事诉讼法》第253条	《刑事诉讼法解释》第457条	《申诉规定》第45条
(四)违反法律规定的诉讼程序,可能影响公正审判的	(九)违反法定诉讼程序,可能影响公正裁判的	(七)违反法律规定的诉讼程序,可能影响公正审判的
(五)审判人员在审理该案件的时候,有贪污受贿,徇私舞弊,枉法裁判行为的	(十)审判人员在审理该案件时有贪污受贿、徇私舞弊、枉法裁判行为的	(八)审判人员在审理案件的时候有贪污受贿、徇私舞弊、枉法裁判行为的

"确有错误"字面表达一种程度意蕴,不是"可能有",甚至不仅是"有",而是"确有";实则要求有证据能够证明或经分析能够确认,事实认定或法律适用真正有错误,表达了需要纠正的错误应当达到"确有"程度的程度意蕴。"应当抗诉"的事由则进一步阐述了何为确有错误的情形,与"确有"的表述相互补强,共同构成对抗诉事由进行理解和把握的基础。

比较发现,除表述方式的区别外,《申诉规定》实质已经严格限制了抗诉条件。

第一,将"认定罪名错误"的抗诉事由进一步限定为"认定罪名错误且明显影响量刑的",即在认定罪名错误之外还要求了"明显影响量刑"的结果要件,即仅有认定罪名错误但量刑区别不明显的不抗诉。

第二,柔化处理不仅如此,更体现在《申诉规定》第45条第2款,"经复查认为人民法院已经发生法律效力的刑事判决、裁定,符合前款规定情形之一,经检察长决定,可以向人民法院提出再审检察建议。再审检察建议未被人民法院采纳的,可以提请上一级人民检察院抗诉"。这一处理主要是考虑到"适用再审检察建议方式向法院提出监督意见,是实践中行之有效的监督方式""取得了较好的实践效果,应予以坚持"。①

---

① 徐向春、杜亚起、刘小青:《〈人民检察院办理刑事申诉案件规定〉理解与适用》,载《人民检察》2020年第22期。

3. 刑事再审与民事抗诉标准的比较分析

尽管法律及司法解释规定了再审（抗诉）事由，但这些“事由”在实践中确实是难以精准把握的，许多概念即便是司法解释进行了阐释它依然是抽象、宽泛而不具有可操作性的①，不同的检察官可能把握尺度不一，比如“认定事实、适用法律确有错误”“裁判不公”似乎只是对原审生效裁判确有错误的循环解释，比如如何区分“明显影响量刑”“量刑明显不当”“可能影响定罪量刑”。针对模糊与抽象，本书的思路是建立：以比较分析两大抗诉理念，补强“确有错误”的程度判断和“法定抗诉事由”的框架体系。

（1）刑事抗诉的个性

第一，谦抑性原则的不适用。刑事司法的谦抑性是部分观点研究刑事抗诉标准时所坚持的，但是，谦抑性适用于刑事司法领域乃是基于刑事手段的严厉性、最后性、治理的有限性，而刑事抗诉与刑事惩罚不同，纠正确有错误的生效裁判，反而可能意味着保护人权，不应当坚持谦抑性。

民事法律关系极为重视社会秩序的稳定性，以诉讼时效制度为例，《民法典》第192条第1款规定“诉讼时效期间届满的，义务人可以提出不履行义务的抗辩”。权利人无法获得法院保护其民事实体权利的胜诉判决，其理论依据在于，权利人长期不行使权利，被认为“躺在权利上睡觉”，呈现一种权利似乎不存在的外观，有可能使第三人基于这样的事实外观产生一种合理的信赖，产生相应预期，形成一定的稳定的法律关系，如果任由权利人任何时候都能主张权利，将影响“既定社会秩序的稳定”②，影响环环相扣的经济生活。诉讼时效制度的事例，可以证明民事法律关系领域，秩序的稳定性的价值，基于对环环相扣的经济

① 卞建林、桂梦美：《启动刑事审判监督程序的困境与出路》，载《法学》2016年第4期。

② 王轶：《诉讼时效制度三论》，载《法律适用》2018年第11期。

生活的保护，民事诉讼领域再审的启动、公权力的介入，确实要更加慎重，而承载出罪价值、承载纠正冤错案件价值的刑事申诉，不受此限制。

第二，重点关注事实证据问题的确有错误。首先，侦查机关对破案率的追求，呼唤检察机关从尊重客观规律出发，重点关注事实证据问题。其次，刑事司法程序的闭环性使法律适用一致性更高。刑事司法实践以公安机关侦查、检察机关公诉、审判机关裁判为闭环，公权力机关之间互相传导压力的结果，可能使法律监督在公安司法机关之间更具有高度的一致性，更不要说“两高一部”经常会签规范性文件，这是通常认可的观点，不再展开。

第三，刑事抗诉的出罪化取向与保障人权。刑事抗诉案件多来源于刑事申诉案件，刑事申诉案件的申诉人既包括被告人也包括被害人，被害人多为不服检察决定，不服法院生效裁判的多为被告人，因此不服法院生效裁判的申诉案件的诉求是出罪。实践中，在经验丰富的检察官眼里，绝大多数案件是明显没有问题的，事实清楚、证据确实充分，原审被告人的申诉理由明显不符合逻辑，但是，极少数案件是“带伤”的，法律监督要审查的就是这些所谓的“带伤”的案件，保持刑事申诉制度、抗诉制度对于保障人权、纠正冤错案件的价值。

（2）民事抗诉标准：发挥法律适用的引领性

在民事诉讼领域，尤其是英美法系的民事诉讼理论，不同的审级有不同的审理侧重点，初审既解决事实问题和法律适用问题，上诉审开始更侧重法律适用问题（兼顾事实问题），到再审主要解决法律适用问题，到联邦最高法院只审查法律适用问题（基本排除事实认定问题）。这样的制度安排有两点启示：其一，不同审级的法院确有不同的优势，下级法院距离事实证据更近，上级法院对于司法政策、裁量标准的统筹把握更全面；第二，横向较之于刑事，民事诉讼没有公权力的主动介入（法院只是居中裁判、依申请调取证据），双方当事人都是势均力敌的，没有非法证据排除的需求，没有为被告人出罪保护人权的使命，更尊重原审对于事实的认定。检察机关法律监督职责的介入，并不会比原审认定事实更“高明”，反而会更遥远而吃力，因此，抗诉审查时对事实问题应当是保持审慎态度。

但是，民事诉讼并不存在刑事诉讼那样“熟稔”的闭环，即便当事人聘请了律师，律师也未必在每一个领域如侦查、检察、审判机关一样就法律适用问题互相施压、互相磨合，形成法律适用的高度一致，法律适用问题是民事抗诉的重点聚焦，尤其在新类型领域、类案领域。

（3）两大抗诉标准的共同表达——着眼于监督公权力

通过抗诉启动审判监督程序，与检察机关法律监督职能的价值存在高度契合。启动审判监督程序的价值功用大致包括以下几个方面①：

第一，保持对公平正义的持续追求与警醒。启动审判监督程序是纠正错误、实现公正的最后一道防线。检察机关办理刑事申诉案件的目标即在于纠正错误的生效裁判、维护正确的生效裁判、保护当事人合法权益、促进司法公正、保障法律统一正确实施。

第二，监督公权力、保障法律统一正确实施。启动审判监督程序纠正错误裁判，其结果乃是保障法律统一正确实施，与检察机关法律监督的内涵高度一致。因此，检察机关在决定是否抗诉时，其目标指向应当是清晰明确地指向公权力行使，抗诉行为指向的不再是执着地追诉犯罪，而是原审裁判是否确有错误，有可能是入罪，更有可能是出罪。

第三，刑事抗诉应当具有明显的保障人权的功能，民事抗诉则是在程序与实体之间寻找一个价值均衡的“点”。刑事生效裁判涉及当事人的生命、自由、财产，人的生命和自由是最为珍贵的，当发现生效裁判确有错误，不当剥夺了人的生命和自由时，应当毫不犹豫。任何法律秩序都以特定的价值秩序为基础，基本权利和人权是不可放弃的基本价

① 卞建林、桂梦美：《启动刑事审判监督程序的困境与出路》，载《法学》2016 年第 4 期。

值，是法律秩序不飘摇的基础。[①] 对民事生效裁判的监督，一般以监督公权力为直接目标，以保障当事人的实体权利为间接目标[②]，虽介入民事诉讼程序，但较之保障人权更加审慎克制，在程序正义与实体正义之间寻找有一个均衡与自洽的位置。

（二）民事生效裁判监督案件抗诉与否的分析

【案例1】甲银行与乙公司签订有借款合同并实际履行，丙公司以自有资产为乙公司提供抵押担保。后查明乙公司与甲银行的借款系借新还旧，而非合同载明的支付货款。丙公司主张在其不知情的情况下借新还旧改变了担保人对借款风险的预期，根据最高人民法院《关于适用〈中华人民共和国担保法〉若干问题的解释》（以下简称《担保法解释》）第39条[③]“主合同当事人双方协议以新贷偿还旧贷，除保证人知道或者应当知道的以外，保证人不承担责任，但新贷与旧贷是同一保证人的除外”的规定，本案应当类推适用。一、二审均未支持这一主张，再审裁定也驳回了丙公司的申请。丙公司向检察机关申请监督，主张《担保法解释》第39条的规定应当类推适用于抵押担保，由此，该公司在不知道且不应当知道的情况下不应承担抵押担保责任。

问题：在已查明甲银行向乙公司发放贷款系以新还旧的情况下，丙公司能否依据《担保法解释》第39条的规定不承担抵押担保责任？生效裁判未类推适用《担保法解释》第39条是否属于适用法律错误？检察机关是否应当抗诉？

观点一：《担保法解释》第39条所确立的规则同样应当适用于约

---

① ［德］伯恩·魏德士：《法理学》，丁晓春、吴越译，法律出版社2013年版，第405页。

② 兰楠：《民事抗诉标准的再探讨》，载《国家检察官学院学报》2021年第4期。

③ 鉴于本书是引用案例来说明观点，故案例中涉及法条时，遵从原文，不与现行法对照进行修改。——笔者注

定担保物权的情形。隐瞒以新还旧的事实，不仅大大增加了抵押人的风险，也是主债务人的欺诈行为；虽然第39条只规定了适用于保证担保，没有规定适用于抵押、质押担保，但是，民法通则规定的比照适用法律，实际就是类推适用，且几乎所有的法理都认为民法可以适用类推方式。类推适用的前提是法律规定存在漏洞，需要进行填补；填补的方法，主要是类推适用法律的其他规定，即在存在明显法律漏洞时，将法律对某案例类型所设的规定，比附援引到一个法无明文但有类似性的案例类型；两种案例类型是否具有类似性，应就其构成要件，依法律意旨加以认定，这种类似性的认定，在于探求相同的法律理由系属价值判断和利益衡量，旨在维持法律秩序的统一性。

观点二：《担保法解释》第39条在于遏制这种把还款风险转嫁给保证人的可能（或恶意），在新贷和旧贷为不同保证人的情形下，这种转嫁可能更甚。依司法解释的目的推知，以新贷还旧贷的抵押担保也应同理，从司法裁判的角度，以类推适用为宜，更契合司法解释对债权人和抵押人的平衡保护，避免任意或恶意的风险转嫁，但是，司法裁判的标准不同于抗诉的标准，抗诉应严守“原判决、裁定适用法律确有错误的”标准，应否积极类推适用存在争议，不属于适用法律确有错误，检察机关不应抗诉。①

【案例2】A自然人在B个体工商户处陆续赊购产品，后出具欠条载明“A欠B货款共计人民币叁万元，月息按贰分计算。2010年1月1日”。此后，A陆续多次还款8000元和两只鸭子。B起诉A要求偿还欠款，A以超过诉讼时效进行抗辩。一、二审认为欠条未载明还款期限，依据《合同法》

① 2021年1月1日起施行的《最高人民法院关于适用〈中华人民共和国民法典〉有关担保制度的解释》第16条规定，“主合同当事人协议以新贷偿还旧贷，债权人请求新贷的担保人承担担保责任的，如新贷与旧贷的担保人不同，或者旧贷无担保新贷有担保的，人民法院不予支持，但是债权人有证据证明新贷的担保人提供担保时对以新贷偿还旧贷的事实知道或者应当知道的除外”。这一规定已实际吸收了原《担保法解释》第39条的规定，将适用范围扩大到司法解释所涵盖的多种担保方式。

第206条规定，B可以随时向A要求还款，A也可以随时还款，不能认定B的诉讼请求超过诉讼时效。再审认为本案形成的是买卖合同关系，所争议的是拖欠货款，不应按照民间借贷规则适用《合同法》第206条进行裁判，适用法律与案件性质相悖，B起诉主张权利时间距离A最后一次还款时间已超过诉讼时效期间，B的诉讼请求不应得到支持。

问题：B的诉讼请求是否超过诉讼时效？检察机关是否应当抗诉？

观点一：《合同法》第62条第4项规定，履行期限不明确的，债务人可以随时履行，债权人也可以随时要求履行，但应当给对方必要的准备时间。最高人民法院《关于审理民事案件适用诉讼时效制度若干问题的规定》第6条规定，未约定履行期限的合同，依照《合同法》第61条、第62条的规定，可以确定履行期限的，诉讼时效期间从履行期限届满之日起计算；不能确定履行期限的，诉讼时效期间从债权人要求债务人履行义务的宽限期届满之日起计算，但债务人在债权人第一次向其主张权利明确表示不履行义务的，诉讼时效期间从债务人明确表示不履行义务之日起计算。本案中，依照《合同法》第61条、第62条的规定依然不能确定履行期限，且没有证据证明债务人明确表示不履行义务，不能认定B的诉讼请求已超过诉讼时效期间，生效裁判适用法律明显错误，检察机关应当提出抗诉。

观点二：本案诉讼标的过小，案情过于简单，已经历了一审、二审、再审，且不具有任何指导、示范意义，由最高人民检察院向最高人民法院就2万余元的标的提出抗诉实属浪费司法资源。①

两个简单的案例实际抽象于实践中大量存在的“抗还是不抗”的争议，也足以引发出对抗诉标准的再思考。案例1中，观点一和观点二都认为法律适用的正确做法是类推适用，所不同的是观点一认为生效裁判未积极进行类推适用属于适用法律错误，检察机关应当抗诉；

---

① 案例1和案例2均来源于最高人民检察院民事诉讼监督的真实案例，观点争议来源于专家咨询意见和案件讨论意见，笔者进行了抽象化、匿名化处理。

观点二认为裁判标准不等同于抗诉标准，应当从不同层面上把握二者。案例2中，观点一和观点二就时效问题亦无分歧，但观点二认为案件标的过小，案件缺乏指导或典型意义，经历一审、二审、再审之后再提出抗诉有浪费司法资源之嫌。两个案例实际提出了两类具有代表性的问题：人民法院审理民事案件，以事实为依据，以法律为准绳；人民检察院办理民事诉讼监督案件，以事实为依据，以法律为准绳，坚持公开、公平、公正和诚实信用原则，尊重和保障当事人的诉讼权利，监督和支持人民法院依法行使审判权和执行权。[①] 那么，裁判标准与抗诉标准之间有无差异，如何把握“适用法律确有错误”？违法性程度如何确定，是以诉讼标的、社会效果、违法情节进行判断还是以其他标准进行判断？

实践中不仅存在确定抗诉标准时面临的情况非常复杂，标准不一、争议较大，更多的问题还表现在提请抗诉案件支持率低上。通过对2018年和2019年某上级院受理的下级院提请抗诉案件办理情况进行跟踪观察：截至2020年12月，在该上级院办结的2018年受理的222件提请抗诉案件中，办理结果为提出抗诉的47件，提请抗诉案件支持率为21.2%；截至2020年12月，在该上级院办结的2019年受理的99件提请抗诉案件中，办理结果为提出抗诉的23件，提请抗诉案件支持率为23.2%。[②] 提请抗诉环节是检察机关的内部办案流程，但在下级院作出提请抗诉决定后会以通知书形式告知当事人，便于其掌握案件办理进度。提请抗诉案件支持率低反映了上下级检察机关对同一问题的不同态度，对司法公信力会产生一定影响，也造成了息诉工作的压力。

实践中，明显偏低的提请抗诉案件支持率和抗诉与否的规范化提示我们，对抗诉标准的把握仍需仔细探讨，而多方面复杂情况其实都依赖

---

① 参见《民事诉讼法》第7条、《人民检察院民事诉讼监督规则（试行）》第4条。

② 在选取跟踪观察目标时着重考虑了该上级院受理、审查案件在实践中的代表性，少量提请抗诉案件支持率高位运行的地方此项数据亦不超过40%。

于分析民事检察的基本性质和基本立场进行回应。

（三）确定抗诉标准的根本出发点——对公权力的监督

关于检察机关的司法职能定位，《中共中央关于加强新时代检察机关法律监督工作的意见》具体表述为“保障国家法律统一正确实施”。检察机关作为司法机关的定位，主要对应法律适用和司法决断的职能属性，司法机关的角色定位实质强化检察机关的客观公正立场，通过具体案件的司法履职保障法律监督职能的实现，法律监督机关和司法机关，是相互促进、相互证成的关系。①

具体到民事检察，检察工作的价值取向决定了确定抗诉标准的价值取向，研究抗诉标准必须回到民事检察的基本价值立场、态度和倾向。《宪法》第 134 条规定，检察机关“是国家的法律监督机关”。检察机关代表国家行使公权力，这是抗诉的根本制度基础。2013 年，最高人民检察院发布《关于深入推进民事行政检察工作科学发展的意见》，根据这一指导意见的阐述，民事检察工作是为保障民事法律“统一正确实施而进行的法律监督，其核心是对公权力的监督”。但在具体制度构造中，检察机关基于“强化自身监督”和“避免破坏诉讼结构平衡”的考虑，仍以当事人的申请作为抗诉的前提和重要线索来源。② 以致有观点认为以当事人的申请（且通常是单方申请居多）作为抗诉的重要前提和线索来源，由此启动程序，虽然抗诉理由多数情况下不见得等同于当事人的申请监督理由，但“检察权的介入”导致再审程序的当然启动是客观存在的，加之因履行法律监督职责需要

---

① 郭立新、张薰尹：《新时代检察机关角色定位的法解释学阐释》，载《国家检察官学院学报》2024 年第 4 期。

② 根据《最高人民检察院关于深入推进民事行政检察工作科学发展的意见》表述，除损害“两益”和违法犯罪损害司法公正的情况外，一般应以当事人申请作为监督的前提。防止和避免因检察监督的不当介入，破坏当事人在诉讼结构中的平衡性，进而造成对当事人诉权的不当干预。当事人申请监督和检察机关自行发现均是民事检察案件线索的重要来源。

而进行的调查核实，抗诉实质上导致了“无解的公私冲突”，即便将抗诉的全部意义止于启动再审，而“顺应一方当事人的需要而开启再审，本身就是举足轻重的辅助”，将导致当事人诉讼地位平等的冲突。[①] 况且，最终决定提出抗诉本身也表明了检察机关“对一方当事人的支持，结果上总是有利于一方当事人，客观上发挥着救济当事人的功能”。[②] 这样的观点在学界也具有一定的代表性。

重申以对公权力的监督作为抗诉的根本出发点无疑是极为关键的，有助于厘清许多争议。尽管不少观点已经认识到民事抗诉是一种对公权力进行监督的程序性权力[③]，但理论界和实务界的争议一直存在，且导致了实践中的观念混淆和操作不一致。重申这一根本出发点对于确定抗诉标准具有重要意义：

第一，当事人申请是民事诉讼监督案件的“线索来源”。当事人的申请与当事人之外的其他主体的控告、举报，以及检察机关在履职中发现，并列为民事诉讼监督案件的三大线索来源。值得注意的是，当事人申请只是作为案件线索来源，不等同于必然抗诉，不意味着民事诉讼监督的核心是对私权利的救济。以当事人申请作为案件线索来源，主要考虑到当事人深度参与民事诉讼活动，以自身对私权利关切的视角更有利于发现公权力违法的问题。当然，不可回避的是，对公权力的监督本身并不是民事法律监督的单一终极目的，终极目的仍在于维护公平正义，

---

① 许尚豪:《论监督型民事抗诉制度的回归及路线》，载《法律科学（西北政法大学学报)》2020 年第 2 期。

② 杨会新:《论我国民事检察权的运行方式与功能承担》，载《法学家》2016 年第 6 期。

③ 胡卫列等:《中国特色民事行政检察的制度实践与理论探索——民事行政检察 30 周年综述》，载《国家检察官学院学报》2018 年第 6 期。笔者梳理认为，关于民行检察权的权力属性及职能定位，主流观点主要体现：一是一种专门的法律监督权，体现在主体的专门性、手段的专门性、发挥作用的专门性上。二是一种程序性权力，其效力主要表现为启动某一纠错程序。三是对公权力的监督，主要指向人民法院的审判、执行活动。四是一种居中监督。检察机关代表国家行使法律监督权，不代表任何一方当事人。五是一种事后监督。

维护法律统一正确实施，进而保障民事诉讼程序合法运行之下应当受到保护的民事权利。

第二，检察机关对抗诉案件的审查是全面审查。检察机关审查案件围绕申请人的申请监督请求、争议焦点以及发现的其他情形，对法院民事诉讼活动是否合法进行全面审查；对其他当事人的申请监督请求一并审查，远不止于关注单方监督请求。实践中，不乏双方当事人均向检察机关申请监督的情形，检察机关作出的决定也并不立足于对某一方当事人监督请求的支持或不支持。

第三，检察机关调查核实不以当事人申请为前提条件。调查核实具有浓厚的职权色彩，按照《人民检察院民事诉讼监督规则》的规定，检察机关根据“履行法律监督职责的需要”，可以进行调查核实。

第四，检察机关抗诉不意味着采纳和支持当事人的申请监督事由。检察机关通过对案件的全面审查、对民事诉讼活动的全面审查，认为存在法定情形的，向人民法院提出抗诉，抗诉理由完全可能并且在实践中多与当事人申请监督理由不一致或不完全一致，这也是由检察机关关注公权力行使的视角所决定的，抗诉理由必然不等同于单纯地关注实体权利义务处分。①

第五，对当事人实体权利的救济表现为对公权力监督的间接效果，是监督公权力、维护法律统一正确实施的应有之义。也是为了避免成为“一方当事人的代理人”影响民事诉讼各方当事人的地位平衡，检察机关不将实现和救济任何一方当事人的实体权利作为法律监督的直接目

---

① 在绝大多数情况下，检察机关的抗诉理由都与当事人的申请监督理由不一致或者不完全一致，分析原因大致包括以下几类：一是当事人的视角、理由多集中于对原裁判实体权利义务分配不服，这种不服本质上是一种现象的描述，而非探究现象背后是否存在违法情形；相反，检察机关与当事人视角不同，着重分析的是原裁判的权利义务分配有无法律依据、有无违法情形。二是当前依然有许多当事人向检察机关申请监督时没有聘请律师或申请法律援助，提出问题的专业能力相对受限。三是还有的申请监督理由明显是为了表达怨恨、发泄情绪，对于认定事实和适用法律意义并不大。

的、根本目的，但是，对权利的救济是维护法律统一正确实施的应有之义，在民事诉讼法的框架之下，事实得到依法认定，法律得到正确适用，则当事人的权利将得到救济。

在讨论抗诉标准的视野下，以对公权力的监督为根本出发点，当事人实体权利义务的救济乃是公权力监督的间接效果，这就意味着当事人实体权利义务的配置失当不是提出抗诉的当然标准，抗诉标准核心在于法院民事审判活动是否具有违法性，是否应当基于维护法律统一正确实施的需要予以再审并纠正。实体权利义务配置只是现象，且相当复杂，还要考虑法官的自由裁量权，自由裁量权之外依然具有突出的主观性、相对性，如试图令检察官在再审程序之后依然拘泥于纷繁复杂的民事案件中的种种变量，不见得能高明于各审的法官，反倒可能更加凸显司法机关的认识冲突，影响司法公信力。

民事实体法和程序法确立了一系列规则，从事实认定到法律适用，人民法院依照这些规则作出的裁判，检察机关应予维护；对公权力违法之下的案件进行监督，则成为例外，纠正违法和维护法律统一正确实施成为关键。以《民事诉讼法》第 211 条第 1 项“有新的证据，足以推翻原判决、裁定”为例，从实践和理论两个层面进行分析。从实践层面看，下级院以新证据提请上级院抗诉的类型主要集中在：法院生效判决书；检察机关起诉书和公安机关侦查终结阶段性意见；公安机关讯问笔录；行政机关及其职能部门作出的决定书或证明文件；当事人自行委托鉴定机构作出的鉴定意见。新证据足以推翻原裁判的，属于实体抗诉事由，基于对生效裁判既判力的维护和对民事审判基本规律的尊重，应当认识到，再审审理实则将在一个与一审、二审不同的层面的标准上对生效裁判进行评判，不仅限于发现客观真实，更考虑从实体上排除由于经验、学识、诉讼理念等随着时间推移而产生的对事实、法律的认识不一致对案件产生的影响。[①] 实践中集中存在的这四类新证据提请抗诉类

① 吴美来、阎强：《论民事再审案件的改判标准——以维护裁判的既判力为中心》，载《西南政法大学学报》2012 年第 2 期。

型，很难与《人民检察院民事诉讼监督规则（试行）》第 78 条[①]、《最高人民法院关于适用〈中华人民共和国民事诉讼法〉审判监督程序若干问题的解释》第 10 条对应起来，从形成时间到证明力大小都有过于宽泛之嫌。比如，当事人自行委托的鉴定意见，往往可能由于在诉讼中未申请鉴定、鉴定材料未经各方质证、鉴定机构未经各方当事人共同选择而不能成为足以推翻原裁判的新证据；还有的案件中省级院采纳当事人提交的鉴定意见作为主要提抗理由，该鉴定意见认为“税务机关的完税证明虽然公章真实，但表述和形式均不符合完税证明通常的形式要件”。所谓鉴定意见，根据《民事诉讼法》第 79 条的规定，指向的是“查明事实的专门性问题”，例如可以对完税证明中公章的真实性进行鉴定，但在已确认公章真实的前提下，行政机关证明文书的表述和形式不应当是鉴定意见解决的专门性问题。从民事抗诉监督公权力来看，这些情形都很难成为应当抗诉监督的违法情形。从理论层面看，单就《民事诉讼法》第 211 条将“新的证据”规定为抗诉事由本身来看，带有明显的权利救济性，这时似乎要纠正的是错误裁判而非违法裁判；然而，对抗诉的分析还要结合《民事诉讼法》第 220 条的规定来进行，在第 220 条之下，再审程序已作为当事人申请监督的前置程序，这也就意味着检察监督的目标是“再审程序应当纠正而未纠正的新证据足以推翻原裁判的情形”，这就依然回到了抗诉的监督属性；也恰好反映了立法将再审事由与抗诉事由作简单同一化处理暴露的问题，还反映了在《民事诉讼法》第 211 条的基础上进一步分析抗诉标准的必要性，再审事由应当侧重于纠错和权利救济，抗诉事由应当侧重于监督公权力、维护法律统一正确实施。

再以“原判决、裁定遗漏或者超出诉讼请求”为例，这也属于实体抗诉事由，多见于因对当事人的部分诉讼请求未能予以准确定性，比如误将反诉认作反驳，或释明不当未能准确界定诉讼请求导致漏项或超

---

① 当时有效，《人民检察院民事诉讼监督规则》已删除该规定。

判。这类情形则直接指向公权力行使的重大违法，属于通常所说的裁判中的“硬伤”，应当严格审查。

（四）法定抗诉事由的理解适用

《民事诉讼法》第219条和《人民检察院民事诉讼监督规则》第90条将检察机关提出抗诉的情形指向《民事诉讼法》第211条和第219条，其中第211条是人民法院应当再审的情形，在这个意义上应当抗诉的情形与之具有同构性，没有进行区分。关于民事诉讼监督案件的抗诉标准，有观点根据第211条所列举的13项情形归纳为“事实认定错误”“法律适用错误”“程序违法”“审判人员违法”四类，并认为符合前两类情形者可以抗诉，后两类情形适于发出检察建议。从违法情形的角度概括民事抗诉标准，有便于掌握的优势，但又忽略了司法实践中相同法定情形在具体个案中的巨大差异。有观点将审判机关或审执人员在民事诉讼中的违法行为根据违法性程度分为“重大违法”“一般违法”“轻微违法”，认为对于其中违法性程度高的重大违法情形应当抗诉，对于一般违法情形，则视情况而定。① 有观点认为，民事检察权的行使应当遵循“比例原则”“穷尽其他救济原则”“合法性原则”，即权力行使路径、手段方式协调适应，并控制可能产生的负面效应；基于检察权的谦抑性，尊重审判权的基本规律；以法律的明确授权作为权力行使依据。② 上述从违法程度和一般法律原则的角度概括民事抗诉标准，对具体的情形作了抽象，但并未充分体现民事抗诉的制度特点，由于过于宏观会带来实践中具体适用的难题。

关于制度实践，有研究以某地级市为样本，经统计发现该市检察机关抗诉理由集中在实体问题即“事实认定错误”和“法律适用错误”方

---

① 徐黎明、马清：《新〈民事诉讼法〉中检察建议的适用标准与适用程序》，载《广西社会科学》2015年第10期。

② 韩静茹：《民事检察制度的体系化革新》，载《国家检察官学院学报》2013年第3期。

面，进而提出，抗诉案件的理由实质上反映了法检两机关在事实认定和法律适用上的认识分歧，如果这些分歧在同样的法治背景下，在民事诉讼的司法公开、审级、陪审等制度安排之下依然无法消解，实则已经影响了司法权威、司法公信力。

有研究以某一区间省级院提请最高人民检察院抗诉的案件为研究对象，统计发现主要提抗理由集中在：认定的基本事实缺乏证据证明的；适用法律确有错误的；新证据足以推翻原判决、裁定的。这三项理由占省级院提抗案件数的80%以上，由此提出了抗诉的“法定性”“必要性”“适当性”标准，即检察机关应当依法审查生效裁判监督案件的违法性，并结合监督的社会效果、裁判作出时的司法政策和社会背景等因素对监督的必要性进行审查、综合考量，区分抗诉、再审检察建议和检察建议等监督方式的适用情形，选取最为适当的监督方式。

《民事诉讼法》第211条规定了应当再审的情形，但简单直观地对13项列举情形进行逐一分析以期确定抗诉标准是无济于事的，实践呈现的纷繁复杂的问题实在难以通过列举的方式穷尽。仍以证据为例，在第211条之下需要反复把握“新证据”“基本事实”“认定事实的主要证据”“足以推翻原判决、裁定”等多重概念，不论程度、范围还是类型都存在较大的认知差异。再以“适用法律确有错误”为例，是适用法律轻微错误即应当抗诉，还是适用法律严重错误才应当抗诉；或者是适用法律错误影响当事人实体权利义务分配应当抗诉，还是适用法律错误即便不影响实体权利义务配置也应当抗诉；是适用实体法律错误应当抗诉，还是适用程序法律错误亦应当抗诉，实践中争议较大。在分析抗诉本质属性的基础上提炼能够体现抗诉制度价值和实践需求的基本原则，并以此指引法定抗诉情形的理解适用是相对有效可行的路径，即构建以“原则+情形”的抗诉决定标准。具体来说，检察机关理解适用《民事诉讼法》第211条决定是否抗诉时应当遵循和把握三个原则：

第一，监督为主、统筹救济的原则。在判断对生效裁判监督案件是否抗诉时，侧重从监督的视角关注是否有公权力违法需要纠正，纠正该违法是否有助于维护法律的统一正确实施；民事主体的权利义务配置是否失当，首先是民事法律监督的现象和线索来源应作为综合因素统筹考虑。监督为主的原则还意味着尊重审判规律，以及对于原审法官合理普遍地行使自由裁量权以充分的尊重。

第二，程序从严、兼顾实体的原则。诉讼程序得到合法遵守、发挥应有作用是当事人实体权利赖以实现的保障，"通过正当程序实现正义"是既判力的基础，程序性规范多属于强制性规范，程序违法具有更明显的外观性和认定上的客观性。决定是否抗诉时，应当对程序性事项予以重点分析，对实体性事项则区分具体情况精准、慎重分析，避免陷入违法情形之外的认识分歧，避免被动地陷入双方当事人的实体权利义务之争。

第三，重点把握法律适用、审慎否认事实认定的原则。检察机关应当在纠正违法（而非单纯认识分歧）的视野下，对于具有类案指导、新类型指引等作用的案件法律适用问题予以重点关注，以强化抗诉的精准性、引领性和指导性，同时考虑到原审距离事实最近，原审在查明事实上具有天然的优势，诉讼监督阶段重新认定事实的难度加大、优势丧失，检察机关应当尊重审判规律、司法规律，对于否认原审事实保持审慎态度。

构建"原则＋情形"的抗诉标准，是试图在决定是否抗诉时充分发挥原则和规则的各自优势、互补融合，既关注实践中千变万化的具体情形，又进行抽象的价值和方法指引。《民事诉讼法》第 211 条关于应当再审的情形由于相对概括、宽泛，无法真正独立发挥确定、统一抗诉标准的作用，需要同时运用体现民事抗诉制度价值追求和实践需要的基本原则，不仅为确定抗诉标准提供价值指引，也实际提供分析方法和分析路径，并且相当程度上能够起到纠正抗诉标准任意性的作用，避免形式主义的局限，追求和遵循客观规律，着力实现民事法律监督工作的规范化、程序化、制度化。[1] 基本原则既提炼来源于第 211 条所列举的具

---

① 张文显：《习近平法治思想的基本精神和核心要义》，载《东方法学》2021 年第 1 期。

体情形，又对具体情形的适用进行了类型化和优先劣后的区分，警惕陷入背离抗诉制度目标功能的陷阱，形成“原则+情形”的主客观统一。

1. 监督为主、统筹救济的原则

（1）法律秩序与私权利

民事检察的基本属性决定了民事抗诉要以监督为主、救济为辅，并以之作为确定抗诉标准的重要原则，以公权力行使的违法与否作为关注重点确定抗诉标准，救济私权利作为是否抗诉的综合考虑因素具体分析。学界对包括民事抗诉在内的民事检察之目的认识依然存在分歧，国家干预私权说、私权救济说与维护司法公正、司法权威和法治统一说等三种观点都值得商榷。国家干预私权说并未揭示抗诉之目的，仅描述检察权介入民事诉讼之现象；合法的私权利通过民事诉讼程序得到保障、救济则是司法公正、法治统一语境之下的应有之义，司法权威又建立在司法公正的基础上。民事诉讼客观上涉及国家法律统一正确实施和私权保护两种利益，民事诉讼的目的理论基本也可以归结为“维护国家法律秩序说”和“私权利保护说”。[①] 延伸到民事抗诉，民事抗诉来源于检察机关的法律监督职能无疑，但监督的目的并不止于监督本身，在于通过监督保障国家法律统一正确实施，在于通过维护法律的统一正确实施，维护民事诉讼秩序，进而实现在民事诉讼程序制度设计之下的各方当事人私权利的法律保护。

（2）监督与救济

就民事抗诉而言，对公权力的监督与对私权利的救济是什么关系？有观点认为二者并列，亦有观点认为二者互斥。实则，一方面，救济既可以是监督的间接效果；另一方面，在民事诉讼目的论的层面说，救济也是监督的动因和目的。法律监督本身不是终极目的，在民事诉讼的框架下，民事法律监督也将回归维护法律秩序和保护私权利。民事法律保

---

① 宋小海：《论民事抗诉制度构造与功能的嬗变》，载《浙江社会科学》2017年第5期。

护私权利，审判机关正确适用法律则意味着合法权利应当受到保护，法律秩序得到维护和私权利受到保护是完全契合的。依申请和依职权并列为民事诉讼监督案件的来源也是对这一观点的有力印证。但监督与救济的区别也是存在的，如何把握二者的区别对确定抗诉标准可能更为重要。大量的民事生效裁判监督案件，从线索来源层面，呈现给检察官的往往是当事人由于原审“判非所愿”而在申请事由中所主张的“实体权利义务配置失当”。所谓失当，已经包含了事实描述和价值判断两层含义，即“权利义务配置现状 + 如此配置错误或违法”，后者此时是不确定的，检察官通过当事人呈现的线索来源，经过阅卷和必要的调查核实，需要判断权利义务配置是否错误或违法。错误的概念远远大于违法，包含了对囿于各种因素在原审裁判作出时无法还原事实真相的必要容忍等，抗诉所指向的重点应当是违法裁判，是关注审判机关是否违法，包括违反法定程序、违法认定事实、适用法律违法等。

（3）审判规律和自由裁量权

监督为主的原则还意味着尊重审判规律，以及给予原审法官行使自由裁量权以充分的尊重。事实本身是具有多面性的，认定案件事实只是通过认定证据和接纳常识对所发生的事实进行甄选和固定，这就决定了法律事实本身可能并不存在一个仅有的绝对正确答案。在民事诉讼程序中，一审距离事实最近，最接近当事人、接近证据，可以在庭审中近距离地观察当事人的语气、表情、神态甚至观察各方的对抗，以形成内心确信；而到了再审或诉讼监督阶段，许多案件已历时长久、事过境迁，事实重新认定的难度加大。法官在审判实践中行使自由裁量权是必须的、普遍的，法律允许根据具体情况进行裁量，允许在法定幅度范围内进行裁量，需要根据具体情况对规则进行阐释，需要根据具体案件结合证据规则对争议事实予以认定，需要平衡不同利益冲突，等等，而自由裁量权又不是一个可以精确定量分析的标准，往往很难说 30% 还是 40% 更合理。监督公权力也意味着维护整体的司法权威，如果司法机关适用同样的法律规则得出不同的结论，并且否认既判力，只会使得当事人无所适从。[1]

2. 程序从严、兼顾实体的原则

民事诉讼程序对于当事人实体权利配置具有基础的保障作用，关系司法公正；诉讼程序事项“看得见”，具有公示性，关乎司法权威；程序性事项的判断又相对清晰明了，不具有实体性事项那样更强的模糊性，违反法定程序是民事诉讼的“硬伤”。确定抗诉标准时应当注重区分违反法定程序性事由和实体性事由的不同，对程序性事由予以优先重点关注，做到“程序审查优先、程序把握从严”，体现程序为主、兼顾实体的原则。

（1）程序正义和有限纠错

《民事诉讼法》第十六章规定了“审判监督程序”，当事人申请再审、院长发现程序和检察机关法律监督程序均置于本章。按照通常的民事诉讼制度原理，狭义的再审程序仅指法院对原裁判案件再次审理的程序，而广义的再审程序还应当包括审查再审申请和检察机关的法律监督程序。再审程序不是民事诉讼中通常适用的程序，不是通常存在的审级，是审级制度之外的独立程序、备用程序，其功能定位在于例外情形下的纠正和补救，实质是一种需要防止普适化倾向的“有限纠错”。[2]既判力本身的原理在于“通过正当程序实现正义”，裁判一旦生效，就必须维护既判力和稳定性，再审程序只能在维护既判力和必要的纠错机制之间寻找平衡，也就是说，只有在原审诉讼存在严重程序瑕疵无法实现正义的情况下，才能启动再审。

---

① 林文学、吴凯敏：《民事再审审查法官行使自由裁量权的思考》，载《法律适用》2012 年第 11 期。

② 张卫平：《有限纠错——再审制度的价值》，载《法律适用》2006 年第 7 期。文章认为，一方面，再审普适化将影响裁判形式上的既判力，影响解决纠纷的效力，动摇一审中心主义，影响国外法院对我国终审裁判的承认；另一方面，有错必纠来源于实事求是的认识论观点，而不是法的观念，法律真实和客观真实存在现实差距，经历的时间越长，对案件事实的认定就越困难。我们应当认同通过程序获得的正当性，当事人有权获得法院公正的裁判，原判决只有本身欠缺使既判力正当化的根据，才能经由法定再审事由启动再审否定原判决。

有观点认为，抗诉事由应当仅限于程序违法和损害“两益”[①]，理由在于程序性规范多属于强制性规范，任意性程度低，程序违法更具有外观性和认定的客观性。但仅仅关注程序和“两益”又将视角限缩得过于狭窄，有违监督公权力、维护法律统一正确实施的本质，在“两益”之外把对民事权利的关注完全排除在外更是有违民事诉讼程序法的价值追求。

（2）主观因素和客观因素

有观点提出，就民事生效裁判而言，错误、确有错误都是一个相对模糊和宽泛的概念，究竟何谓认定的基本事实缺乏证据证明？何谓适用法律确有错误？可以细分为三个层面性质截然不同的类型：一是因审判人员贪污受贿、徇私舞弊、枉法裁判的；二是因审判人员能力素质限制导致的裁判失当；三是法检认识不一致导致的分歧。对第一种情形，毫无疑问应当依法提出抗诉；对于第二种情形，原则上不应抗诉，例外情形下如损害当事人实体权利则可以抗诉；对于第三种情形认识不一致的，应当不抗诉。这种区分处理方式，有一定的参考意义，凸显了抗诉程序对于维护司法公正的外在价值，对于法官有失公正廉明的裁判案件，抗诉乃是对司法公信力的挽救。[②] 但是，这种标准从划分上存在一定困难，分类是否周延和互斥恐有争议。何谓审判人员能力素质限制？能力素质限制影响正当程序时是否应当抗诉？能力素质是否可能导致程序违法？能力素质限制与认识不一致如何界分？如果简单地将审判人员能力素质限制所导致的裁判失当排除在抗诉之外，过于笼统，有失慎重。进一步考虑，在这种观点之下，可供借鉴的实际是可以把导致裁判错误的因素按照主、客观因素进行区分，主观因素应当排除在启动再审的原因之外，如事实判断、法律解释、价值取向等，能够引起再审的事

① 许尚豪：《论监督型民事抗诉制度的回归及路线》，载《法律科学（西北政法大学学报）》2020 年第 2 期。

② 赵钢、朱建敏：《略论民事抗诉程序价值取向的重构及其程序设计》，载《法学评论》2003 年第 6 期。

由应当是程序违法、司法腐败、枉法裁判等客观因素。

（3）违法裁判和错误裁判

有观点提出通过区分违法裁判和错误裁判界定抗诉标准。认为与客观事实不符的、与法律不符的、损害当事人实体权利的生效裁判，属于“错误裁判”；违反实体法和严重违反程序法的生效裁判，属于“违法裁判”。错误裁判包含违法裁判，一个合法的裁判也可能是错误裁判，可能因为新证据的出现而被证明为错误裁判，但它依然是合法裁判。[①] 按照前文分析的监督为主、兼以救济的原则，民事抗诉以监督为首要目标，应当首先指向违法裁判，以督促审判机关纠正违法，维护法律统一正确实施；兼顾救济，体现对法定抗诉事由下的错误裁判提出抗诉。

对《民事诉讼法》第 211 条进行分析，第 2 项和第 6 项直接指向认定事实不清和适用法律错误，第 3 项、第 4 项涉及证据规则，第 7 项至第 10 项涉及审判组织和庭审程序，第 11 项、第 12 项涉及诉讼请求和依据的法律文书，第 13 项涉及枉法裁判。除第 2 项和第 6 项存在实体和程序交叉的问题外，其他各项则均涉及程序违法。无论事实认定还是法律适用，正确还是错误，往往是模糊的、可以各执一词的，而程序是否合法则外观性强，是相对容易甄别的，以维护程序合法为抗诉标准之引领，不但操作性强，更具有深厚的法理基础，即维护既判力、维护正当程序保障之下的正义。通过对民事诉讼目的、民事抗诉目的的分析，以及对各种学说观点的借鉴，可以说，在《民事诉讼法》第 211 条之下，强化程序规则的约束作用，凸显程序对处理纠纷的保障，是把握抗诉标准的优先之所在。对实体性事项则应当进一步区分具体情况精准、慎重分析，关注实体性事项中的违法情形，避免陷入违法情形之外的认识分歧；尊重双方当事人平等地行使诉讼权利，避免被动地陷入双方当事人的实体权利义务之争。

---

① 宋小海：《论民事抗诉制度构造与功能的嬗变》，载《浙江社会科学》2017 年第 5 期。

3. 重点把握法律适用、审慎否认原审认定事实的原则

法律适用和事实认定共同作为实体性事由，前文在第二项原则中已经提出应当是相对劣后于程序“硬伤”的判断标准。那么，在强调聚焦程序、程序从严之后，对实体事由要具体情况具体分析。实体问题大致包括事实认定和法律适用，对于具有指引作用的法律适用事项予以积极关注、重点把握，以强化抗诉的精准性、引领性和指导性；对于事实认定问题则要综合实体结果、衡量抗诉价值后审慎分析，除非有充分证据证明原审查明事实明显错误，否则应对在民事诉讼监督阶段否认原审事实认定保持谦抑性。

（1）重点把握法律适用

在司法裁判三段论中，法律是裁判的大前提，法律适用是评价司法裁判的关键性因素。抗诉案件根据《民事诉讼法》第219条有上提一级的规定，不仅体现立法对抗诉启动再审的审慎态度[①]，也有利于最高人民检察院和省级检察院作为上级检察机关对于辖区内的政策背景、法律适用、统一抗诉尺度进行更为全面、稳妥的把握，这两级检察机关也是当前抗诉案件集中分布之所在，在这两级检察机关的层面，从纠正违法而不陷入单纯认识分歧的视角出发，充分关注法律适用，尤其是关注类案法律适用、关注新类型案件法律适用，对于保障法律统一正确实施，以及统一司法政策、尊重社会背景的考量更有实效。法律适用是决定是否抗诉的重点关注事项，这也与最高人民检察院“精准监督”理念高度契合，关注法律适用问题，对有创新、引领价值的案件提出抗诉，发挥导向作用、对类案的指导作用。[②]

---

① 王亚新：《民事再审：程序的发展及其解释适用》，载《北方法学》2016年第5期。

② 张军：《把实施民法典贯穿法律监督始终》，载《人民周刊》2020年第12期。

（2）审慎否认原审认定的事实

在英美等国家，不同的审判阶段通常会有一定的职能和侧重区分，比如初审应当负责解决事实问题和法律适用问题；上诉审重点审查法律适用问题，对事实问题也可以再补充；再审主要解决法律适用问题，并且再审的启动非常严格、比例也较低；到最高法院已经基本排除对事实问题的审查，只审查法律适用问题。这样的制度安排主要是考虑到不同审级查明事实的能力，对法律、公共政策的理解、统筹能力的区别。我国目前实行的是四级两审终审制，二审和再审法院依然需要处理事实问题，虽然受到上诉请求（再审请求）范围的限制，但是依然是一种接近全面的综合审查。在我国这样一个各级审判机关全面审查的现状下，审慎否认原审对事实的认定，侧重突出诉讼监督程序对法律适用的把握和引领。关于事实认定问题，一审无论在时间还是在距离上都最接近事实和证据，一审以开庭审理为原则，而再审或诉讼监督阶段更多的是书面审查或事后调查核实，并运用日常经验法则和逻辑分析进行事实认定。在没有足够充分证据证明原审事实认定有明显错误的情况下，不宜轻易否定原审的事实判断。

（3）事由成立即抗诉和确有错误再抗诉

如前文所述，在民事诉讼监督阶段，事由（情形）和标准不是完全相同的概念，事由无法完全替代抗诉标准，无法解决明确抗诉标准的全部问题。在不同的事由之下，判断是否决定抗诉的标准是不相同的。有的事由是一旦成立就应当抗诉，这通常是我们所说的案件“硬伤”，比如原裁判遗漏或超出诉讼请求的。遗漏诉讼请求，意味着对于当事人的部分诉讼请求未予处理，违反了不得拒绝裁判的原则；超出诉讼请求，意味着该项判决主文没有基础，当事人未提出诉讼请求，而审判机关超范围裁判了。如某一劳务合同纠纷案件中，某当事人既以公司项目负责人的身份对项目材料款、人工费进行确认，也以个人身份确认其本人对欠款承担连带清偿责任，法院仅判决公司承担清偿责任，对于双方约定的该当事人个人连带责任漏判了，这就属于一旦成立即应当抗诉的情形。而法律适用问题是一旦成立即抗诉还是确有错误才抗诉，是存在争议的，且有普遍适用性，有探讨的意义，有指导和引领价值。以《民事诉讼法》第211条第6项为例，如何理解和把握“原判决、裁定适用法律确有错误”？从字面意思来看，“适用法律确有错误”不过是“原判决、裁定确有错误”的简单展开，要用来作为一项具体的再审事由就不够明确了，无法提供更具体、能够判断是否应当抗诉的标准。[①]《人民检察院民事诉讼监督规则》第78条将“适用法律确有错误”界定为：（1）适用的法律与案件性质明显不符的；（2）确定民事责任明显违背当事人有效约定或者法律规定的；（3）适用的法律已经失效或者尚未施行的法律的；（4）违反法律溯及力规定的；（5）违反法律适用规则的；（6）明显违背立法原意的；（7）适用法律错误的其他情形。实践中，随着审判人员业务素质的不断提高，诸如第3项、第4项偏法律适用技术类的错误越来越少，法律适用错误的“隐藏性”和争议性越来越强。针对具有普遍代表性的（类案的）或前沿的（新类型）法律适用问题提出抗诉，能够实现更积极的引领、指导价值，应当是上级检察机关的关注重点。

我们尝试以“原则+情形”的抗诉标准来回应本书伊始的两个案例。在案例1中，以监督为主的视角审视原审生效裁判，首先不存在明显的程序违法，其次在实体方面，事实认定基本清晰，那么争议的焦点在于未将《担保法解释》第39条类推适用于本案是否属于适用法律确有错误。在民事法律领域，如存在需要填补的法律漏洞，立法与法理上均支持类推适用，从步骤来看，首先，当现有法律规定存在明显的法律漏洞需要进行填补时，应当将法律对某案件类型所作的规定，比附援引到一个法无明文但具有共通性、类似性的案件类型上；其次，应当通过对法律关系构成要件、立法本意进行分析，判断两类案件是否存在共通性、类似性；最后，类推适用应当有利于维护法律的统一正确实施，避

① 张卫平：《有限纠错——再审制度的价值》，载《法律适用》2006年第7期。

免明显的同案不同判，损害司法权威。

具体到案例1是否应当类推适用《担保法解释》第39条。首先，法律或司法解释没有关于抵押人对于主合同双方当事人以新还旧责任承担的具体规定。其次，关于《担保法解释》第39条的立法目的是否应当及于抵押担保。该条有两款，第1款：主合同当事人双方协议以新贷偿还旧贷，除保证人知道或者应当知道的以外，保证人不承担民事责任。第2款：新贷与旧贷系同一保证人的，不适用前款的规定。这一规定前后两款旨在平衡保护保证人和债权人的利益。第1款更侧重于保护保证人利益，第2款更旨在保护债权人利益。以新还旧，客观上有把逾期还款的风险转嫁给保证人的可能（或恶意），为遏制这种风险，在保证人不知道或不应当知道的情况下，自不应由保证人承担责任；在新贷和旧贷为不同保证人的情况下，这种风险更甚，故司法解释认为不应由保证人承担民事责任；而在新贷与旧贷为同一保证人的情况下，即便无新贷，保证人也要对逾期还款的旧贷承担责任以保障债权实现，所以即便其不知以新还旧，将这种风险配置给保证人也具有合理性。通过对司法解释的目的进行分析，以新还旧的抵押担保当属同理，抵押担保法律关系在主体、内容、目的、效果等方面与保证担保的特征相近似，在以新还旧问题上并不存在性质上的差异或排除适用的需要。再次，新司法解释的修改完善也实际印证了二者的同理性。2021年1月1日起施行的《最高人民法院关于适用〈中华人民共和国民法典〉有关担保制度的解释》第16条规定，主合同当事人协议以新贷偿还旧贷，债权人请求新贷的担保人承担担保责任的，如新贷与旧贷的担保人不同，或者旧贷无担保新贷有担保的，人民法院不予支持，但是债权人有证据证明新贷的担保人提供担保时对以新贷偿还旧贷的事实知道或者应当知道的除外。这一规定已实际将原《担保法解释》第39条扩大到司法解释所涵盖的多种担保方式，证明了保证和抵押在以新还旧问题上的一致性。最后，如本案确系抵押人不知道或不应当知道的以新还旧，经过查询发现，本案生效裁判与最高人民法院的相关生效判决确已呈现同一审判机关同案不同判的矛盾。

在案例 2 中，争议的焦点同样是法律适用问题，本案是否属于“适用时效规定确有错误的”？诉讼时效经过与否，是否具备中断情节，是否既考虑到了保障合法民事权利又督促权利人及时行使权利的立法本意？本案中，双方未约定还款期限，也没有补充协议，亦没有其他合同条款或交易惯例可以参照，属于履行期限不明确的情形。根据原《合同法》第 62 条第 4 项规定，履行期限不明确的，债务人可以随时履行，债权人也可以随时要求履行，但应当给对方必要的准备时间。结合《最高人民法院关于审理民事案件适用诉讼时效制度若干问题的规定》，诉讼时效期间从债权人要求债务人履行义务的宽限期届满之日起计算，但债务人在债权人第一次向其主张权利明确表示不履行义务的，诉讼时效期间从债务人明确表示不履行义务之日起计算。原审裁判适用法律明显错误，且诉讼时效不存在法定的幅度或具体的裁量空间。虽然本案已经历三次审理，但再审实际改变了原一审、二审的意见，本案更有纠正和指引的必要。至于诉讼标的过小抗诉浪费司法资源的观点，从以对公权力监督为出发点看，纠正错误生效裁判的积极效果一定会在今后更多的“大案”中得以彰显。

民事检察制度经历了由分散、粗疏到相对系统的变化过程，在经过“实践先行、试点推进”的重要发展模式锻造之后，应该说已经形成了由宪法、民事诉讼法、人民检察院组织法、相关司法解释、“两高”会签文件等不同位阶的规范性文件组成的民事检察法律制度体系，并且为实践所证明是契合本土语境和经济社会发展的。[①] 2007 年和 2012 年民事诉讼法的两次修改都涉及民事抗诉制度，其中增加和细化抗诉事由、增加再审检察建议制度作为抗诉制度的补充，均体现了增强检察监督职能、规范抗诉行为、减少抗诉任意性的目标，意在维护既判力和强化法律监督之间实现平衡；增加了当事人申请抗诉和检察建议的程序规则，

---

① 韩静茹：《民事检察权的基本规律和正当性基础》，载《湖北社会科学》2018 年第 4 期。

在防范当事人滥用诉权的同时，也意在避免法律监督权行使和审判监督权行使之间的冲突。统一抗诉标准对于实现公平公正、维护司法权威、保障程序安定都是至关重要的。

民事案件同人民群众权益联系最直接最密切，习近平总书记强调，要加强民事检察工作，加强对司法活动的监督，统一民事法律适用标准，畅通司法救济渠道，保护公民、法人和其他组织合法权益。《2018—2022年检察改革工作规划》提出要健全以“精准化”为导向的民事诉讼监督机制。精准监督要求优化监督、强化监督，避免粗放式监督，要发挥抗诉案件的纠偏、引领、指导作用。与之暗合的是监督节制主义，要求检察机关对生效裁判进行抗诉式监督应当保持理性适度，不可放任这种法律监督权的任意行使：在维持原判和纠正错判之间，在程序监督和实体监督之间，以及在诉权救济、审判监督和检察监督之间平衡。[①] 检察机关履行法律监督职能要求法律监督既要谦抑节制，又要依法能动。对一个案件是否抗诉，都要严谨审慎地作出决定。在注重把握民事诉讼监督是对公权力的监督这一本质属性的基础上，构建以“原则 + 情形”的抗诉标准，关注公权力是否存在违法需要纠正，同时对私权利的救济做到全面衡量、统筹兼顾；把握程序从严，落实民事诉讼法以程序设计规范公权力行使、保护民事主体私权利的制度初衷，维护司法权威和司法公信力；在对实体事项认定时，在我国这样一个各级审判机关全面审查的背景下，充分关注法律适用问题，充分发挥上级检察机关尤其是最高人民检察院和省级检察院在类案、新类型案件法律适用问题上的指导、引领作用，合理尊重原审在事实认定方面的优势，在否认事实认定上保持适度的克制。

---

① 汤维建：《民事检察监督制度的定位》，载《国家检察官学院学报》2013年第2期。

第一章　民事生效裁判监督案件审查思维与方法

《中共中央关于加强新时代检察机关法律监督工作的意见》（以下简称《意见》）深刻指出，在新的发展阶段，与人民群众在民主、法治、公平、正义、安全、环境等方面的新需求相比，法律执行和法律实施仍是亟须补齐的短板，检察机关要加强法律监督职能作用的发挥，健全抗诉和检察建议等法律监督方式。

一、审查民事生效裁判监督案件的问题导向

根据《人民检察院民事诉讼监督规则》规定，民事诉讼监督案件的类型包括“对生效判决、裁定和调解的监督”“对审判程序中审判人员违法行为的监督”“对执行活动的监督”，三类案件有不同的监督事由。对民事生效裁判的监督，以《民事诉讼法》第211条规定的情形为监督事由，对民事调解书的监督以损害“两益”为监督事由[①]；对审判程序中违法情形的监督，以《人民检察院民事诉讼监督规则》第100条规定的情形为监督事由；对审判人员违法行为的监督，以《法官法》第46条等规定的违法情形、影响案件公正审判执行为监督事由；对执行活动的监督，以《人民检察院民事诉讼监督规则》第106条的执行审查、实施活动违法、错误，消极执行、拖延执行等情形为监督事由。以

① 此外，根据《人民检察院民事诉讼监督规则》第100条规定，调解违反自愿原则或调解协议的内容违反法律规定的，应当提出检察建议。

民事生效裁判监督案件为分析对象：

一方面，“对生效裁判的监督”在民事诉讼监督业务中居于基础性地位，有必要予以重点关注和把握。民事生效裁判监督是民事诉讼监督的传统业务类型，早在1991年《民事诉讼法》中就规定了“人民检察院有权对民事审判活动实行法律监督”，对“已经发生法律效力的判决、裁定”“按照审判监督程序提出抗诉”，是“最悠久”的监督对象和监督方式；加之抗诉和再审检察建议的监督方式是相对“刚性”的监督方式，更有利于发挥法律适用的引领作用（根据《民事诉讼法》第222条的规定，检察机关抗诉的案件，人民法院应当再审）。

另一方面，“对生效裁判的监督”在实践中更容易暴露上下级检察机关认识不一致的表象。《民事诉讼法》第211条提供的制度供给是相对模糊和宽泛的，而第219条作了“上对下”符合法定情形应当抗诉的上提一级的制度设计，抗诉程序实质包含下级检察机关“决定提请抗诉”或“不支持监督申请”，上级检察机关“提出抗诉”或“不支持监督申请”两道程序三种结果：（1）下级检察机关决定不支持监督申请；（2）下级检察机关决定提请抗诉+上级检察机关决定不支持监督申请；（3）下级检察机关决定提请抗诉+上级检察机关决定提出抗诉。只有在第三种情形下，案件才能向法院提出抗诉；情形一中，当事人只能依据《人民检察院民事诉讼监督规则》第126条向上级检察机关申请复查；情形二中，案件经历了两级办理，当事人会收到告知提请抗诉通知书，但提请抗诉并非终局的决定程序，上下两级检察机关的相反决定公开了认识分歧，也一定程度上影响司法权威，甚至可能激化信访情绪。[①]

---

① 有研究将提请抗诉案件采纳率与人民法院二审改变率、再审改变率作比较，认为人民法院二审、再审对原审的改变也远低于上级检察机关对下级检察机关提请抗诉意见的改变，而上下级法院之间是审判监督关系，上下级检察机关之间是指导和服从的关系，故而上下级检察机关高比例的意见不一致将严重损害司法权威。参见吴世东、王亮：《民事提请抗诉制度的反思与重构》，载《中国检察官》2021年第5期。

从抗诉上提一级的制度初衷来看，显然具有审慎启动再审的意图，既要维护生效裁判的既判力、维护法的安定性与司法权威，又不得不考虑既判力不是绝对的，从认识论角度看，人类的认识总是有限的、真理总是相对的，加之法官没有亲历案件，无法百分之百还原案件事实经过，种种制约因素决定了既判力的相对性；[①] 同时，既判力理论也要服从于实体法和程序法追求正义的价值目标。因此，再审制度常用以弥补既判力理论固有的缺陷，使得确有错误的裁判能够通过再审得以纠正，而把握维护既判力和再审纠错之间的辩证关系则成为问题的关键。维护既判力、维护法的安定性、维护司法权威，与启动抗诉再审纠错之间亦是辩证统一的关系。大陆法系许多国家在设计再审制度时，对再审程序的启动、事由都进行了严格规定，民事抗诉作为当然启动再审的制度，对再审启动的严格把握也是契合制度目标的。[②]

审慎启动再审并无太大争议，当前主要问题在于在制度设计所容忍的正常认识差异和一定的误差之外，以及除去上级检察机关更多的综合考量，如果上下级检察机关对案件事实认定和法律适用的态度依然过于不一致，也就是说提请抗诉案件支持率过低[③]，则可能提示对生效裁判监督案件的审查和把握依然存在改进空间，有必要对案件的审查思维与方法进一步探讨。

二、“一个中心两个辐射点”的审查思维

审查生效裁判监督案件，在原审之外暗含了全新的价值判断，要深

---

① 任重：《论中国民事诉讼的理论共识》，载《当代法学》2016 年第 3 期。

② 段厚省、郭宗才：《既判力与民事抗诉机制的冲突及协调》，载《人民检察》2006 年第 7 期。

③ 以 S 省级院为例，2013 年至 2022 年 6 月，共提请最高检抗诉 36 件，在已办结的 29 件案件中，最高检决定抗诉 7 件，采纳率为 24.14%；以 H 省为例，2018 年提请最高检抗诉 9 件，在已办结的 8 件中，最高检决定抗诉 3 件，采纳率为 37.5%。

刻理解和把握基于法律监督职能定位对公权力的监督本质，基于对实质公平正义的追求对私权利的救济，以及对原审自由裁量权的尊重、对原审认定事实优势的尊重、对法律适用问题的优先把握等。法律监督的概念内涵和制度价值需要在具体案件的办理中凸显，“在监督中办案，在办案中监督”应当呈现面向法治公平正义发展需求的积极发展态势。[①]

（一）一个中心的审查思维

办理生效裁判监督案件时，应当坚持“对公权力监督的审查思维”。《意见》开宗明义地强调，检察机关是国家法律监督机关，是保障法律统一正确实施的司法机关。检察工作的价值取向、民事检察工作的价值取向，决定了梳理审查思维的价值取向——民事检察是为保障民事法律“统一正确实施而进行的法律监督，其核心是对公权力的监督”。[②] 坚持对公权力监督的审查思维，对实务有重大指导意义，即发散为审查思维的两个辐射点。

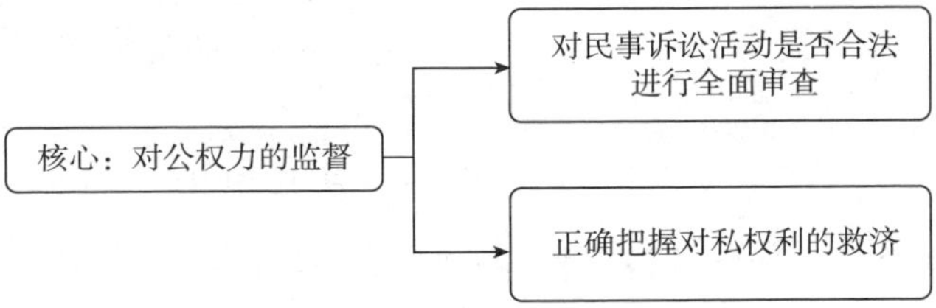

（二）审查思维的两个辐射点

第一个辐射点，对公权力的监督意味着检察机关对案件的审查是全面审查。《人民检察院民事诉讼监督规则》第 43 条规定，检察机关审查民事诉讼监督案件，围绕申请监督请求、争议焦点以及发现的其他情形，对法院“民事诉讼活动是否合法进行全面审查”。全面审查，意味着不限于审查一方的申请监督理由，应当对其他当事人的监督请求一并

① 王海军：《“法律监督”概念的中国流变》，载《法学家》2022 年第 1 期。

② 参见 2013 年《最高人民检察院关于深入推进民事行政检察工作科学发展的意见》。

审查；也意味着不限于当事人的监督请求，应当对发现的其他情形做全面审查。[①] 比如，某机动车买卖合同申请监督案，原审争议焦点仅围绕车损发生时间的事实问题进行，直接依据《最高人民法院关于适用〈中华人民共和国民事诉讼法〉的解释》第90条的规定将举证责任分配给李某，未注意到消费者权益保护法对举证责任分配有特别规定[②]，尽管当事人未就此提出异议，但检察机关应当对举证责任分配是否恰当进行全面审查。

第二个辐射点，把握监督公权力的核心要义，还意味着正确把握对私权利的救济。监督和救济在绝大多数情况下表现出高度一致。监督以追求更高程度的实质正义、保护私权利为动因和目的，习近平总书记在中共中央政治局“切实实施民法典”集体学习时专门强调，要加强对司法活动的监督，畅通司法救济渠道，保护公民、法人和其他组织合法权益。依法启动再审，通过民事诉讼监督维护法律统一正确实施，维护合法权利，救济是监督的间接效果。

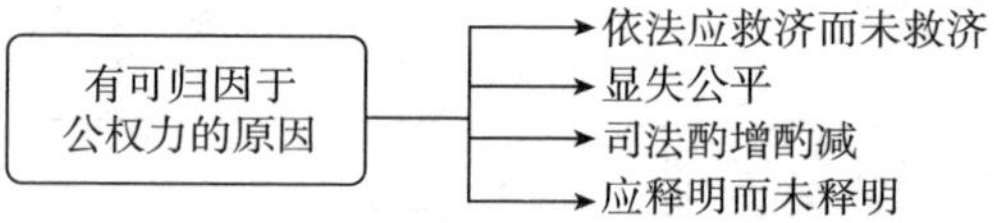

除一致性外，把握监督和救济的区别更具实践意义——私权利的救济不成为当然的监督标准，确有“法律上应当得到救济的私权利”才能通过诉讼监督进行救济，而不仅因为结果看起来“可能不公平”。一方面，民法强调意思自治、自己责任，基于当事人真实意思表示的行为，缺乏法定的监督理由；另一方面，如因公权力行使的原因则不同。比如，《民法典》第151条规定了显失公平行为的效力，符合要件可申

① 兰楠：《民事抗诉标准的再探讨》，载《国家检察官学院学报》2021年第4期。

② 《消费者权益保护法》第23条第3款规定，经营者提供机动车等耐用商品或者装饰装修等服务，消费者自接受商品或者服务之日起六个月内发现瑕疵，发生争议的，由经营者承担有关瑕疵的举证责任。

请撤销该民事行为，应当撤销而未撤销的不公平，才进入监督视野。再如，申请人主张原判违约金过高或过低，是否监督要结合案情和法律规定具体分析。《民法典》第585条第2款①规定了违约金的“司法酌增”“司法酌减”，实践中，理解和把握这一条应当注意：司法酌减在表述上比司法酌增多了“过分高于”的限制，显示立法对守约方更强的保护；“可以”适当增加或者适当减少，如果法院没有减少，是否应当监督仍需具体分析。

此外，需要贯穿始终的是，民事检察工作始终坚持以人民为中心，如遇有案件结果明显不公平，不符合法定监督条件或不适宜进行监督，还应当充分运用检察和解、法律援助、相关另案民事支持起诉等方式充分促进矛盾化解。

三、民事生效裁判监督案件“五步审查法”

《民事诉讼法》第219条和《人民检察院民事诉讼监督规则》第90条将监督情形指向《民事诉讼法》第211条和第219条，第211条需要反复把握“新的证据”“基本事实”“主要证据”“足以推翻”“确有错误”等多重概念，无论是“基本”“主要”还是“足以”“确有”等涉及程度、范围或者类型的概念都存在不同认知空间，为案件审查带来挑战。基于对公权力监督特性的把握，以及对司法规律的把握和尊重，民事生效裁判监督案件的审查方法可以归纳为“五步审查法”：固定争议焦点—优先和重点把握法律适用问题—次重点考虑事实认定中的法律适用问题（或者说事实认定和法律适用的交叉问题）—结合法定性和必要性审查程序违法—对事实认定中的其他问题，合理尊重审判规律。

---

① 该款规定，“约定的违约金低于造成的损失的，人民法院或者仲裁机构可以根据当事人的请求予以增加；约定的违约金过分高于造成的损失的，人民法院或者仲裁机构可以根据当事人的请求予以适当减少”。

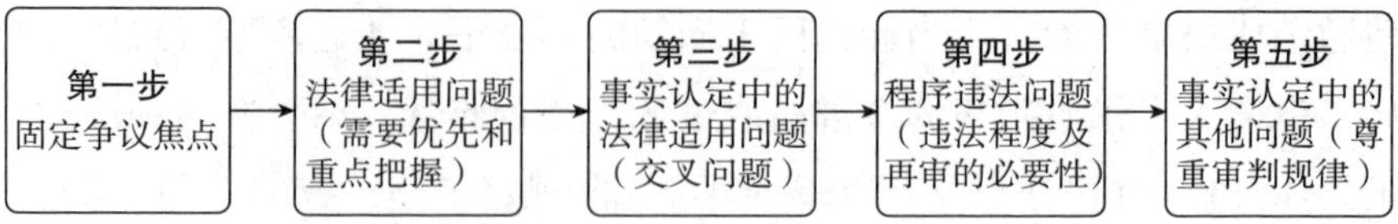

（一）固定争议焦点

所谓争议焦点，通常是当事人各方争议内容的核心要点，既包括事实认定，也包括法律适用。一审的争议焦点到二审、再审阶段随着当事人对部分判项的认可，争议焦点可能限缩，也可能由于二审对案件性质的不同认定而发生偏移与变化。诉讼监督阶段有与原审不同的争议焦点固定方法，一是应当聚焦当事人的申请监督理由和其他当事人意见，有效限缩审查范围，提高审查效率；二是应当加入对公权力行使合法性的审查，在公权力合法问题上做全案审查，确保法律统一正确实施。比如，在司法实践中，原审遗漏争议焦点的问题较常见①，如果遗漏争议焦点在再审之前未能得到纠正，则各方诉辩分歧而产生的争点，在诉讼监督阶段应当作为争议焦点。

（二）优先和重点审查法律适用

从纠正违法而不陷入单纯认识分歧的视角出发，充分关注法律适用，尤其是类案、新类型案件法律适用，对于保障法律统一正确实施、统一司法政策更有实效。如何把握“适用法律确有错误”？可以结合《最高人民法院关于适用〈中华人民共和国民事诉讼法〉的解释》第388条规定的六种情形来理解。

1. 关于“适用的法律与案件性质明显不符的”情形，主要判断原审是否根据事实确定当事人之间的法律关系、对案件准确定性。

2. 关于“确定民事责任明显违背当事人约定或者法律规定的”情形，主要判断原审是否根据约定或法律规定正确认定民事法律行为效力、合同条款解释，正确适用归责原则、诉讼时效制度，认定免责事

① 邹碧华：《要件审判九步法》，法律出版社2010年版，第121页。

由、责任构成、责任形式、责任范围等。

3. 关于“适用已经失效或者尚未施行的法律的”情形，通常法律生效的时间，包括自公布之日起生效或一个特定时间开始生效；法律失效时间，由新法取代旧法、完成特定阶段的历史任务而失效，有权机关宣布废止，或法律本身规定了失效时间。

4. 关于“违反法律溯及力规定的”情形，《最高人民法院关于适用〈中华人民共和国民法典〉时间效力的若干规定》区分了几类情形：一是民法典原则上只对施行后的法律事实产生约束力，对施行前的法律事实无溯及力，即“法不溯及既往”；二是“有利溯及”，在英烈保护、自甘冒险、自助行为、高空抛物等特殊情形下要进行有利溯及；三是新旧法和司法解释衔接适用。通常司法解释溯及适用于所解释法律的施行时间，但是在最高人民法院清理司法解释时同时制定的司法解释、修改决定和废止决定都与民法典同步施行，这些司法解释原则上只向后发生效力，特殊情形下向前发生效力，根据该司法解释应当适用民法典有利溯及的，可以同时适用这些配套解释和根据民法典修改后的司法解释；如果依然适用当时的法律，应当适用修改前的司法解释和废止前的司法解释。①

5. 关于“违反法律适用规则的”情形，审查原审在适用相互冲突的法律规范时的解决路径是否正确，主要包括法律的顺位规则、上位法优于下位法、特别法优于普通法、后法优于先法等。

6. 关于“明显违背立法原意的”情形，主要审查法院在案件中是否明显违背法律制定时的意图、目的，包括法律颁布时的社会环境、法

① 值得注意的是，如果引用已废止的司法解释，应当先列明《最高人民法院关于适用〈中华人民共和国民法典〉时间效力的若干规定》的相应条文，然后再列明已经废止的司法解释；如果要引用修改前的司法解释，应先列明《最高人民法院关于适用〈中华人民共和国民法典〉时间效力的若干规定》的相应条文，后列明修改前的司法解释，为了方便区分，也应当在修改的司法解释后注明修改时间；如果要适用民法典，也应先列明《最高人民法院关于适用〈中华人民共和国民法典〉时间效力的若干规定》的相应条文，然后再列出民法典的对应条文。

律环境、立法动机、先例等。

（三）审查事实认定和法律适用中的交叉问题

审查事实认定中的法律适用，或者说审查事实认定和法律适用中的交叉问题，主要包括证明责任分配和证据规则的适用，但也不限于此。比如，某借款合同申请监督案，需要重点分析该案民事纠纷的事实与刑事犯罪的事实是否为同一事实，如果不是同一事实，应当分开审理，原审仅以当事人的行为已构成刑事犯罪、已通过刑事诉讼方式解决为由裁定驳回起诉，可能不当。

（四）结合法定性和必要性审查程序违法

程序当然具有独立价值，但是在兼顾司法效率、综合考虑法定性与必要性的情况下，应当区分情形处理。有的程序违法直接影响实体公正，有的则不一定，但至少影响司法权威，还有的程序违法相对轻微。除《民事诉讼法》第211条规定的情形外，还可以借助《民事诉讼法》第177条第1款和《最高人民法院关于适用〈中华人民共和国民事诉讼法〉的解释》第325条来分析，这四项严重违反法定程序的情形，如果没有通过再审纠正，在检察监督阶段，应当启动再审。诉讼程序得到合法遵守、发挥应有作用，是当事人实体权利赖以实现的保障，"通过正当程序实现正义"是既判力的基础。程序性规范大部分属于强制性规范，程序违法具有更明显的外观性和认定上的客观性。审查生效裁判监督案件，应当对程序性事项予以关注，至少准确敏锐发现、指出程序违法。但是，基于效率和必要性的考虑，程序违法适用何种监督方式还取决于有无再审改判的实际需求。

（五）合理限度内尊重审判规律

对于事实认定中的其他问题，应当更多尊重审判规律、尊重原审查明事实的优势。事实本身具有多面性，认定案件事实只是通过认定证据和接纳常识对事实进行甄选和固定，法律事实本身可能并不存在一个仅有的绝对正确。在民事诉讼程序中，一审距离事实最近，最接近当事人、最接近证据，可以在庭审中近距离观察当事人和各方的对抗，以形成内心确信；而再审或诉讼监督阶段，大部分案件已历时长久、事过境迁，事实重新认定的难度加大、优势丧失，检察机关应当尊重审判规律，对于否认原审事实认定保持理性克制。①

① 最高人民法院《关于完善四级法院审级职能定位改革试点的实施办法》对四级院的审级职能定位提出更清晰的划分，侧重强调高级法院和最高法在统一裁判尺度、确保法律统一正确适用上的作用。比如，对于高级法院作出的生效民事裁判，以向原高级法院申请为原则，只有在“认为适用法律有错误”和“高级法院审委会讨论决定”两种例外情形下，才可以向最高法申请再审；交下级院审查的规定也体现了发挥原审法院熟悉辖区情况、便于查明事实优势的意图；以及具有普遍法律适用指导意义和重大法律适用分歧、同案不同判的，最高法应当提审，这一系列规定所体现的区分审级侧重点的原理对检察机关同样适用——合理尊重原审对事实认定的优势，侧重突出诉讼监督程序对法律适用的把握和引领。

第二章 “五步审查法”之一：固定争议焦点

民事检察官办理民事诉讼监督案件，固定争议焦点为何成为审查方法的第一步？乃是因为需要聚焦争点，聚焦核心问题，聚焦检察环节办案的重点。既要聚焦原审当事人的诉讼请求、抗辩理由，也要聚焦当事人申请监督的理由、当事人对实体及程序问题的争点，同时还要聚焦检察权观察审判权行使是否合法的核心问题，最终聚焦到审判权的行使是否合法。

一、固定争议焦点的一般规则

《民事诉讼法》第 136 条第 4 项规定“需要开庭审理的，通过要求当事人交换证据等方式，明确争议焦点”。

《最高人民法院关于适用〈中华人民共和国民事诉讼法〉的解释》第 225 条规定庭前会议“归纳争议焦点”；第 226 条规定，“人民法院应当根据当事人的诉讼请求、答辩意见以及证据交换的情况，归纳争议焦点，并就归纳的争议焦点征求当事人的意见”；第 229 条规定“当事人在庭审中对其在审理前的准备阶段认可的事实和证据提出不同意见的，人民法院应当责令其说明理由。必要时，可以责令其提供相应证据。人民法院应当结合当事人的诉讼能力、证据和案件的具体情况进行审查。理由成立的，可以列入争议焦点进行审理”。

《人民检察院民事诉讼监督规则》第 43 条规定，“人民检察院审查民事诉讼监督案件，应当围绕申请人的申请监督请求、争议焦点以及本规则第三十七条规定的情形，对人民法院民事诉讼活动是否合法进行全面审查。其他当事人在人民检察院作出决定前也申请监督的，应当将其列为申请人，对其申请监督请求一并审查”。

从前述法律和司法解释的规定看，关于争议焦点的规则可以大致提炼如下：

一是原审中争议焦点应当根据当事人的诉讼请求、答辩意见以及证据交换的情况确定；二是原审归纳争议焦点后应当征求当事人对争议焦点的意见；三是当事人在审理前的准备阶段和庭审后对事实证据意见前后不一致的，提出相应证据理由的，可以列入争议焦点；四是检察机关审查民事诉讼监督案件，同样要围绕争议焦点进行审查；五是民事诉讼监督案件的审查，是全面审查。

原审争议焦点的确定，大致与举证责任分配规则认定事实的进路一致，包括一方当事人主张及举证（证明责任、初步证明责任）—对方是否承认该主张—不承认时的反驳、质证、举证（证明责任转移）—在此情境下法官能否认定事实—无法认定事实时法官根据举证责任分配规则认定事实。争议焦点在原审中的固定大致也是这样的过程，与法律规范规定的要件事实是否成立、与举证责任分配密切相关。

【案例1】 甲将100万元汇入乙账户，后以民间借贷为由提起诉讼，要求乙偿还100万元借款及利息。因乙否认借款，甲亦无证据证明双方存在借贷合意，自觉胜诉无望，变更案由为不当得利之诉，乙辩称该100万元系甲向其偿还借款，并非无法律根据，不构成不当得利。

本案如何归纳争议焦点？首先需要考虑举证责任分配问题。

《民法典》第122条规定：“因他人没有法律依据，取得不当利益，受损失的人有权请求其返还不当利益。”第985条规定：“得利人没有法律根据取得不当利益的，受损人可以请求得利人返还取得的利益，但是有下列情形之一的除外：（一）为履行道德义务进行的给付；（二）债务到期之前的清偿；（三）明知无给付义务而进行的债务清偿。”

从前述规定分析，不当得利的构成要件包括四个方面：一方取得利益、一方受有损失、得利与受损之间存在因果关系、得利没有法律依据。司法实践中，不当得利之诉案件的举证责任分配是此类案件最大的争议点——“无法律根据”的举证责任如何分配，这实际意味着案件败诉结果由谁承担。司法实践中大致有三种做法：一是按照“谁主张、谁举证”的一般规则，由主张不当得利一方承担举证责任。二是由于“没有法律根据”属于消极事实，主张消极事实的一方，不负证明责任，故应由得利人就其所获利益具有法律根据承担举证责任，即举证责任应倒置。三是主张不当得利一方一般应当就“无法律根据”承担举证责任，但也存在例外情形，即法院应当根据不当得利的不同类型，进一步分析确定举证责任分配。按照第985条规定进行分析，第一步，受损人提起诉讼应当证明一方取得利益、一方受有损失、得利与受损之间存在因果关系；第二步，在受损人完成第一步证明之后，受损人应当证明得利具有法律上的依据，或者证明虽不具有法律上的依据，但是具有法定的除外情形的（如履行道德义务、期前清偿、非债清偿等[①]）。

由此分析，不当得利案件的争议焦点归纳思路，可以包括：一是被告是否取得利益，原告是否遭受损失，二者之间是否存在因果关系；二是被告取得利益是否具有法律依据；三是被告取得利益是否具有法定的除外情形。回到前述案例，争议焦点：一是甲是否向乙付款，付款金额是多少；二是乙取得该款项有无法律依据，即乙主张乃是收回乙的借款有无依据。

前述案例当事人曾经变更诉讼请求和事实理由，值得注意的是，当事人的诉讼请求应当与其主张的事实理由相对应，比如当事人主张不当得利请求权，法院经审查发现案件涉及的法律关系的性质与当事人主张不一致的，应当依据《最高人民法院关于民事诉讼证据的若干规定》

---

① 最高人民法院民法典贯彻实施工作领导小组主编：《〈中华人民共和国民法典〉合同编理解与适用（四）》，人民法院出版社2020年版，第2802—2804页。

第53条[①]的规定，将法律关系性质作为焦点问题进行审理，必要时引导当事人变更其诉讼请求；如当事人变更诉讼请求，应当准许；如当事人坚持原诉讼请求，则判决驳回甲的诉讼请求。

需要界分的是，诉讼请求并不等同于争议焦点，将诉讼请求全部归于争议焦点没有任何意义，逐一回应诉讼请求是归纳、分析、处理争议焦点的结果，如果将诉讼请求等同于争议焦点，相当于没有归纳争议焦点。

【案例2】甲向法院起诉乙，要求乙支付买卖合同的剩余货款；乙抗辩称货物存在质量问题，要求解除买卖合同并退货。

此类案例，如果仅将争议焦点归纳为被告是否应当支付剩余货款，则可能是遗漏争议焦点，是否应当支付剩余货款确实是争议焦点，但是否存在货物质量问题导致被告可以合法行使抗辩权，也是应当查明的焦点问题。

【案例3】李某起诉医疗损害侵权纠纷，要求被告某医疗机构承担损害赔偿责任；被告答辩称，李某自身对损害的产生存在过错，李某的损害并非其主张的一级伤残而是二级，李某的诉讼请求已经超过诉讼时效。

此类案件，虽然原只有单一指向的诉讼请求，但是要结合被告的答辩意见确定争议焦点。如果只归纳一个争议焦点，即李某的诉讼请求有无法律依据，对于梳理案件争点是毫无意义的。本案正确的争议焦点是：第一，李某的损害后果是什么；第二，被告的诊疗行为与李某的损害后果之间有无因果关系，过错参与度是多少；第三，李某提起诉讼是

---

① 《最高人民法院关于民事诉讼证据的若干规定》第53条规定：“诉讼过程中，当事人主张的法律关系性质或者民事行为效力与人民法院根据案件事实作出的认定不一致的，人民法院应当将法律关系性质或者民事行为效力作为焦点问题进行审理。但法律关系性质对裁判理由及结果没有影响，或者有关问题已经当事人充分辩论的除外。存在前款情形，当事人根据法庭审理情况变更诉讼请求的，人民法院应当准许并可以根据案件的具体情况重新指定举证期限。”

否已经超过诉讼时效期间，是否存在诉讼时效中止中断延长的事由？如此梳理和确立争议焦点才是有意义的。

本节分析了争议焦点对于查明案件事实、正确适用法律的作用，分析了民事诉讼监督环节中的争议焦点与原审中的争议焦点的不同，提出如何固定民事诉讼监督阶段的争议焦点。

二、总体把握争议焦点在各个审理阶段的动态变化

通常认为，争议焦点的归纳、整理至少有四个方面的作用。[①] 从争议焦点发挥作用的过程分析，可以看出，争议焦点的归纳是实时变化的，随着当事人诉讼请求的提出、上诉请求的变化（接纳部分判项）、答辩意见的变化，以及举证情况的实时调整，或者二审对法律关系定性不一致也会导致争议焦点的变化，案件进入民事诉讼监督阶段，争议焦点也会变化——变化为原审如此认定事实、如此适用法律有无错误——当然实质依然在当前的事实认定和法律适用上。结合争议焦点发挥作用的过程，分析争议焦点的动态变化：

（一）查明事实、聚焦关键问题

原告提起诉讼，被告提出答辩，如果未经律师整理，双方提出的诉讼请求和答辩意见有可能是散漫和杂乱无章的，需要梳理和提炼，以便聚焦关键问题，查明案件事实，正确适用法律。

【案例】查某系某木材厂（国有企业）职工，该厂于 2001 年整体改制为甲公司，查某以职工身份置换出资 8 万元、现金出资 2 万元，共计出资 10 万元，成为甲公司的出资人和职工。白某系出资人代表，查某的股份由白某代表持有。2003 年 2 月，甲公司以查某严重违反企业规章制度，涉嫌违法犯罪，解除与查某的劳动关系。2007 年 9 月，甲公司作出股东会决议并向查某送达，决议内容为：鉴于出资人查某严重

① 邹碧华：《要件审判九步法》，法律出版社 2010 年版，第 117—122 页。

违反企业规章制度，甲公司已于2003年2月解除与其的劳动关系，根据公司章程规定，收购查某对甲公司的出资额。2007年12月，查某提起诉讼，请求判决撤销上述股东会决议，法院以查某提起诉讼超过诉讼时效期间为由驳回起诉。2008年12月，甲公司向查某发出通知，要求查某限期办理结算手续。查某一直未办理结算手续。

2011年8月，甲公司（注册资本2000万元）15名登记股东（包括白某）与乙公司签订股权收购协议，约定乙公司以3000万元收购甲公司100%股权。2011年8月，甲公司制作出资人股份转让收益发放表，按原出资额的1.5倍向甲公司原实际出资人发放股权转让收益。2015年2月，甲公司前股东会召开会议，签署关于原出资人查某的出资额处置的决议，确认查某自出资额被甲公司回购之日起，不再是甲公司出资人，不再持有甲公司的股份，10万元出资应退还，不参与股权转让收益发放分配。

2015年11月，查某向法院提起诉讼，请求判令甲公司及白某共同赔偿其财产损失（股权转让款）20万元。

个案的争议焦点如何归纳？如何变化？

原审一审法院归纳了四个争议焦点：一是查某在甲公司的原出资额是多少；二是甲公司作出收购查某出资额的决定后至乙公司收购甲公司股权时，查某是否还是甲公司的出资人，是否还拥有甲公司的股权，是否有权参与分配乙公司给付的股权转让收益；三是被乙公司收购股权后，甲公司其他原出资人领到的股权转让收益是原出资额的多少比例；四是白某等人及甲公司对查某有无侵权行为，应否承担侵权责任。

原审二审法院认为，争议焦点是甲公司与查某解除劳动关系后，查某是否还拥有甲公司的股权。

再审阶段和民事生效裁判监督阶段，法院和检察院归纳的争议焦点为：甲公司股东会决议收购查某的股份有无法律依据。

观察一审、二审到再审、民事诉讼监督阶段的争议焦点变化，显然，一审的争议焦点归纳，除法律适用的核心问题之外，还承担了查明事实、引导举证的责任。比如一审第一个争议焦点，引导举证、查明原出资额；第三个争议焦点，查明其他原出资人领取股权收益的比例，都是指向事实问题。随着案件事实的进一步查明，围绕当事人的上诉请求、再审申诉请求和民事诉讼监督请求，案件的争议焦点逐渐清晰、聚集——查某主张，乙公司收购甲公司股权时，其还是甲公司的出资人，应当获得1.5倍的股权转让溢价收益；甲公司及白某主张，自2007年9月甲公司作出股东会决议并向查某送达之日起，查某不再是甲公司股东。最终，争议焦点在于，乙公司收购甲公司股权时，查某是否还是甲公司股东，申言之，甲公司章程关于职工股东被解除劳动关系后公司有权回购该职工股权规定的效力。

案件的争议焦点在一审、二审、再审、诉讼监督阶段呈现动态变化的过程，下文展开讨论。

（二）引导举证和辩论

【案例】郑某在“某宝网”上向卖家李某订购“北冬虫夏草酒”10瓶，郑某付款后李某通过物流发货。收到酒品外包装显示，配料为酱香型白酒、枸杞、蜂蜜、北冬虫夏草（蛹虫草），并标注了生产许可证号、执行标准，载明的生产企业为甲公司，公司地址为贵州省怀仁市某镇。郑某认为该酒中含有新食品原料，根据国家卫健委相关规定，生产经营蛹虫草应当符合有关规定，并对不适宜人群作出标识，涉案白酒并未标识，属于不符合食品安全标准的食品；李某作为销售者未尽到审查义务，应视为明知涉案酒品不符合食品安全标准而予以销售，故而向法院提起诉讼，请求判令李某返还货款5万元，支付10倍惩罚性赔偿金50万元，甲公司承担连带赔偿责任。

原审需要查明的问题既包括事实认定问题，也包括法律适用问题。原审一审确定案由为“买卖合同纠纷”，因而归纳的争议焦点：一是案涉“北冬虫夏草酒”是否属于不符合食品安全标准的食品；二是郑某和李某之间的买卖合同是否有效；三是甲公司是否应当承担连带赔偿责任。

原审二审认为，该案的案由应当是“生产者、销售者责任纠纷”，并结合二被告的答辩理由（李某答辩称其属于出售个人收藏的二手物品，未给郑某造成实际损害；甲公司答辩称案涉白酒非该公司生产、销售），将争议的焦点确定为：一是案涉白酒是否属于不符合食品安全标准的食品；二是网络销售白酒的行为，是否属于食品销售行为，李某是否属于食品销售者；三是本案是否应当适用惩罚性赔偿条款；四是甲公司是否应当承担连带赔偿责任。

再审阶段和民事诉讼监督阶段，法院和检察院则认为，该案的争议焦点为：一是甲公司是否为涉案白酒的生产者；二是本案是否适用惩罚性赔偿。

本案争议焦点的确定和变化，体现围绕当事人诉讼请求、答辩意见和证据情况的变化，并且围绕举证的薄弱环节，通过确定争议焦点，引导当事人举证和辩论。

在事实认定上的举证和辩论的引导过程大致是这样进行的：案涉白酒是否为甲公司所生产（承担连带责任的前提和基础），是各方一直争议、未能查明的问题，从一审到再审，再到诉讼监督阶段，一直确定为争议焦点。一审查明并认为，白酒外包装上标识的生产企业为甲公司，甲公司虽答辩称涉案白酒并非该公司生产，且未授权任何个人在“某宝网”销售此类白酒，但是其主张没有证据证实，于法无据，不应得到支持。[①] 二审查明并认为，在甲公司的官网上仍然存在与涉案白酒产品外包装一致的产品的宣传内容，可以形成证据链。再审查明并认为，二审所查明的甲公司官网的进入程序乃是从产品内页的链接进入，不是通过甲公司官网搜索得来，存在链接虚假的产品网站的可能性，仅仅是一个网站内页链接，不能证实是甲公司生产的产品，李某没有其他证据佐

---

① 严格来说，这样的举证责任分配表述是值得探讨的，当然可以认为李某完成了初步证明责任，故而证明责任向甲公司转移，但是不能直接认为证明未生产的举证责任在甲公司。

证，案涉白酒为甲公司所生产的主张不能成立。民事诉讼监督阶段审查并认为，被告李某承认案涉白酒并非进货于甲公司，郑某举证所证明的搜索方式不同于通常的搜索方式，存在链接虚假页面的可能性，按照通常的搜索方式无法在甲公司官网搜索到涉案产品，郑某未能提交同款产品在超市或其他公开途径销售的证据，现有证据不足以证明案涉白酒系甲公司生产，原审判决认定该公司不应承担连带赔偿责任并无不当。

在法律适用上的引导过程大致是这样进行的：一审查明并认为，涉案白酒中包含有蛹虫草这一新食品原料，未按照规定在标识中注明不适宜人群，应当认定为属于不符合食品安全标准的食品；二审查明并认为，惩罚性赔偿的适用，并不以消费者产生实际损失为前提（针对李某答辩意见），故李某应当支付10倍的惩罚性赔偿；再审查明并认为，李某作为销售者未从正规渠道采购、出售存在过错，但是案涉白酒的包装不符合食品安全标识的要求，并不等同于李某销售明知是不符合食品安全标准的食品；民事诉讼监督阶段，检察机关则认为《食品安全法》第96条第2款规定了价款10倍的惩罚性赔偿，本案案涉白酒未按规定对不适宜食用人群进行标识、说明，但是，通常来说，蛹虫草的不适宜人群（婴幼儿、儿童、食用真菌过敏者）与酒类产品的不适宜人群具有高度的重合性，案涉白酒的未标识不适宜人群尚不足以构成对消费者的误导，案涉产品并不能完全等同于不符合食品安全标准的食品，李某的行为不属于销售明知是不符合食品安全标准的食品，原审判令不适用惩罚性赔偿，并无不当。

通过梳理和观察可以发现，争议焦点的归纳在民事诉讼以及民事诉讼监督的各个阶段都在适时调整，以起到引导举证、引导辩论和避免遗漏争议焦点的作用。

值得注意的是，遗漏争议焦点是实践中容易出现的情形，虽然大前提、小前提、结论的分析思路是相对清晰的，但是大量民事案件中原告提出了不止一个诉讼请求，多个诉讼请求之间存在交叉关系（或前提关系），被告对有的诉讼请求的事实基础或者是承认的，或者是反驳的，又决定了争议焦点的不同，甚至被告提出反诉，以及双方围绕诉辩主张的举证情况的强弱，都导致了争议焦点确定的变化。在诉讼监督阶段应当予以重点关注——观察遗漏争议焦点是否对查明案件事实、正确法律适用产生了不利影响。

（三）适时纠错

根据《最高人民法院关于适用〈中华人民共和国民事诉讼法〉的解释》规定，人民法院应当“就归纳的争议焦点征求当事人的意见”，以及“当事人在庭审中对其在审理前的准备阶段认可的事实和证据提出不同意见的”也可以归入争议焦点。归纳争议焦点，并征求当事人意见，一定程度上能够有效避免遗漏争议焦点，适时纠错，推进案件审理。

（四）提高效率，并有利于庭审记录

除引导当事人举证、辩论，以及纠错之外，归纳争议焦点当然能够提高庭审效率，甚至有利于指导书记员庭审记录，获得一份高效、清晰的庭审笔录。

三、把握争议焦点在各个审理阶段的逐渐限缩

原审争议焦点是一个逐渐清晰和限缩的过程（随着当事人对部分判项的认可而不断限缩），对民事检察官而言，原审中有两类焦点问题在民事诉讼监督阶段应当重点关注：一是持续作为争议焦点的问题，但事实认定或法律适用出现过“反转”的（一审、二审、再审有不同观点或意见）；二是当事人持续对基础法律事实不认可的，如前述“北冬虫夏草酒”案例，甲公司在所有诉讼阶段均坚持主张案涉白酒非该公司所生产，应当引起重视。

【案例】甲公司与某大学签订合作协议，约定双方合作建设 A 学院，校园总投资规划预算 1.8 亿元，总建筑面积 9 万平方米，由甲公司

代理某大学办理征地以外的一切手续并负责投资建设，某大学分两阶段给甲公司一定数额的投资回报，所建设的A学院的房地产及一切设施的所有权均归某大学所有，某大学负责办理征地和相关手续，参与甲公司工程质量管理，某大学应于每年1月10日前按照甲公司指定账户给付甲公司一定数额的投资回报款，第一阶段，2001年付1200万元，2002年付1800万元，2003年开始每年付2400万元，直至第一阶段回报款总数结束，第一阶段投资回报年限以实际投资成本确定，附件——动态成本回收期测算进行了具体测算；第二阶段，每年付2400万元，两年共计4800万元；实际投资数额由施工前期费用、建筑费用、工程变更及按照国家规定的应纳入甲公司工程建设总费用中的其他费用等方面组成；施工前期费用（征地、建筑规费、水电增容等）按实际结算；建筑成本按某大学设计要求以及所在地相关专业定额标准和收费标准执行；材料价格执行当地指导价；工程变更部分和材料调差部分以及相关政策性调整，以审计结果为准，实际结算。

后双方签订补充协议，约定原协议中总投资额变更为1.5亿元，土地征地费用3000万元由某大学支付，甲公司第二阶段每年的回报款同比例每年减少2000万元，第一阶段投资回款期不变，但某大学所付款项减为2200万元。

甲公司提前一年将A学院全部校园交付给某大学使用，交付的总建筑面积9.9万平方米。

甲公司提起民事诉讼，请求判令：一是确认双方的投资合作关系合法有效，某大学应依约支付投资回报款2.5亿元（按照双方约定标准计算所得）；二是某大学立即向甲公司支付因超出原协议约定的投资回报款2872万元；三是某大学承担违约责任，支付逾期付款滞纳金。扣除某大学已经支付的23569万元，尚欠5844万元。

某大学提出反诉，请求判令甲公司返还多付的投资回报款7355万元。

原审一审归纳的争议焦点为：一是甲公司与某大学签订的合作协议

及补充协议的性质和效力如何认定；二是甲公司对A学院的投资总额如何认定；三是某大学实际支付款项总额如何认定；四是甲公司应得投资回报款如何认定；五是某大学是否应当承担违约责任。

原审二审归纳的争议焦点为：一是涉案法律关系的性质；二是甲公司的投资款如何认定；三是甲公司的投资回报款如何认定；四是某大学是否应当承担违约责任以及违约金、滞纳金；五是某大学已经支付的款项如何认定；六是某大学的反诉请求是否应当得到支持。

再审归纳的争议焦点为：一是依据附件——动态成本回收期测算计算投资回报款有无不当；二是二审判令甲公司向某大学支付阶段性超付款利息有无不当。

民事诉讼监督阶段归纳的争议焦点：一是原审关于甲公司投资回报款的认定有无不当；二是原审确定双方在投资回报款支付完毕时一并结算超面积投资款和垫资款有无不当。

观察本案争议焦点的变化过程，其是一个逐渐限缩、凝聚的过程。表面上看，二审的争议焦点似乎比一审还多，一审争议焦点实际包括：合同性质和效力、甲公司实际投资情况、某大学已付款情况、合同约定的应付款（争议焦点五是建立在查明已付款和应付款的基础上的）。二审争议焦点实际包括：法律关系的性质、甲公司投资情况、甲公司投资回报款的确定、某大学付款情况（争议焦点四和六，某大学是否违约以及是否超付是建立在查明应付和已付的基础上的）。

进入到再审阶段和民事诉讼监督阶段，随着当事人对部分判项的认可，以及对越来越多的事实的查明（以及当事人认可），争议焦点不断限缩，聚焦到投资回报款的确定（计算方式）和超付问题。

争议焦点在审理的各个阶段动态变化和逐渐限缩，是一个问题的两个方面，动态变化体现了争议焦点引导举证、引导辩论和避免遗漏争议焦点的功能，在审判、审查的各个阶段，发挥指引作用；逐渐限缩是一个结果，体现了焦点问题的逐渐凝聚，也是诉讼监督阶段对思路的提炼——提示民事检察官，民事诉讼监督阶段的争议焦点，已经和原审不同：

第一，原审的部分争议焦点，在一审、二审、再审中大部分已经得到解决、确定，有的焦点问题，双方当事人皆服判、不作为上诉理由提出；有的焦点问题，法院已经反复查明、认定，当事人虽不认可，但没有相应的证据或者理由。

第二，民事诉讼监督阶段的焦点问题要结合当事人的申请监督请求、依职权监督的关键节点（《人民检察院民事诉讼监督规则》第37条），并考虑原审争议焦点的查明情况予以确定。

第三，民事诉讼监督阶段的焦点问题，应当适度向原审法院在认定事实、适用法律有无不当转换，体现公权力监督的视角。

四、争议焦点的归纳

《人民检察院民事诉讼监督规则》第43条规定："人民检察院审查民事诉讼监督案件，应当围绕申请人的申请监督请求、争议焦点以及本规则第三十七条规定的情形，对人民法院民事诉讼活动是否合法进行全面审查。其他当事人在人民检察院作出决定前也申请监督的，应当将其列为申请人，对其申请监督请求一并审查。"这一规定侧重从两个方面表达检察机关对民事诉讼监督案件的审查范围：一要审查当事人申请监督请求；二要审查法院在民事诉讼活动中的其他违法行为。[①] 总体体现一个全面审查的思路，既审查监督申请人的申请监督请求（理由），也审查一并被列为申请人的其他提出申请的当事人的申请监督请求（理由）；既从保护当事人权利的视角审查案件，也从监督法院诉讼活动合法性的角度审查案件。

（一）找出原审遗漏的争议焦点

【案例】甲公司与乙公司（发包人）签订某大厦承包合同，后甲公

① 最高人民检察院第六检察厅编著：《〈人民检察院民事诉讼监督规则〉理解与适用》，中国检察出版社2021年版，第91页。

司与丙公司签订建设工程施工合作协议，将某大厦部分工程承包给丙公司承建，工程造价约4000万元，丙公司按照工程结算总造价的3%向甲公司交纳管理费。丙公司的法定代表人Y将工程中的内外墙抹灰、贴砖、保温剂补烂和零星用工劳务口头承包给Q，双方未签订书面合同。Q依约组织施工人员进行了施工，现该大厦相应工程已经竣工验收。Q在施工过程中，将其承包的劳务分包了一部分给Z。后Y代表丙公司与Q进行结算，签订了确认书，确认尚欠Q劳务费207.95万元，并在确认书中载明甲公司及Y个人均同时对该欠款承担连带清偿责任，确认书上有Q和Y签名捺印。

Q提起民事诉讼，请求判令甲公司、丙公司、Y连带偿还欠款207.95万元。

一审归纳的争议焦点为：一是甲公司将工程违法分包给没有取得建筑施工企业资质的丙公司，效力如何；二是甲公司对丙公司因该工程拖欠的劳务费是否应当承担连带清偿责任。

二审归纳的争议焦点为：甲公司是否应当对Q主张的劳务费承担连带清偿责任。

再审阶段归纳的争议焦点为：甲公司是否应当对Q主张的劳务费承担连带清偿责任。

一审、二审、再审围绕甲公司是否应当对丙公司所欠劳务费承担连带责任展开了探讨，这个问题可能在司法实践中的具体把握确实存在一定争议。一审法院认为，甲公司将该工程违法分包给没有资质的丙公司，是违反法律规定的行为，该分包合同无效，甲公司对丙公司因该工程拖欠的劳务费应当承担连带清偿责任。二审法院认为，一审依据《最高人民法院关于审理建设工程施工合同纠纷案件适用法律问题的解释》第26条的规定，判决甲公司承担连带清偿责任并无不当；再审法院认为，连带责任的承担，属于对当事人的不利负担，除法律有明确规定的外，不宜径行适用；合同相对性原理是合同法的基本原理，需具备严格的适用条件方可突破。本案中乙公司为发包人，甲公司为转包人，丙公司为分包人，Q为实际施工人，根据《最高人民法院关于审理建设工程施工合同纠纷案件适用法律问题的解释》第26条第2款“实际施工人以发包人为被告主张权利的，人民法院可以追加转包人或者违法分包人为本案当事人。发包人只在欠付工程价款范围内对实际施工人承担责任”的规定，Q可向发包人主张权利，而一审、二审判决甲公司对丙公司所欠Q劳务费承担连带清偿责任，并不符合上述规定，属于对合同相对性原则突破的不当扩大，承担连带清偿责任于法无据。

民事诉讼监督阶段，检察机关认为，本案应当有两个争议焦点：一是甲公司作为转包人，应否对丙公司所欠劳务费承担连带清偿责任①；二是Y是否应当对前述债务承担连带清偿责任。原审查明，Y以自己的身份（独立作为一方当事人，而不仅代表丙公司）在确认书上签名捺印，并以清晰文字表明其以自己的身份对欠款承担连带清偿责任，Y在丙公司项目负责人处签名，同时在第三方处签名。

原审围绕甲公司作为转包人是否应当承担连带清偿责任进行了充分论述，但未就Y是否承担连带责任进行分析，而要求Y承担连带清偿责任同样是李某的诉讼请求。检察机关归纳的第二个争议焦点，在原一审、二审、再审中都未成为争议焦点，隐藏在一个明显的争议问题之

---

① 实则，第一个争议焦点的法律适用问题是相对清晰的。2011年《全国民事审判工作会议纪要》针对建设工程案件司法审判实务中当事人随意突破合同相对性原则起诉和主张权利的现象，规定：人民法院在受理建设工程施工合同纠纷案件时，不能随意扩大《关于审理建设工程施工合同纠纷案件适用法律问题的解释》第26条第2款的适用范围，要严格控制实际施工人向与其没有合同关系的转包人、违法分包人、总承包人、发包人提起的民事诉讼，且发包人只在欠付工程价款范围内对实际施工人承担责任。2015年12月24日，最高人民法院民事审判第一庭庭长在第八次全国法院民事商事审判工作会议《关于当前民事审判工作中的若干具体问题》中指出，“对于建设工程司法解释第二十六条规定，目前实践中执行得比较混乱，我特别强调一下，要根据该条第一款规定严守合同相对性原则，不能随意扩大该条第二款规定的适用范围，只有在欠付劳务分包工程款导致无法支付劳务分包关系中农民工工资时，才可以要求分包人在欠付工程价款范围内对实际施工人承担责任，不能随意扩大发包人责任范围”。

下，法院既未就这一问题进行分析论述，也未在判决书中处理（如表述驳回李某其他诉讼请求），属于明显的遗漏诉讼请求，归纳争议焦点在此时起到了检视原审判决漏项的作用，也提示检察官，民事诉讼监督阶段固定诉讼请求，不能囿于原审阶段的判项，还要结合当事人全部的诉讼请求、申请监督理由，进行全案审查，判断公权力的行使是否存在明显错误。

（二）关注监督阶段特有的争议焦点

【案例】甲公司与乙公司签订建设工程施工合同，约定乙公司将某大厦发包给甲公司建设施工，工期从2013年4月30日起至2014年9月1日止，建筑面积3万平方米，总造价4800万元。双方履行合同过程中，出现工期延误，双方就工期延误问题进行了确认。2017年1月8日，双方进行了结算，确认2016年11月1日工程已交付乙公司，乙公司已实际投入使用，工程价款为4800万元，已付3700万元，尚欠1100万元，并约定了付款时间，约定2017年4月20日前乙公司组织验收，逾期不验收视为工程质量合格。后乙公司所欠工程款一直未支付，甲公司提起民事诉讼。

一审归纳的争议焦点为，甲公司要求支付所欠1100万元工程款的诉讼请求有无法律依据；二审归纳的争议焦点为，乙公司关于工程未进行竣工验收、工程质量存在问题的抗辩理由有无法律依据；再审归纳的争议焦点为，原审认定的基本事实是否缺乏证据证明。

民事诉讼监督阶段，检察机关结合当事人申请监督理由（乙公司提出证据和理由说明其在一审过程中未收到开庭传票，一审缺席审判），归纳的争议焦点为：一是原审是否存在未经传票传唤、缺席审判的情形；二是原审是否存在违反法律规定剥夺当事人辩论权的情形；三是原审认定的基本事实是否缺乏证据证明；四是原审适用《最高人民法院关于审理建设工程施工合同纠纷案件适用法律问题的解释》第13条的规定有无不当。

从这一案例可以看出，民事诉讼监督阶段有自身特有的争议焦点，即不仅仅围绕当事人实体权利义务确定争议焦点，还要检视是否违法行使审判权（观察公权力），如是否存在未经传票传唤缺席判决的，是否存在违法剥夺当事人辩论权的，是否有应当参加诉讼的当事人非因自身原因未能参加诉讼等情形。

（三）通过归纳争议焦点强化对法律适用的全案审查

【案例】某管委会与甲公司签订建设工程施工合同，将 A 工程和 B 工程发包给甲公司承建，合同价款分别为 1000 万元和 2000 万元。合同签订后，乙公司（甲公司的某一分公司）将 A、B 两项工程整体发包给 Z 施工。2013 年 6 月、11 月，上述两项工程经过竣工结算。

2013 年 11 月 15 日，L（甲方）与 Z（乙方）、乙公司和乙公司法定代表人 G（丙方）共同签订还款协议，约定甲公司在承建 A、B 两项工程时，将该工程全面交由 Z 负责，Z 在施工过程中陆续向 L 借款 1200 万元用于工程施工，现经协议各方确认，此 1200 万元借款于 2014 年 2 月 20 日前偿还完毕，并约定了逾期偿还的违约金；由于该款项用于工程施工，故乙公司、G 确认与 Z 共同对此借款承担连带责任。

L 提起民事诉讼，请求判令 Z、甲公司、乙公司、G 连带偿还借款 1200 万元及违约金。Z 认可还款协议及借款的真实性，甲公司、乙公司及 G 对还款协议及借款的真实性均不予认可。

一审归纳的争议焦点为，还款协议是否真实有效；二审归纳的争议焦点为，还款协议上乙公司、G 的印章是否为其真实意思表示，甲公司、G 应否依协议承担还款责任；再审归纳的争议焦点为，还款协议是否真实，是否为乙公司、G 的真实意思表示，甲公司、乙公司、G 是否应当对 Z 向 L 的借款承担连带还款责任。

民事诉讼监督阶段，检察机关归纳的争议焦点为，甲公司、G 是否应当依还款协议对 Z 向 L 的借款及违约金承担连带还款责任；依据是什么。检察机关进一步分析认为，第一，原审查明，还款协议载明，乙公司、G“确认与 Z 一起对偿还此借款负连带责任”，这一约定是什么性质，是否属于债务加入；第二，如果属于债务加入，如何适用法律。《公司法》第16条关于公司为他人提供担保的规则是否适用于债务加入，效果如何；第三，本案协议是否真实，在有相关证据的情况下，印章真实和协议真实是否等同；第四，在有相关证据指向的情况下，本案是否需要审查是否构成虚假诉讼。

分析发现，原审主要围绕印章是否真实、由此带来还款协议是否真实的问题进行探讨，并认为甲公司、乙公司以及G对还款协议上印章的真实性未予否认，虽主张印章系被盗用，但未能提交有效证据证明盗用事实。因此，本案虽然存在诸多违反常理之处（证人证言显示Z有意偷盖公章，证据证明签订协议时G未在现场，协议签订后甲公司与乙公司仍向Z付款，与协议约定不符），但依然应当认定还款协议有效，各方均应依约履行。这样的争议焦点审查思路，在形式上似乎顺畅，所谓“违反常理”也不能作为推翻事实认定的基础，检察机关处于事后审查的阶段，在查明案件事实上也难以具有当然超越原审的优势（时间、距离优势都不复存在）。

但是仔细分析原审归纳的争议焦点发现，乙公司、G非原借款合同的当事人，在签订还款协议时表示“确认与Z一起对偿还此借款负连带责任”，这一意思表示是否真实，是一个事实证据问题，或者说事实认定问题；如果真实，性质为何，是一个法律适用问题。两个问题都应当考虑，原审仅考虑了事实证据问题，未考虑法律适用问题。

前述意思表示如果真实，性质为何？应当属于债务加入。关于债务加入，参照《全国法院民商事审判工作会议纪要》第23条规定，“法定代表人以公司名义与债务人约定加入债务并通知债权人或向债权人表示愿意加入债务，该约定的效力问题，参照本纪要关于公司为他人提供担保的有关规则处理”。原理在于，债务加入与保证担保，特别是连带责任保证担保，外在特征和责任方式都极为相似，通常而言，债务加入与保证担保的本质区别在于保证担保具有从属性，其发生、转移、消灭均依附于原债权债务关系，而债务加入不同，第三人加入债务与原债务具有独立性，因此可以说，第三人加入债务较之保证担保，责任更重，实质处于主债务人的地位。

继续分析，何谓参照“关于公司为他人提供担保的有关规则处理”。《公司法》第16条规定，“公司向其他企业投资或者为其他人提供担保，依照公司章程的规定，由董事会或者股东会、股东大会决议；公司章程对投资或担保的总额及单项投资或者担保的数额有限额规定的，不得超过规定的限额。公司为公司股东或者实际控制人提供担保的，必须经股东会或者股东大会决议。前款规定的股东或者受前款规定的实际控制人支配的股东，不得参加前款规定事项的表决。该项表决由出席会议的其他股东所持表决权的过半数通过”。

公司的分支机构在性质上属于公司的意定代表机构，其代表权来自公司的授权，在分支机构代表公司对外担保问题上，因为公司的法定代表人并无公司对外提供担保的代表权，故亦无权代表公司授权分支机构对外提供担保，公司分支机构对外提供担保，亦应当取得股东（大）会或者董事会决议。公司的分支机构未经股东（大）会或者董事会决议，以自己的名义对外提供担保，相对人请求公司或者其分支机构承担担保责任的，人民法院不予支持，但是相对人不知道且不应当知道分支机构对外提供担保未经公司决议程序的除外。

既然担保行为不是法定代表人所能单独决定的事项，而必须以公司股东（大）会、董事会等公司机关的决议作为授权的基础和来源，法定代表人未经授权擅自为他人提供担保的，构成越权代表，人民法院应当根据《合同法》第50条关于法定代表人越权代表的规定，区分订立合同时债权人是否善意，分别认定合同效力：债权人善意的，合同有效；反之，合同无效。所谓善意，是指债权人不知道或者不应当知道法定代表人超越权限订立担保合同。公司为股东或者实际控制人以外的人提供非关联担保，根据《公司法》第16条的规定，此时根据公司章程规定，由董事会决议或者是股东（大）会决议。无论章程是否对决议机关作出规定，也无论章程规定决议机关为董事会还是股东（大）会，根据《民法总则》第61条第3款关于“法人章程或者法人权力机构对法定代表人代表权的限制，不得对抗善意相对人”的规定，只要债权人能够证明其在订立担保合同时对董事会决议或者股东（大）会决议进行了审查，同意决议的人数及签字人员符合公司章程的规定，就应当认定其构成善意，但公司能够证明债权人明知公司章程对决议机关有明确规定的除外。

本案中，乙公司是甲公司的分支机构，从事民事活动产生的民事责任由甲公司承担，乙公司对外提供担保应当取得甲公司股东（大）会或者董事会以公司决议形式的授权。担保规则适用于债务加入，L接受乙公司的债务加入，但L并没有提交证据证明其对甲公司的董事会决议或者股东（大）会决议进行了基本的审查，不能证明其构成善意取得，现L要求甲公司承担责任，不能认定该还款协议对乙公司、甲公司有效。

关于事实认定问题，原审认为甲公司、乙公司以及G对还款协议上印章的真实性未予否认，虽主张印章系被盗用，但未能提交有效证据证明盗用事实，因此，本案虽然存在诸多违反常理之处，但依然应当认定还款协议有效。那么，在有一系列相关证据证明的情况下，印章真实是否等同于协议真实？通常情况下，印章真实等同于协议真实，在有相关证据否定或者怀疑合意达成过程的情况下，印章真实并不等同于协议真实，还应当查明用印过程的真实。

原审查明，证人证言显示Z有偷盖公章的意图和机会，在G未到场的情况下，L未能证明其对代表G用章的代理人的授权委托手续进行了基本的审查，L、Z全程未能出席原审庭审，代理人对事实表述含糊不清，还款协议签订后，甲公司和乙公司仍继续向Z付款，是否需要根据《最高人民法院关于审理民间借贷案件适用法律若干问题的规定》第19条的规定全面综合判断本案是否属于虚假诉讼。

从这个案件来看，民事诉讼监督对案件审查的视角更加侧重全面审查，在归纳争议焦点时，既包括对原案事实认定问题的审查，也包括对案件法律适用问题的审查，甚至包括由于一系列证据的合理怀疑，是否属于虚假诉讼的审查。原审的争议焦点主要围绕事实证据问题进行，但是检察机关在查明事实证据问题的优势并不突出，原审在查明事实上有天然的时间和距离优势，已经反复“揉搓”事实证据的细节而无果，核心问题依然在于法律适用，这也是民事诉讼监督的核心问题。

经过分析，可以认为民事诉讼监督阶段争议焦点的确定，包括以下思路：

第一，观察原审争议焦点，经历过一审、二审、再审的审理，还是否需要成为争议焦点问题。具体包括分析以下几个方面：随着诉讼进程的推进，各方是否认可部分判项，认可的判项通常不再成为争议焦点；事实证据问题是否高度清晰，是否存在一方当事人持续坚持的事实问题（坚持对事实的一致陈述，不曾反复），并且其主张可能影响事实认定的。

第二，围绕监督申请人的申请监督请求确定争议焦点。监督申请人的监督请求，通常主要指向实体权利义务分配，以事实认定和法律适用为基础，是判断原审生效裁判有无错误的重要基础。

第三，围绕监督申请人的监督理由确定争议焦点。监督申请人的监督理由，除前述内容指向实体权利义务分配外，还包括程序违法等较为间接的内容，较为常见的是应当参加诉讼的当事人未参加诉讼的，违反法律规定剥夺当事人辩论权利的，未经传票传唤缺席判决的，其他情形如审判组织的组成不合法在实践中已经不常见。基于监督公权力的视角，如果出现足以影响实体公正的程序违法，也应当作为争议焦点，查明是否存在相应的违法事实，据以判断是否应当启动监督程序引发再审。

至于《人民检察院民事诉讼监督规则》第 37 条规定的依职权启动监督程序的情形，属于检察机关审理民事生效裁判监督案件中“全面审查”的范围，但是否需要作为争议焦点，则需要视具体情况而定。

第三章 “五步审查法”之二：优先和重点审查法律适用

如笔者对检察职能构成所进行的分析，总体来说，受重刑事、轻民事的观念影响，民事检察官具有刑事学习或工作的背景，检察委员会的人员构成更是多具有刑事背景，在这样的传统遵循之下，在民事生效裁判案件的审查中有意或无意地侧重于对事实证据问题的分析是难以避免的，这一点也印证在民事诉讼监督实践中：有研究对抗诉事由的分布情况进行了分析，发现抗诉事由中事实证据问题较之法律适用问题呈现压倒性优势，以“有新的证据，足以推翻原判决、裁定的”“原判决、裁定认定的基本事实缺乏证据证明的”为抗诉事由的比例较高，而辅以“原判决、裁定适用法律确有错误的”，且基本上法律适用问题都未能单独作为抗诉理由提出。

从民事生效裁判监督所处的阶段、这一制度所应发挥的监督公权力、引领法律适用的效果作用来看，检察机关在事实证据的认定上，既没有时间、距离和亲历性的优势，更加不宜戴着“有色眼镜”天然地认为法官都在枉法裁判，否认原审的事实认定应当是格外审慎的，而应当把主要的审查重点放在案件的法律适用上，通过履行法律监督职能，与法院一道在法律适用上不断追求精准性、一致性，法律适用问题代表着类案指引的价值，代表着对审判机关公权力行使的监督，既是检察机关应当重点关注的，也是更能发挥监督效用的。

一、法律适用是评价司法裁判的关键性因素

《民事诉讼法》第 211 条将再审（抗诉）标准涉及法律适用的内容

表述为“原判决、裁定适用法律确有错误的”，但从这一表述看，受到审查的内容为原审判决或裁定，程度为“确有”，而非“有”，亦非“可能有”。“确有”表示“确定有”“确实有”。关于法律适用错误的判断，是经过反复甄别，认为适用法律错误是确定无疑，还是有充分证据证明法律适用错误？然而法律适用问题不是事实证据问题，不存在有充分证据证明，只是就查明的案件事实如何适用法律问题。那么“确有”是何用意？结合第211条上下文分析，似乎每一项都加之有程度描述，“足以推翻”“基本事实”“主要证据”，用以表达启动再审（抗诉）程序的审慎性——而不是轻率的，所以“确有”是为了表达保障再审程序不会轻易、任意启动，民事生效裁判监督的关切点还是应当集中于适用法律错误。

（一）适用法律错误类型的一般分析

《最高人民法院关于适用〈中华人民共和国民事诉讼法〉的解释》第388条规定：“有下列情形之一，导致判决、裁定结果错误的，应当认定为民事诉讼法第二百零七条第六项规定的原判决、裁定适用法律确有错误：（一）适用的法律与案件性质明显不符的；（二）确定民事责任明显违背当事人约定或者法律规定的；（三）适用已经失效或者尚未施行的法律的；（四）违反法律溯及力规定的；（五）违反法律适用规则的；（六）明显违背立法原意的。”该规定也表达了“明显不符”“明显违背”的意思，是否存在通常不符、通常违背，或者一般不符、一般违背。将“确有”置于启动再审的审慎性之下理解可能更为合理。第388条共梳理了6项适用法律确有错误情形，其中，适用已经失效或者尚未施行的法律的，是指在法律已经被明确废止之后或者在确定的法律生效时间之前适用该法律的，是比较明显、“低级”的错误，实践中已经并不常见；违反法律溯及力规定的，是指适用了没有溯及力的法律规定或者对有溯及力的法律规定未适用，错误也较为明显和粗糙，随着审判质量的全面提升，也不算常见。

法律适用错误，在实践中相对集中于第388条第1项和第2项，实则也为民事生效裁判监督提供了重要思路和审查的切入点，至于第5项和第6项则存在难以发现、难以证成的问题，比如“违反法律适用原则”的，要找出上位法和下位法、特别法和一般法的适用差别，否则虽然援引了不同法律，但是效果相同，通常认为不是足以启动再审的适用法律错误。

（二）民事生效裁判监督的三段论推理

成文法国家的法律适用三段论一般指演绎推理，大前提是成文法的条文，小前提是案件事实，当该事实属于成文法条文所假定、预见的法律构成要件，则结论是对待决案件所适用的法律效果——这种推理方式是判决和裁定“本院认为”部分最常见的推理方式。[①] 例如，判决一般表述为：大前提——《民法典》第180条规定，因不可抗力不能履行民事义务的，不承担法律责任。法律另有规定的，依照其规定。不可抗力是不能预见、不能避免且不能克服的客观情况。小前提——某甲因为A情形而不能履行民事义务，A情形是不能预见、不能避免，且不能克服的客观情况。结论——某甲因A行为不履行民事义务，属不可抗力，不承担民事责任。

抽象概括的三段论看似简单，在此不探讨每一个方法必然客观存在的漏洞和弊病，仅分析其中包含的复杂环节。第一，法律概念是否清晰；如有含糊之处，是否运用法律解释方法足以解释。比如前述不可抗力，如何理解和把握不能预见、不能避免、不能克服。第二，事实认定是否存在障碍；运用证据规则是否足以认定案件事实。比如如何查明A情形是否具有被认定为不可抗力的特征。第三，案件事实与法律规范的涵摄是不是一个“自然而然”的过程；是不是当然的逻辑演绎的结果；如果规范冲突，是否只需依立法目的进行当然的法律解释即可；如果不

---

① 周舜隆：《司法三段论在法律适用中的局限性——兼论法官裁判思维》，载《比较法研究》2007年第6期。

是，如何解决规范冲突，或者如果解决规范漏洞。

每个民事案件的事实都是生动、具体甚至纷繁复杂的，在认定事实的过程中，不同的法官固定的案件事实也不相同，可能运用证据规则不同，可能对证据的具体筛选、采信、认定不同，可能对查明事实的方向、侧重点不同，可能会遗漏一些事实，而这些事实是否得到认定对于案件事实的全面认定效果完全不同，直至影响案件法律关系的定性。最终要对认定的案件事实进行提炼、归纳、定性，表明该案件的事实已经在某个法律规范中被预见到，进行司法涵摄，这样一个归类的过程，要求案件事实的梳理条理化、类型化，以便具有对应性。

在寻找法律规范的过程中，对应每一个特定的案件事实，情形一：仅有一个可供适用的法律规范，但是不同的法官可能有不同的理解，有些理解差异是正误之分；有些理解差异是认识问题；有些唯一性规范过于抽象无法直接援引，还需具体化，不同的法官的价值补充完全不同。情形二：该案件可以适用两个以上的规范，存在规范的选择问题。情形三：没有可供直接适用的规范，需要填补漏洞。

推导出结论的过程同样包含了复杂的思维过程，在基本的形式逻辑之外，还包含了利益衡量、目的考量，法官的经验、认知、逻辑乃至情感因素，法律规定范围内的自由裁量，甚至法律之外的更为复杂的考虑因素。由此可见，法律适用的过程不仅仅是简单抽象的形式逻辑推理。从民事生效裁判监督的视角看，既有对法官正确适用法律的当然尊重、对法官自由裁量权的当然尊重，也有对值得质疑的法律适用过程的观察、分析和纠正，以实现更大程度地促进统一裁判尺度、引领法律适用、发挥法律监督效能的目标。这样的监督既是个案的，也是类案的；既是纠正的，也是共同促进司法实践进步的。

（三）在法律适用中持续追求公平正义应当成为法官、检察官的一致目标

“法典万能”的观念，引申出“法官不得拒绝裁判”，不论事实能

否查明，不论有无能够恰当适用的规范，仿佛“任何法律问题都可以在法典里找到答案，法官只需通过严格的逻辑演绎即可解决”①，实际上，不得拒绝的裁判既要在法律规范存在漏洞时予以填补，也要适应不断变化的经济社会生活发展，而按照休谟所言，任何事实认定中的“是”都无法当然地推演出价值判断中的“应当”，事实认定和价值判断之间从来存在无法逾越的鸿沟，法律适用从来不是一件易事。从这一观念上，民事诉讼监督如能着力于法律适用问题，既是监督也是助力，令检察官与法官共同致力于统一裁判尺度，致力于国家法律的统一正确实施，法官既不必抵触监督，检察官也完全没有高人一等、更胜一筹，追求裁判的统一性、确定性应当成为法官、检察官共同的目的，当然，对法官、检察官的考评也应当更加科学、理性，尊重司法规律，允许司法工作者基于经验、判断进行更多的对公平与正义的探讨与追寻，与违法行为作当然的界分。

绝大多数裁判文书的“本院认为”部分使用了三段论，即便拿出同一个案件事实分发给不同的法官，推演出的结论都可能不一致。为什么人们仍然觉得三段论是行之有效的法律适用方式呢？一是由于相当一部分案件的结论所存在的偏差，是存在纠偏可能的，换言之，不是三段论本身的问题，是适用出了问题；二是由于针对大多数普通案件、普遍情况，三段论仍是高效便捷的方式，人们虽然诟病它，但也没有发现更加有效的方法。

其实法官适用法律的过程远远比三段论要复杂，法官的目光要不断地“在事实与规范间”流连忘返②，三段论更多的是体现在裁判文书中进行说理、释明，以及方便检验。笔者尝试从法官的角度分析一个具体案件的法律适用过程。

【案例】李某系赵某母亲。赵某与龚某于2008年7月登记结婚，婚

---

① 杨仁寿：《法学方法论》，中国政法大学出版社2013年版，第73页。

② ［德］伯恩·魏德士：《法理学》，丁小春、吴越译，法律出版社2003年版，第296页。

后赵某与龚某及龚某父母共同居住，所居住房屋为两室一厅，总使用面积53平方米，其中大间卧室由龚某父母居住，小间卧室由龚某、赵某居住，两个卧室相邻。

婚后龚某因工作原因常常晚归。2008年9月17日，龚某晚10时30分回到家中。9月18日零时左右，准备入睡的龚某因赵某抱怨其经常晚归，不顾及家庭，遂与赵某发生争吵。争吵中，赵某称龚某总加班不回家，现在夫妻二人又与龚某父母住在一起，不能买房自行居住，总这样下去，还不如自己跳楼。此言并未引起龚某注意。凌晨1时30分许，龚某发现赵某已不在室内，此前室内关闭着的宽约40厘米、高约50厘米的推拉纱窗被推开，龚某遂到隔壁唤醒其父母，三人下楼发现了已坠楼死亡的赵某。三人立即告知李某，李某报警。经公安机关委托法医学鉴定，赵某符合高坠致颅脑损伤死亡。公安机关排除了刑事案件嫌疑。

李某认为，夫妻之间有互相忠实、互相扶助的义务，在争吵过程中和发生争吵后，龚某应注意赵某的行为，预见到可能发生的后果，但龚某未尽到注意义务，任凭后果发生，没有尽到夫妻之间的忠实、互相扶助义务。龚某父母卧室与赵某卧室相邻，对于争吵没有制止，也负有责任。三被告的不作为对赵某死亡有一定因果关系，给李某造成了极大精神痛苦，因此，要求三被告共同赔偿李某死亡赔偿金15万元、精神抚慰金5万元。

【审查思路】

第一步，从案件基本事实出发，建立全面直观印象，对所查明的法律事实进行初步评价。本案李某主张的案由为配偶权纠纷，所依据的法律规范为《婚姻法》第4条，即“夫妻应当互相忠实，互相尊重；家庭成员间应当敬老爱幼，互相帮助，维护平等、和睦、文明的婚姻家庭关系”。配偶之间的帮助义务是何种程度；未履行（未适度履行、未全面履行）帮助义务承担何种责任；如果配偶权纠纷指向龚某，那么李某要求龚某父母共同承担责任的请求权基础是什么；是否同样适用该条“家庭成员”之间的“互相帮助”义务。

第二步，根据案由和请求权基础，分析哪些案件事实是“关键性的”，聚焦关键性事实。赵某与龚某因何事、发生了何种程度的争吵；争吵结束后、跳楼发生前，双方处于什么状态；赵某跳楼时龚某是否知情、放任还是劝阻、是否救助，以及有无其他过错。

龚某在庭审中辩称：双方争吵后，龚某在床上面向墙壁哭泣，赵某离开床，龚某哭了一阵，回头一看，发现赵某不见了踪影，但房屋的推拉窗已被推开。赵某的轻生行为，龚某无法预见、无法救助，故不存在过错。龚某接受公安机关询问时承认，赵某在争吵时表达了“总这样下去，不如跳楼”的激烈语言。

案发当天的现场照片显示，赵某要完成跳楼举动，必须先通过该卧室的狭窄空间至窗台前，踏上窗台前的板凳，再登上窗台，推开纱窗，探身钻过宽约40厘米、高约50厘米的窗口。赵某体胖，上述一系列动作不可能瞬间完成，也不可能完全不发出声音。

按照龚某的陈述，龚某当时未睡着，应当听见了赵某离开床、行至窗台、踏上板凳、登上窗台、推开纱窗的一系列过程发出的声音。

第三步，聚焦关键性事实后，以关键性事实为基础，找寻法律规范。龚某与赵某系夫妻关系，根据《婚姻法》第4条规定，龚某与赵某之间互有帮助义务。

第四步，分析在所找到的法律规范与案件事实之间是否存在涵摄关系，进一步对法律规范、事实问题进行理解、归纳。何谓夫妻之间的帮助义务；如何理解帮助义务；本案对要轻生的赵某进行劝阻、救助是否属于夫妻之间应当履行的帮助义务；放任不管是否违反帮助义务。

第五步，经过比对，认为对赵某进行劝阻、救助属于法律规定的夫妻之间应尽的帮助义务，进一步分析未尽帮助义务是否应当承担民事责任；具体承担何种民事责任；李某要求龚某赔偿死亡赔偿金和精神损害抚慰金的请求和赔偿标准有无法律依据。

第六步，赵某自身是否存在主观过错；对龚某应当承担责任的比例有无影响。

第七步，经过聚焦之后的事实之外，龚某父母是否应当承担赔偿责任；李某认为龚某父母与龚某、赵某仅一墙之隔，听见争吵不加劝阻，与赵某轻生的后果之间亦存在因果关系和过错，应当承担赔偿责任，有无法律依据、是否需要回到第一步重新分析。

经过以上步骤，分析认为：

首先，赵某的坠楼死亡，经公安机关调查排除了刑事案件的嫌疑，双方当事人均认可赵某系自杀，且龚某接受公安机关调查时承认赵某扬言“跳楼”一节，故认定赵某系自杀身亡。

其次，(大前提）婚姻法规定，夫妻应当互相忠实，互相尊重；家庭成员间应当做到敬老爱幼，互相帮助，维护平等、和睦、文明的婚姻家庭关系；(对大前提的具体理解）夫妻之间的忠实，家庭成员之间的互相帮助，除了情感上的忠实和经济上的扶助外，当然不排除危急时刻对对方生命和健康所进行的力所能及的救助。

再次，(小前提）一是龚某未对赵某的轻生行为予以救助；二是赵某的行为提供了足以引起龚某关注的迹象（因家庭琐事引发争吵、争吵时的激烈言语、起身完成跳楼的一系列动静)。本案龚某、赵某所居卧室不超过10平方米，除双人床和其他家具外，所剩空间非常有限，从案发当天现场照片看，赵某跳楼须先通过该卧室所剩的狭窄空间，行至窗台前，踏上窗台前的板凳，再登上窗台，推开纱窗，探身钻过宽约40厘米、高约50厘米的窗口，加之赵某体胖，完成上述一系列动作不可能毫无动静，也非瞬间能够完成；赵某在之前的争吵中已经表示“总这样下去，不如跳楼”，即使如龚某所言，龚某正卧床面壁而泣，也理应对赵某的言行予以注意甚至警觉，及时采取行动制止赵某的轻生行为，然而龚某并未如此，故其未尽到婚姻法规定的理所当然和力所能及的帮助义务。

最后，（结论）因龚某存在过错，该过错与赵某死亡的后果之间又存在一定的因果关系，故龚某应承担相应的民事赔偿责任。李某中年丧女，将来的扶养来源丧失，天伦之乐不再享有，遭受经济打击和精神痛苦，故其主张死亡赔偿金和精神抚慰金于法有据，唯数额偏高，与龚某责任程度不符，法院根据案情予以酌减。需要指出的是，作为完全民事行为能力人的赵某，应当珍惜生命，努力生活，不因挫折而自弃，不因失意而轻生。面对生活中的不顺意，赵某与龚某争吵后随意轻生，不可讳言，其自身亦负有相应责任。龚某父母事发时在隔壁卧室休息，没有有效证据证明二人知晓当时现场的情况，因此，李某要求龚某父母承担赔偿责任，缺乏事实依据。

从法官视角对案件的分析过程可见，在简单的案件中，三段论当然具有无可置疑的逻辑力量，在复杂的案件中，可以三段论为基本框架进行分析推理，司法工作的目光始终要在事实和规范之间往复。

二、适用的法律与案件性质明显不符

以“适用的法律与案件性质明显不符”和“抗诉认为”或“再审检察建议”（检察机关启动再审程序的通常表述）为关键词，在中国裁判文书网上检索，共检索出 25 份抗诉结果，其中高级法院 5 份、中级法院 16 份、基层法院 4 份；检索出 10 份再审检察建议结果，其中中级法院 1 份、基层法院 9 份。

对 35 份文书进行逐一分析研究发现：第一，检察机关基本不曾以“适用的法律与案件性质明显不符”为单一抗诉理由，均伴随有事实证据问题方面的抗诉理由；第二，“适用的法律与案件性质明显不符”实质碰撞的较少，即将“适用的法律与案件性质明显不符”作为形式上的理由，没有具体的落脚点，导致一部分再审文书未进行实质性回应；

第三，相较于事实证据问题，“适用的法律与案件性质明显不符”作为抗诉理由仍为极少数。

对前述35份文书进行筛选，对实质讨论了“适用的法律与案件性质是否明显不符”的案件进行逐一分析探讨，尤其是重点围绕抗诉理由与原审法律适用存在实质碰撞，且抗诉理由得到支持或应当得到支持的情形，兼顾探讨抗诉理由可能明显不当但确实存在认识争议的情形，为检察官研习寻找法律适用的争议点、厘清民事生效裁判案件的法律适用审查思路提供借鉴。

（一）以“法律适用错误+事实关系认定错误”为抗诉理由

【案例1】房屋买卖合同法律关系抑或民间借贷法律关系——吉林省高级人民法院（2019）吉民再70号民事判决：2012年1月18日，闫某、房地产公司签订商品房买卖合同，双方约定房地产公司将位于延吉市某小区1号楼814.31平方米房屋出售给闫某，房款每平方米3400元，共2768654元。房地产公司于签订商品房买卖合同当日，向闫某出具了2768654元的房款收据（实际没有交房款）。闫某、房地产公司签订房屋买卖合同后，到延吉市房地产管理局办理了备案。2012年1月19日，闫某、房地产公司与吴某签订了借款合同，三方约定吴某向闫某借款110万元，借款期限6个月，自2012年1月19日至7月18日，于4月18日前偿还利息10万元，于7月18日前偿还本金110万元，利率为月息3%，如吴某不按约定偿还借款本息，110万元借款转为闫某购买抵押房屋的购房款，吴某不得以任何方式收取抵押房屋超出部分房款及其他费用，房地产公司在抵押人处签字盖章，并出具了抵押房屋明细（闫某、房地产公司于2012年1月18日签订的商品房买卖合同中的房屋）。吴某收到闫某110万元借款后，将其中50万元给了房地产公司，于2012年4月偿还闫某利息10万元，本金110万元和剩余利息没有按约定偿还。2013年4月，吴某将上述抵押房屋钥匙交付给闫某。2014年9月，房地产公司向闫某表示可以给商品房买卖合同中约定的房屋，但要求闫某承担土地出让金等费用，因闫某不同意没有达成和解协议。

原审判决认为闫某与房地产公司签订的商品房买卖合同是双方当事人真实意思表示，不违反法律法规的强制性规定，应当确认合法有效；双方均应依约履行合同，房地产公司自判决生效后立即交付闫某上述房屋（房屋钥匙已由吴某移交给闫某）。房地产公司不服生效裁判，向检察机关申请监督。

【抗诉观点与再审结果】

检察机关抗诉认为：吉林省延边朝鲜族自治州中级人民法院（2015）延中民四终字第203号民事判决适用法律错误。具体理由为：

第一，2012年1月19日闫某与吴某签订的借款合同，房地产公司作为担保人提供房产抵押。依照《物权法》第187条“以本法律第一百八十条第一款第一项至第三项规定的财产或者第五项规定的正在建造的建筑物抵押的，应当办理抵押权登记。抵押权自登记时设立”规定，涉案房屋没有办理抵押权登记因而抵押权未设立，本案系当事人以签订买卖合同作为民间借贷合同的担保。（2015）延中民四终字第203号民事判决第6页亦认为“本案中，房地产公司与闫某基于同一笔款项先后签订了商品房买卖合同和借款协议，且借款协议以签订商品房买卖合同的方式为借款协议所借款项提供担保，即双方当事人实际是用之前签订的商品房买卖合同为之后签订的借款协议提供担保”。本案闫某诉讼请求为确认房屋买卖合同有效并交付房屋，法院确定案由为确认合同效力纠纷，可见法院是按照房屋买卖合同法律关系来进行审理的。依照《最高人民法院关于审理民间借贷案件适用法律若干问题的规定》第24条第1款“当事人以签订买卖合同作为民间借贷合同的担保，借款到期后借款人不能还款，出借人请求履行买卖合同的，人民法院应当按照民间借贷法律关系审理，并向当事人释明变更诉讼请求。当事人拒绝变更的，人民法院裁定驳回起诉”规定，本案中法院本应当按照民间借贷法律关系审理而错误适用房屋买卖合同法律关系审理，依照《人民检察院民事诉讼监督规则（试行）》第 80 条“有下列情形之一的，应当认定为《中华人民共和国民事诉讼法》第二百条第六项规定的‘适用法律确有错误’：（一）适用的法律与案件性质明显不符的；（二）认定法律关系主体、性质或者法律行为效力错误的”规定，该判决案由认定错误，法律关系认定错误，导致适用法律错误。

第二，依照《最高人民法院关于审理民间借贷案件适用法律若干问题的规定》第 24 条第 2 款“按照民间借贷法律关系审理作出的判决生效后，借款人不履行生效判决确定的金钱债务，出借人可以申请拍卖买卖合同标的物，以偿还债务。就拍卖所得的价款与应偿还借款本息之间的差额，借款人或者出借人有权主张返还或补偿”规定，法院按照民间借贷法律关系审理作出判决后，应当依当事人申请强制清算，拍卖款偿还债务，不得直接将买卖合同标的物判给出借人。（2015）延中民四终字第 203 号民事判决对一审查明的事实予以认定，提到“房地产公司于签订商品房买卖合同当日，向闫某出具了 2768654 元的房款收据（实际没有交房款）”，在闫某没有向房地产公司交付任何房款的情况下，判决房地产公司向闫某交付房屋属于适用法律错误。

再审裁判认为：根据检察机关抗诉意见、当事人再审请求和答辩意见，本案争议焦点如下：闫某与房地产公司签订的商品房买卖合同是否有效；房地产公司应否向闫某交付房屋。

第一，关于合同效力问题。2012 年 1 月 18 日，房地产公司与闫某签订商品房买卖合同，约定房地产公司将案涉商品房出售给闫某，并在合同中载明购房单价和购房款总计金额。同日，房地产公司为闫某出具了收到购房款 2768654 元的收据。2012 年 1 月 19 日，房地产公司、闫某、吴某三方当事人签订借款合同，约定吴某向闫某借款 110 万元，房地产公司为借款提供担保，如果吴某未按合同约定期限偿还借款本息，110 万元借款转为闫某购买房地产公司用于提供担保的商品房的购房款。商品房买卖合同、借款合同均系合同各方当事人的真实意思表示，不违反法律、行政法规的强制性规定，本院确认合同合法有效。

第二，关于房屋应否交付问题。根据三方当事人在合同中的约定，因吴某未在借款期限内偿还借款本金和剩余利息（吴某于2012年4月偿还利息10万元），三方当事人不再履行借款合同，转为履行商品房买卖合同。根据当事人在合同中“如第三人吴某不按约定偿还借款本息，110万元借款转为闫某购买抵押房屋的购房款，第三人不得以任何方式收取所抵押房屋超出部分房款及其他费用”的约定，对房地产公司提出的本案所涉债务数额与购房款数额不完全等值、显失公平的主张，因其在一年的除斥期间内未依法履行撤销权，应视为房地产公司、吴某为建设工程筹款而接受的对价，且该合同已实际履行，吴某已将案涉商品房钥匙交给闫某。故原审法院判决房地产公司继续履行合同、交付房屋并无不当。

第三，关于检察机关提出的本案应适用《最高人民法院关于审理民间借贷案件适用法律若干问题的规定》第24条第1款规定的抗诉意见。2012年1月18日闫某与房地产公司签订商品房买卖合同，2012年1月19日闫某与吴某、房地产公司签订借款合同，借款合同载明借款期限为6个月，商品房买卖合同载明如吴某不按约定偿还借款本息，110万元借款转为闫某购买抵押房屋的购房款，且房地产公司出具购房款收据、闫某和房地产公司签订房屋买卖合同后到延吉市房地产管理局办理房屋备案登记手续以及吴某将案涉商品房钥匙交给闫某等行为均发生在2015年9月1日《最高人民法院关于审理民间借贷案件适用法律若干问题的规定》实施之前，因该规定不具有法律溯及力，本案不适用该规定。

【审查思路】

本案检察机关以法律适用问题作为重要抗诉理由，向法院提出抗诉，认为根据最高人民法院2015年6月23日发布、自2015年9月1日起施行的《最高人民法院关于审理民间借贷案件适用法律若干问题的规定》，原审适用法律错误，认定法律关系错误、确定案由错误，应当按照民间借贷法律关系审理，而非按照房屋买卖合同法律关系审理。

《最高人民法院关于审理民间借贷案件适用法律若干问题的规定》作为司法解释，所依据的法律规范是："为正确审理民间借贷纠纷案件，根据《中华人民共和国民法通则》《中华人民共和国物权法》《中华人民共和国担保法》《中华人民共和国合同法》《中华人民共和国民事诉讼法》《中华人民共和国刑事诉讼法》等相关法律之规定，结合审判实践，制定本规定。"制定该司法解释所依据的法律，全部生效于2012年之前（前述案例合同签订和履行行为发生之前）。再仔细观察该司法解释关于时间效力的表述：第33条规定"本规定公布施行后，最高人民法院于1991年8月13日发布的《关于人民法院审理借贷案件的若干意见》同时废止；最高人民法院以前发布的司法解释与本规定不一致的，不再适用"。

【案例2】民间借贷纠纷抑或其他合同纠纷——甘肃省白银市中级人民法院（2020）甘04民再12号民事裁定、（2021）甘04民终875号民事判决：2011年5月，韩某将其所有的皮具店转让给张A，约定转让价格为12.5万元，当时未支付转让费。2015年11月16日，张A向韩某支付2万元。2016年10月1日，张A向韩某出具了25万元的借条一份，张B进行了担保。2016年12月，张B向韩某转账支付4000元。2018年10月12日，张A、张B向韩某支付1万元。韩某向法院提起诉讼，请求判令张A偿还借款，并由张B对上述借款承担连带责任。原审依据张A出具的借据，认定双方存在民间借贷法律关系，判决张A偿还韩某借款25万元及利息，张B对上述款项承担连带偿还责任。张B向检察机关申请监督。

【抗诉观点与再审结果】

检察机关抗诉认为：原审判决适用法律确有错误，认定本案为民间借贷纠纷属适用的法律与案件性质明显不符。张B与韩某均陈述本案事实为韩某将其经营的皮具店以12.5万元的价格转让与张A、张B，其二人在接受转让后仅向韩某支付1万元后再未支付剩余转让款，后经韩某与张A、张B协商，张A、张B向韩某出具了25万元的借条。韩某陈述，其在原审法院审理时只是按照借条载明的内容向法院陈述了本案的事实，对转让皮具店和25万元借条的形成过程没有向原审法院提及。

再审裁判认为：根据已查明的事实，案涉欠款系张A拖欠韩某的店铺转让款。韩某请求偿还店面转让款应予支持。因此，本案案由应为转让合同纠纷而非民间借贷纠纷。双方对于转让费12.5万元均无异议，根据现有证据证明已支付的转让款为3.4万元，张A主张已支付7.8万余元，因无证据证明，法院不予采信。故张A尚欠上诉人韩某转让款9.1万元。关于张B应否承担连带责任问题，法院认为，张B在张A出具的借条上以担保人身份签字，以及张B向韩某偿还欠款的行为能够证明其对该欠款具有担保的意思表示，张B应承担连带责任。

【审查思路】

本案与（2019）吉民再70号判决的案情有相似之处，案件中存在一张借条，且一方当事人进行了担保，是否就当然是民间借贷法律关系。韩某持借条提起诉讼，张A以双方店面转让的法律关系进行抗辩，并提供了相应证据予以佐证，应当根据查明的案件事实，按照基础法律关系审理。

【案例3】民事生效裁判监督的抗诉到可能发现虚假诉讼——（2014）翼民初字第589号民事判决、（2018）晋10民再18号民事裁定：原审查明杨某、黄某系夫妻关系（存疑）。2014年3月28日，杨某以其做生意需要资金周转为由向李某借款50万元，杨某出具买卖协议一份，载明“兹有杨某借李某现金伍拾万整，此款以杨某金苑小区某室房产作为抵押，此款杨某自3月起每月还款壹拾万元整，至8月28日还完，如到期还不完，杨某同意李某把房子卖后扣除杨某所欠款。杨某本人绝不反悔。此协议杨某阅后同意并签字生效。借款人：杨某。2014年3月28日”。同时杨某将其购房合同及付款收据原件交付李某。后杨某并未按约还款，李某多次向其催要未果。李某遂诉至法院，请求判令杨某、黄某就前述欠款承担连带还款责任。在审理过程中，李某提出诉讼保全申请，请求查封位于翼城县解放路金苑小区的前述涉案房产，法院予以查封。杨某、黄某经传票传唤无正当理由拒不到庭参加诉讼，视为放弃诉讼权利，不利后果由其自行承担；并以前述债务为夫妻共同债务为由，判决杨某、黄某于该判决生效之日起十日内偿还李某借款 50 万元和相应利息；杨某、黄某互负连带清偿责任。黄某以其未收到法院开庭传票、前述债务不属于夫妻共同债务为由，向检察机关申请监督。

【抗诉观点与再审结果】

检察机关抗诉认为：第一，原审判决认定“本案杨某的借款系与被告黄某婚姻关系存续期间的借款”，属案件基本事实缺乏证据证明。《婚姻法》第 8 条规定：“要求结婚的男女双方必须亲自到婚姻登记机关进行结婚登记。符合本法规定的，予以登记，发给结婚证。取得结婚证，即确立夫妻关系。未办理结婚登记的，应当补办登记。”本案中，翼城县民政局于 2017 年 11 月 6 日出具的证明和翼城县婚姻登记处 2017 年 11 月 7 日出具的证明，证明黄某与杨某自 1999 年 1 月 1 日起至今无婚姻登记记录，即二人不存在夫妻关系。一审判决未查明基本事实，认定黄某与杨某二人系夫妻关系属认定的基本事实缺乏证据证明。

第二，（2014）翼民初字第 589 号民事判决书适用《最高人民法院关于适用〈中华人民共和国婚姻法〉若干问题的解释》第 19 条，《最高人民法院关于适用〈中华人民共和国婚姻法〉若干问题的解释（二）》第 24 条系适用法律错误。本案中，黄某与杨某若非夫妻关系，不能适用上述法律，本案适用的法律与案件性质明显不符。

再审裁判认为：李某未提供黄某与杨某系夫妻关系的相关证据，一审法院未查明该基本事实，即认定该二人系夫妻关系，并作出黄某与杨某共同偿还李某借款 50 万元的判决不妥；另一审法院在送达开庭传票时未核实黄某与杨某是否系夫妻，也没有黄某对杨某授权的情况下，将黄某的开庭传票由杨某代签，予以缺席审理并作出判决，违反法定程序，裁定撤销原判、发回重审。

案件发回后，李某拒不到庭，山西省翼城县人民法院作出（2019）晋1022民初22号裁定，按自动撤诉处理。

【审查思路】

本案虽以法律适用问题提出抗诉，但是核心问题还是事实证据问题，并且存在多方面违反常理之处：第一，原审未核实杨某和黄某为夫妻关系的证据；第二，没有证据证明夫妻关系，即由杨某代签开庭传票；第三，未核实夫妻关系即按照夫妻共同债务判决黄某承担责任；第四，抗诉发回之后，李某拒不到庭，按照自动撤诉处理。类似的案件可能带来虚假诉讼的线索。

（二）以事实关系认定错误为抗诉理由

【案例1】权属争议抑或侵权纠纷之争——广西壮族自治区高级人民法院（2016）桂民再83号民事裁定：钟A的父亲钟B与钟C、钟D是兄妹关系，钟B仅生育钟A一人。1994年12月30日农村土地实行第二轮家庭承包经营时，当地农村集体经济组织以家庭为单位就土地承包权发放了土地延期承包证，以钟B为户主的家庭取得了3.1亩土地的承包经营权，该证记载家庭人口数量（2人）。自1994年起钟B承包的责任田一直由钟C协助其经营、管理至今。2013年1月16日，钟B因病去世。另查明，钟B户常住人口登记花名册记载：钟B、钟A、钟E，其中钟E户籍于1996年2月14日从钟C户迁入钟B户。钟E户籍除在广西苍梧县龙圩镇某村某组某号（钟B户）外，又以钟D之名在广西苍梧县××社学××组××号（其丈夫李某户）有登记，钟E于1987年嫁到广西苍梧县龙圩镇。钟A向法院提起诉讼，请求确认其关于诉争土地的承包经营权。一审法院以钟A与钟B关于土地承包经营权权属的争议不属于人民法院受案范围为由，裁定驳回钟A的起诉。钟A不服原审裁判，向检察机关申请监督。

【抗诉观点与再审结果】

检察机关抗诉认为：原裁定适用的法律与案件性质明显不符。本案不涉及权属争议问题，土地延期承包证载明的权属是清楚的，本案钟C、钟D抢种钟B户的土地，应是侵权纠纷。

再审裁判认为：本案的争议焦点是，本案是否属于民事案件受案范围。钟A以1994年的土地延期承包证主张讼争地的承包权，但该证为延包证，延包的意思是延续第一次承包时的方案不变，但该村1981年落实家庭联产承包时没有承发包登记，也没有承包合同、承包证，承发包的证据严重欠缺，延包证的基础不清晰。对于派出所的常住人口登记，虽然钟E于1996年才迁入钟B户，但钟E于1987年出嫁，又以钟D之名在广西苍梧县（其丈夫李某户）有登记，其在该村“钟E”名义的户口直至2015年才注销。且另案中法院已查明，钟B三兄妹的父亲曾于1983年主持分家，分家协议上载明：“钟C抚养母亲，钟B抚养父亲，钟E在分居后跟钟B同食”，表明在1983年分家时，钟E是分与钟B同一户的，可见，在本案，派出所常住人口登记的情况与农村分户的实际情况偏差较大，以此确认谁与谁为一户不够准确，钟E的责任田落在钟B户的可能性更大，但因分家协议并未言明承包地是否一并划分，1981年第一次发包至1994年延包期间，该村对承包地是否有调整也不明确，所以讼争土地的承包经营权权属仍未能确定。农村承包地的发包由集体经济组织决定，发包后的调整也属于村民自治的范畴，故本案应先由农村集体经济组织和主管行政部门确定争议地的承包经营权权属。当事人之间的土地承包经营权权属争议不属于人民法院民事案件的受理范围，原审驳回钟A的起诉正确。综上，钟A与钟E关于土地承包经营权权属的争议不属于人民法院受案范围。

【审查思路】

本案再审的说理依然回归到事实证据问题的分析，不是一个典型的法律适用问题，究竟应定性为权属争议还是侵权纠纷，要以准确认定事实为基础，仅以土地延期承包证记述的内容就认为经营权权属是清楚的，可能缺乏依据。

【案例2】被挂靠人（承包人）是否承担责任——广东省韶关市中

级人民法院（2018）粤02民再6号民事裁定：刘A是甲公司某工程的实际承包人和工程项目负责人，为筹措工程款项，刘A及其女儿刘B作为甲方，与林某作为乙方，签订工程施工合作协议书和承诺书，约定林某为涉案工程投资800万元，实为向林某借款，刘A并在甲方栏即共同借款人栏加盖其私刻的“甲公司某项目部资料专用章”，甲公司韶关分公司副经理梁某作为承诺人在承诺书上签名确认借款。林某将该借款直接转入刘B收付涉案工程款项的账户。后林某提起诉讼，要求刘A、刘B偿还借款，并由甲公司对借款承担连带清偿责任。原审裁判认为，林某出借的800万元明确约定用于涉案工程，林某也将款项直接转入刘B首付涉案工程款的账户，因此，甲公司某项目部是共同借款人，因甲公司项目部不具备诉讼主体资格，其法律责任应由甲公司承担，故判令甲公司对借款承担连带清偿责任。

【抗诉观点与再审结果】

检察机关抗诉认为：原审判决认定的基本事实缺乏证据证明，适用法律确有错误。

关于甲公司是否应对借款承担连带清偿责任的问题：

第一，刘A、刘B与林某签订的工程施工合作协议书是双方的真实意思表示，大部分约定合法有效，其中甲公司作为甲方、刘A作为乙方签订的项目管理责任书作为合同附件，林某应对项目管理责任书的具体内容知悉，即刘A无权以甲公司或项目部名义与其签订借款合同，且刘A对第三方做出的承诺，甲公司均不负任何责任，在这种情形下，林某无权要求甲公司对涉案借款承担连带清偿责任。

第二，《民事诉讼法》第54条“以挂靠形式从事民事活动，当事人请求由挂靠人和被挂靠人依法承担民事责任的，该挂靠人和被挂靠人为共同诉讼人”之规定，仅是对诉讼程序中当事人的诉讼地位规定，不能据此认定实体上被挂靠人需承担连带责任。此外，《广东省高级人民法院关于审理建设工程施工合同纠纷案件若干问题的指导意见》第14条“挂靠人以被挂靠人的名义与发包人订立建设工程施工合同，被挂靠人与挂靠人应当对施工合同债务承担连带责任，但建设工程施工合同明确约定被挂靠人不承担责任的除外”之规定，用于指导审理挂靠人以被挂靠人名义与发包人订立的建设工程施工合同。本案系民间借贷合同纠纷，且该纠纷也不是发生在挂靠人、被挂靠人与发包人之间，不能适用上述指导意见。因此，原审判决认定甲公司应对借款承担连带清偿责任，属适用法律错误。再审裁定撤销原判，发回重审。

再审裁判认为：关于甲公司应否对刘 A、刘 B 的涉案债务承担还款责任问题。刘 A 是涉案工程的实际承包人和工程项目负责人，刘 A 及其女儿刘 B 作为甲方与乙方林某签订工程施工合作协议书和承诺书，约定林某为涉案工程投资 800 万元，实际是向林某借款 800 万元，并在甲方栏即共同借款人栏加盖其私刻的“甲公司某项目部资料专用章”，林某对此是不知情的，该工程项目涉及的印章管理和使用问题也属于甲公司与刘 A 之间的内部事务，项目管理责任书又是工程施工合作协议书的附件，清晰载明刘 A 为工程项目承包责任人。虽然项目管理责任书约定承包期间刘 A 不能以甲公司或项目部名义与他方签订担保、欠款合同，未经甲公司同意不能与第三方签订经济合同，但林某要求项目管理责任书的甲公司签约代表，即甲公司韶关分公司副经理梁某作为承诺人在承诺书上签名确认借款，林某的该行为，显然是认为梁某可以代表甲公司书面同意某项目部作为共同借款人，否则其根本无须梁某签名确认。梁某后以见证人身份签名，并提供其拍摄的未加盖印章的承诺书，但也不能据此否认梁某知道承诺书加盖了刘 A 私刻的“甲公司某项目部资料用章”这一事实。刘 A 也证明梁某看到其加盖该印章，并称其还用该印章向发包方报送施工材料。梁某的签名行为，应视为代表甲公司同意某项目部作为共同借款人。而且，林某出借的 800 万元明确约定用于涉案工程，林某也将该借款直接转入刘 B 收付涉案工程款项的账户，因此，该院认定甲公司某项目部是共同借款人。因甲公司某项目部是甲公司成立的临时内设机构，不具备诉讼主体资格，其法律责任应由甲公司承担。因此，林某诉请甲公司对刘 A、刘 B 的 800 万元借款本息承担共同清偿责任，该院予以支持。若甲公司能证明其承担还款责任的借款实际不是用于涉案工程，则甲公司可就该部分款项向刘A追偿。

【审查思路】

检察机关抗诉认为，甲公司为被挂靠人，不应当对挂靠人的借款承担责任；再审裁判则认为甲公司虽为挂靠人，但是所借款项用于项目施工，且甲公司韶关分公司副经理梁某作为承诺人见证签字，故而甲公司应当作为借款主体承担偿还责任，而非连带责任，检法两家论理的侧重点不同。

甲公司与刘A、刘B之间是何法律关系；甲公司承担还款责任的基础是什么，原审查明甲公司韶关分公司副经理梁某在见证人栏签名并捺印，以及梁某持有未加盖私刻印章的借款协议复印件，是何效果；如何得出“梁某的签名行为，应视为代表甲公司同意甲公司某项目部作为共同借款人”的结论；本案中，表现出典型的事实证据问题和法律适用问题的深度融合的特点，目光的确要反复在事实和规范之间流连。

（三）以法律适用错误为抗诉理由

【案例1】借用资质的实际施工人——江苏省无锡市中级人民法院（2020）苏02民再134号民事判决：2013年12月15日，发包人甲公司与承包人乙公司签订建设工程施工合同，工程名称为“甲公司工程”，约定因承包人原因不能按照协议书约定的竣工日期或工程师同意的工期竣工的，承包人承担违约责任；工程报价为59204653元，经双方协商定价为54201600元，4#—6#厂房、研发楼、办公楼、门卫装潢及附属工程价格另行协商。甲公司在发包人处盖章，乙公司在承包人处盖章，李某作为承包人的委托代理人签名。合同签订后，李某挂靠乙公司，对工程进行了实际施工。李某施工完成了部分工程，收取了部分工程款，关于工程质量整改，约定李某不再进行整改、修复。

原审判令甲公司向李某支付工程款，李某向甲公司支付整改费。乙公司向检察机关申请监督。

【抗诉观点与再审结果】

检察机关抗诉认为：原审判决适用的法律与案件性质明显不符。第一，《最高人民法院关于审理建设工程施工合同纠纷案件适用法律问题的解释》第3条①的规定是关于在建设施工合同无效，且建设工程竣工经验收不合格的情形下，如何处理工程价款的问题，涉及的前后两款均是直接约束承包人和发包人，并没有涉及实际施工人，也就是说，此条解释仅限于调整建设工程合同当事人之间的民事法律关系。李某作为挂靠人并以实际施工人的身份作为李某直接向发包人甲公司主张权利，原审援引第3条的规定显然不符合本案性质。

第二，《最高人民法院关于审理建设工程施工合同纠纷案件适用法律问题的解释》第26条②规定突破了合同相对性，赋予实际施工人诉权，依据该规定实际施工人李某才能以发包人甲公司为被告主张权利。之后最高人民法院多次强调要严守合同相对性原则，不能随意扩大该条第2款规定的适用范围，只有在欠付劳务分包工程款导致无法支付劳务分包关系中农民工工资时，才可以要求发包人在欠付工程价款范围内对实际施工人承担责任。可见，实际施工人李某依照法律规定直接向发包人甲公司行使诉权是有一定限制的，甲公司只在欠付工程价款范围内对

---

① 《最高人民法院关于审理建设工程施工合同纠纷案件适用法律问题的解释》第3条规定，"建设工程施工合同无效，且建设工程经竣工验收不合格的，按照以下情形分别处理：（一）修复后的建设工程经竣工验收合格，发包人请求承包人承担修复费用的，应予支持；（二）修复后的建设工程经竣工验收不合格，承包人请求支付工程价款的，不予支持。因建设工程不合格造成的损失，发包人有过错的，也应承担相应的民事责任"。

② 《最高人民法院关于审理建设工程施工合同纠纷案件适用法律问题的解释》第26条规定，"实际施工人以转包人、违法分包人为被告起诉的，人民法院应当依法受理。实际施工人以发包人为被告主张权利的，人民法院可以追加转包人或者违法分包人为本案当事人。发包人只在欠付工程价款范围内对实际施工人承担责任"。现行参考《最高人民法院关于审理建设工程施工合同纠纷案件适用法律问题的解释（一）》第43条。

李某承担责任。

再审裁判认为：第一，本案中，没有资质的实际施工人李某借用有资质的建筑施工企业乙公司名义与甲公司签订建设工程施工合同的行为无效，原审认为“承包人非法转包建设工程与他人签订建设工程施工合同的行为无效”，虽然认定无效的结果正确，但理由欠妥，应予纠正。对于《最高人民法院关于审理建设工程施工合同纠纷案件适用法律问题的解释》第3条规定的“承包人”，结合司法解释的上下文，以及《最高人民法院关于审理建设工程施工合同纠纷案件适用法律问题的解释(二)》第4条“缺乏资质的单位或者个人借用有资质的建筑施工企业名义签订建设工程施工合同，发包人请求出借方与借用方对建设工程质量不合格等因出借资质造成的损失承担连带赔偿责任的，人民法院应予支持”进行理解，此处承包人的范围应做扩大理解，还包括实质上的承包人，即挂靠情况下的实际施工人，而案涉工程确实存在不合格需要整改修复，各方都认可应由实际施工人李某进行整改，故原审法院援引《最高人民法院关于审理建设工程施工合同纠纷案件适用法律问题的解释》第3条的规定进行处理并无明显不当，亦不会导致判决结果错误。

第二，如上所述，该合同直接约束挂靠人和发包人，李某作为挂靠人即实际施工人，主张欠付工程款并无不当，且乙公司也认可李某有权要求甲公司支付工程款，而与《最高人民法院关于审理建设工程施工合同纠纷案件适用法律问题的解释》第26条中的实际施工人相对的概念是转包人和违法分包人，并不包括出借资质的被挂靠人，此处的实际施工人应仅指转承包人和违法分包中的承包人，本案中李某系借用他人资质的挂靠人，并不受该解释第26条的约束。

【审查思路】

本案李某作为实际施工人以发包人甲公司为被告提起诉讼，要求甲公司支付工程款，原审依据《最高人民法院关于审理建设工程施工合同纠纷案件适用法律问题的解释》第3条作出判决，判令发包人甲公司向实际施工人李某支付工程款。根据抗诉意见和审判意见的争锋，本案法律适用的焦点问题包括：第一，该司法解释第3条是否适用于本案？第二，该司法解释第26条是否适用于本案？

关于第3条的适用，再审判决承认适用该条认定合同无效的理由错误，予以纠正，但认为不会导致裁判结果的错误，并认为第3条所涉及的承包人包括实际施工人。关于第26条的适用，再审判决认为，李某是挂靠人，根据第3条可知，合同直接约束挂靠人和发包人，无须适用第26条。这一分析的逻辑结构是：根据第3条，承包人包括实际施工人、挂靠人，因此，建筑工程施工合同直接约束发包人和实际施工人、挂靠人，实际施工人、挂靠人不受第26条的约束，既可以突破"欠付工程价款的范围"。该分析是否恰当？

2011年《全国民事审判工作会议纪要》针对建设工程案件司法审判实务中当事人随意突破合同相对性原则起诉和主张权利的现象，提出：人民法院在受理建设工程施工合同纠纷案件时，不能随意扩大《最高人民法院关于审理建设工程施工合同纠纷案件适用法律问题的解释》第26条第2款的适用范围，要严格控制实际施工人向与其没有合同关系的转包人、违法分包人、总承包人、发包人提起的民事诉讼，且发包人只在欠付工程价款范围内对实际施工人承担责任。2015年12月24日，最高人民法院民事审判第一庭庭长在第八次全国法院民事商事审判工作会议《关于当前民事审判工作中的若干具体问题》指出，"对于建设工程司法解释第二十六条规定，目前实践中执行得比较混乱，我特别强调一下，要根据该条第一款规定严守合同相对性原则，不能随意扩大该条第二款规定的适用范围，只有在欠付劳务分包工程款导致无法支付劳务分包关系中农民工工资时，才可以要求分包人在欠付工程价款范围内对实际施工人承担责任，不能随意扩大发包人责任范围"。

关于挂靠施工，最高人民法院（2017）最高法民申3613号民事裁定认为：在挂靠施工情形中存在两个不同性质、不同内容的法律关系，一是建设工程法律关系，二是挂靠法律关系，根据合同相对性原则，各方的权利义务关系应当根据相关合同分别处理。二审判决根据上述甲公司认可的事实，认定建设工程法律关系的合同当事人为乙公司和丙公司并无不当。甲公司并未提供证据证明其与乙公司形成了事实上的建设工程施工合同关系，因此，即便认定甲公司为案涉工程的实际施工人，其亦无权突破合同相对性，直接向非合同相对方乙公司主张建设工程合同权利。至于甲公司与丙公司之间的内部权利义务关系，双方仍可另寻法律途径解决。《最高人民法院关于审理建设工程施工合同纠纷案件适用法律问题的解释》第26条适用于建设工程非法转包和违法分包情况，不适用于挂靠情形，二审判决适用法律虽有错误，但判决结果并无不当。该解释第2条赋予主张工程款的权利主体为承包人而非实际施工人，甲公司主张挂靠情形下实际施工人可越过被挂靠单位直接向合同相对方主张工程款，依据不足。

《最高人民法院关于审理建设工程施工合同纠纷案件适用法律问题的解释》第2条规定，建设工程施工合同无效，但建设工程经竣工验收合格，承包人请求参照合同约定支付工程价款的，应予支持；第2条与第3条共同被民法典所吸收。《民法典》第793条规定，“建设工程施工合同无效，但是建设工程经验收合格的，可以参照合同关于工程价款的约定折价补偿承包人。建设工程施工合同无效，且建设工程经验收不合格的，按照以下情形处理：（一）修复后的建设工程经验收合格的，发包人可以请求承包人承担修复费用；（二）修复后的建设工程经验收不合格的，承包人无权请求参照合同关于工程价款的约定折价补偿。发包人对因建设工程不合格造成的损失有过错的，应当承担相应的责任”。从字面上看，这一规定为解决发包人和承包人之间的工程价款问题，在这一关系中能否突破合同约定？

挂靠，即没有资质的实际施工人员借用有资质的建筑企业名义施工的，属于违反建筑领域资质管理规定，而导致建设工程施工合同无效。如果发包人主张赔偿损失，能否向挂靠人主张？根据《最高人民法院关于审理建设工程施工合同纠纷案件适用法律问题的解释》第4条规定，缺乏资质的单位或者个人借用有资质的建筑施工企业名义签订建设工程施工合同，发包人请求出借方与借用方对建设工程质量不合格等因出借资质造成的损失承担连带赔偿责任的，人民法院应予支持。对这一连带赔偿责任如何理解和把握？挂靠人和被挂靠人就质量问题，向发包人承担连带赔偿责任，性质应当是共同侵权责任，而非违约责任，亦非缔约过失责任，原因在于：其一，挂靠人借用资质签订的建设工程施工合同因为违反法律的禁止性规定，自始无效，在合同无效的情形下，不存在违约责任（质量问题造成的损失也并非发生在缔约环节）；其二，挂靠人和被挂靠人对发包人实施共同侵权造成损害，适用侵权法关于二人以上共同侵权承担连带赔偿责任的规定（发包人如果明知，也属于存在过错，应当承担相应责任）。[①]

原审判决认为根据《最高人民法院关于审理建设工程施工合同纠纷案件适用法律问题的解释》第3条的规定，合同能够直接约束挂靠人和发包人，适用法律是否正确呢？

现行《最高人民法院关于审理建设工程施工合同纠纷案件适用法律问题的解释（一）》第43条规定："实际施工人以转包人、违法分包人为被告起诉的，人民法院应当依法受理。实际施工人以发包人为被告主张权利的，人民法院应当追加转包人或者违法分包人为本案第三人在查明发包人欠付转包人或者违法分包人建设工程价款的数额后，判决发包人在欠付建设工程价款范围内对实际施工人

① 最高人民法院民法典贯彻实施工作领导小组主编：《中华人民共和国民法典合同编理解与适用（三）》，人民法院出版社2020年版，第1950—1952页。

承担责任。”最高人民法院民事审判第一庭2021年第20次专业法官会议纪要认为，第43条涉及三方当事人、两个法律关系：一是发包人与承包人之间的建设工程施工合同关系；二是承包人与实际施工人之间的转包或者违法分包关系。原则上，当事人应当依据各自的法律关系，请求各自的债务人承担责任。第43条为保护农民工等建筑工人的利益，突破合同相对性原则，允许实际施工人请求发包人在欠付工程款范围内承担责任。对该条规定的适用应当从严把握：只规范“转包和违法分包”两种关系，未规定借用资质的实际施工人，以及多层转包和违法分包关系中的实际施工人有权请求发包人在欠付工程款范围内承担责任。因此，可以依据第43条突破合同相对性原则请求发包人在欠付工程款范围内承担责任的实际施工人不包括借用资质及多层转包和违法分包关系中的实际施工人。

【案例2】新的经济社会背景下旧有司法解释适用的问题——甘肃省兰州市中级人民法院（2020）甘01民再49号民事裁定：2007年，某银行组织职工在兰州某地建设“职工住宅楼”项目。根据2007年12月27日某银行本部职工置房分配方案，项目购房范围包括“省分行本部2002年12月31日在册正式员工”，“参加购房的职工在选房前均需交纳1万元保证金”，“在选定房屋后，先按购房面积预交40%的购房款，已缴纳的保证金及员工住房补贴纳入首付额，待项目主体完工后，再交纳40%的购房款，最后领取住房钥匙时一次性交清所有剩余房款”，“凡已交纳购房款的职工，都必须签订购房协议，不得中途退出”，“职工购置的住房享有100%的产权”。该方案第九条明确当时不得参加购房的人员范围：（1）出国逾期未归的；（2）未经单位批准擅离工作岗位的；（3）已与某银行解除或终止劳动关系的。封某符合2007年12月27日某银行本部职工置房分配方案规定的购房条件，于2008年3月向被告交纳置房保证金1万元，随后根据某银行通知交纳剩余房款，2009年11月，封某因工作需要办理了系统内调动手续，调动至天津分行工作，办理调动手续时某未通知解除购房合同法律关系。

2017 年 6 月，某银行通知员工挑选订购房屋，将封某等人排除在外。2017 年 7 月，封某收到某银行职工置房委员会名义发出的落款日期为 2007 年 12 月 27 日的告知函一份，告知封某不具备分房资格，要求封某办理退款手续。

封某向法院提起诉讼，要求确认其与某银行之间签订的购房合同有效，双方应当依约履行。原审法院根据《最高人民法院关于房地产案件受理问题的通知》（法发〔1992〕38 号），以该案不属于人民法院的受案范围为由，裁定驳回封某的起诉。

【抗诉观点与再审结果】

检察机关抗诉认为：原审裁定部分事实认定不清，适用法律不当。本案当事人双方争议的焦点是封某与某银行事实上的购房纠纷是否属于人民法院受理民事诉讼的范围。

一是终审裁定适用法律不当，不符合案件的实际情况。

第一，本案是平等主体之间的购房纠纷，应当属于人民法院受案范围。终审裁定适用《最高人民法院关于房地产案件受理问题的通知》（法发〔1992〕38 号）驳回封某的起诉，适用法律不符合案件的实际情况，确有不当。在住房制度改革前，我国实行城镇职工福利住房分配制度，职工住房由所在单位以实物福利的形式直接分配给所属职工使用，即所谓“单位分房”，在这种情况下，单位与所属职工在福利住房上的法律关系不是双方当事人权利义务平等的法律关系，因其具有双方之间领导与被领导的行政隶属关系，单位给所属职工分配住房，行使的是行政管理权，双方主体地位不平等，不应受民事法律的调整，因此发生纠纷应属单位内部纠纷，由单位内部或其主管部门解决，不属于人民法院主管范围，这是最高人民法院法发〔1992〕38 号通知制定的历史背景，当时并没有商品房与经济适用房。1998 年以来，《国务院关于进一步深化城镇住房制度改革加快住房建设的通知》规定“停止住房实物分配，逐步实行住房分配货币化”“建立和完善以经济适用房为主的多层次的城镇住房供应体系”，（国发〔1998〕23 号）以及甘肃省人民政府

〔1998〕72号《关于印发进一步深化城镇住房制度改革加快住房建设实施方案的通知》规定“全省1998年11月29日停止住房实物分配。1998年12月1日起实施住房分配货币化”。上述文件的出台实施，也就意味着单位福利性质的分房建房被取消，取而代之的是货币形式的购房。本案纠纷发生在2013年，距上述司法解释出台已二十多年，这时单位的集资建房已不是单位以实物福利的形式将房屋直接分配给所属职工使用，不存在单位内部利益分配行为，而是单位以成本价将房屋出售给职工，职工对集资房屋享有100%的产权，单位不享有集资房屋的所有权，单位与集资职工因购房而产生的纠纷是平等主体之间的民事纠纷，应当属于人民法院受案范围。故人民法院对涉单位、职工间的房屋纠纷应分类对待，具体案情具体分析，认为只要是单位与职工之间的房产纠纷一概不予受理，显然有违立法本意。

第二，本案不涉及单位内部利益分配，而是合同履行问题。《民事诉讼法》第3条规定：“人民法院受理公民之间、法人之间、其他组织之间以及他们相互之间因财产关系和人身关系提起的民事诉讼，适用本法的规定。”本案中，2007年某银行组织职工集资建设“某银行机关计算机管理中心及职工住宅楼”项目，根据2007年12月27日某银行本部职工置房分配方案第2条规定，此次购房完全实行全额成本价（包括土地费用、前期费用、建设成本、附属配套设施等费用），凡自愿购置住房的职工需全额支付房款。第10条规定，购房按成本价出售给员工，最终以决算为准。第21条规定，职工购置的住房享有100%的产权。从上述规定可以看出，某银行此次职工集资建设的经济适用房的土地费用、前期费用、建设成本、附属配套设施等费用均由职工承担，单位以成本价出售给职工，职工对购置的住房享有100%的产权，某银行在职工集资建设经济适用房的过程中行使的并非行政管理权，不存在单位内部利益分配，只要职工交付了购房款，单位收受了房款，事实上的购房法律关系即告成立，单位与职工在集资购房中的权利义务是平等的，双方都应遵守，职工履行交付房款的义务，单位履行交付房屋的义务。故本案是合同履行问题，属于人民法院受案范围。

二是某银行单方解除其与封某事实上的购房法律关系，违反了民事主体从事民事活动应遵循的诚实信用原则，应依法承担民事责任。本案中，2007 年 12 月 27 日某银行本部职工置房分配方案第 3 条规定，购房范围包括省分行本部 2002 年 12 月 31 日在册正式员工。第 9 条规定，下列人员不予参加购房：（1）出国逾期未归的；（2）未经单位批准擅离工作岗位的；（3）已与某银行解除或终止劳动关系的。第 14 条规定，参加购房的职工在选房前均需交纳 1 万元保证金。第 15 条规定，选定房屋后，先按购房面积预交 40% 的购房款，已交纳的保证金及员工住房补贴纳入首付额，待项目主体完工后，再交纳 40% 的购房款，最后领取住房钥匙时一次性交清所有剩余房款。第 19 条规定，凡已交纳购房款的职工，都必须签订购房协议，不得中途退出。本案封某符合 2007 年 12 月 27 日某银行本部职工置房分配方案第 3 条规定，并于 2008 年 3 月 17 日向某银行交纳置房保证金 1 万元，2009 年 6 月 18 日交纳购房首付款 5 万元，2009 年 11 月封某因工作需要从某银行调动至建设银行天津市分行工作，2010 年 3 月 29 日封某工作调离后某银行仍继续收取房款 11 万元、2010 年 4 月 26 日收取房款 3 万元、2011 年 4 月 15 日收取房款 5 万元，因此，按照 2007 年的分配方案封某是具备分房资格的，且履行了支付房款的义务，故某银行不能以职工调离为由单方解除其与封某事实上的购房法律关系，其应承担相应的违约责任。综上所述，甘肃省兰州市中级人民法院（2018）甘 01 民终 2777 号民事裁定书，存在部分事实认定不清，适用法律不当，导致判决显失公平的问题。

再审裁判认为：涉案房屋系某银行在本单位自有土地上由单位职工集资建设的经济适用住房，针对的是本单位职工，目的是解决和改善本单位职工的住房条件。封某因工作变动于 2009 年 12 月调离某银行，与某银行解除劳动关系。2007 年及 2014 年、2016 年的某银行本部职工置房分配方案中明确规定“已与某银行解除或者终止劳动关系及对调往外省建行系统内人员不在此次分房范围内，不参与分配”，某银行以此取消封某的购房资格。现封某申请确认其与某银行之间的事实购房合同有效，实际是对其在某银行分房中具有资格进行确认，而是否具有购房资格系由某银行本部职工置房管理委员会讨论通过并经某银行本部职工代表大会审议通过的某银行本部职工置房分配方案确定。因此，对分房资格的确定系某银行内部行政管理事务。依据《最高人民法院关于房地产案件受理问题的通知》第 3 条“因单位内部建房、分房而引起的占房、腾房等房地产纠纷，均不属于人民法院主管工作的范围，当事人为此而提起的诉讼，人民法院应依法不予受理或驳回起诉，可告知其找有关部门申请解决”的规定，本案系单位内部建房、分房而引起的纠纷，不属于人民法院主管范围，一审、二审裁定以此为由驳回封某的起诉并无不当。

【审查思路】

本案检察机关以法律适用问题作为主要抗诉理由提出抗诉，认为早在 1998 年国务院就开始了住房制度改革，实际已经停止了住房的实物分配，逐步施行了住房分配货币化，由此，在本案这样一个单位集资建房法律关系中，职工支付全额成本，享有全部产权，实质单位和职工之间是平等的法律关系，单位并非在行使行政管理权，因此是可诉的。法院则认为，单位职工要求确认与单位的购房合同有效，实质是对分房资格进行确认，而是否具有购房资格是单位内部事务，应由单位内部决定，根据《最高人民法院关于房地产案件受理问题的通知》第 3 条“因单位内部建房、分房而引起的占房、腾房等房地产纠纷，均不属于人民法院主管工作的范围，当事人为此而提起的诉讼，人民法院应依法不予受理或驳回起诉，可告知其找有关部门申请解决”的规定，本案不属于人民法院主管。

如何分析原审适用法律是否错误？

第一步，检察机关抗诉认为，最高人民法院 1992 年司法解释有其制定、适用的特殊背景，应当理解和把握其背景，同时注意理解和把握住房分配制度改革的大背景，值得肯定。

第二步，本案能否适用1992年司法解释？司法解释的大前提是：“因为单位内部建房、分房而引起的占房、腾房等房地产纠纷，均不属于人民法院主管工作的范围”，本案的小前提是某银行组织职工集资建房，以成本价将房屋出售给职工，职工获得100%产权（性质较为可能是经济适用房），启动购房程序时封某在职，符合单位公布的购房条件，并且已经支付了购房保证金、首付款、购房款，双方更类似于一个买卖合同关系；似乎从大前提无法推出本案不属于人民法院主管范围的结论。

第三步，具体分析单位集资建房是否区别于“单位内部分房”。单位集资建房的购房人需支付房屋成本对价，双方产生房屋买卖关系；单位内部分房不属于平等主体之间法律关系，是一个福利分配范畴，单位承担建房成本，员工不支付对价，通常局限为单位对职工分配公房。

尽管没有获得改判，但是，此类案件的抗诉在法律适用上具有积极的探讨和推动意义，至少提出了两个方面的问题：一是1992年发布的具有特定历史背景的司法解释在当前是否还具有广泛的适用空间，是否应当考虑当前的新情况、新背景；二是单位集资建房和单位内部分房有无区别，是否应当区分处理。

（四）法律适用不当但不影响裁判结果

【案例1】辽宁省高级人民法院（2015）辽审一民抗字第25号民事判决：2002年4月1日，吴A与某村民委员会签订了河滩地承包协议书，承包了某村的一定范围内的河滩地，承包期限为30年，自2002年4月1日起至2032年3月31日止；承包费9万元，交款方式为2002年8月15日交1万元、2003年8月15日交8000元、2009年以后每年交8000元。2008年1月21日，吴A与其子吴B签订河滩地转包合同，吴A将其承包的河滩地全部转包给吴B。约定转包期限自2008年1月21

日起至2032年3月31日止，转包费为72000元等。2009年6月26日，吴A又与其弟吴C签订了经营河滩地协议书，约定“按合同地块，从东至西割出40亩归吴A经营管理，剩余土地及地上物归吴C所有。其余条款按吴A与村2002年4月1日签订的合同执行”等，协议上某村民委员会加盖了公章。吴A转包后，吴B与吴C均未办理土地承包经营权证。2009年9月18日，吴B以吴A意图反悔，要解除转包合同为由向法院起诉。

法院经审理认为，吴A与吴B签订的合同未经发包人某村民委员会同意，且吴B系城镇居民户口，以不符合《土地管理法》第15条的规定为由，不认可其与吴A签订的河滩地转包合同效力，据此驳回吴B的起诉。

【抗诉观点与再审结果】

检察机关抗诉认为：朝阳市中级人民法院（2012）朝审民再终字第67号民事判决适用法律确有错误，认定的基本事实缺乏证据证明。首先，根据《农村土地承包法》规定，农村土地承包分家庭承包和其他方式承包，两种承包方式下承包经营权的流转有所不同。根据吴A与某村民委员会签订的河滩地承包协议中土地用途、土地状况、承包费情况及承包人身份，本案属于其他方式承包（未办理林权证），但再审生效判决适用的是家庭承包中的流转规定，属于适用的法律与案件性质明显不符。其次，根据2008年1月21日吴A与其子吴B签订的河滩地转包合同文意，吴A将案涉全部土地的相关权利转给吴B。根据2009年6月26日吴A与其弟吴C签订的经营河滩地协议书文意，吴A又将上述土地中40亩以外面积的相关权利转给吴C。因此，就40亩以内面积，河滩地转包合同与经营河滩地协议书并不冲突，吴A与吴B具有部分继续履行河滩地转包合同的事实基础。吴C并非40亩以内面积的利害关系人，无权主张撤销全部河滩地转包合同。再审生效判决对40亩以内面积继续履行的诉讼请求一并驳回，且系基于与之无利害关系的吴C的撤销主张，明显缺乏事实基础，属于对基本事实的认定违反逻辑推理。

再审裁判认为：关于原再审判决的法律适用问题。第一，转包行为是否必须经发包方同意。《农村土地承包法》第37条第1款规定，"土地承包经营权采取转包、出租、互换、转让或其他方式流转，当事人双方应当签订书面合同。采取转让方式流转的，应当经发包方同意；采取转包、出租、互换或者其他方式流转的，应当报发包方备案"。从吴B提供的与吴A签订的河滩地转包合同内容上看，系属于转包而非转让方式流转，故依据上述法律规定，经发包方同意不是必备条件，只要报发包方备案即可。原再审判决以吴A与吴B之间合同的签订未经发包人某村民委员会同意，作为不认定该合同效力的理由之一不当，应予纠正。第二，土地承包经营权流转的受让方是否必须是本集体经济组织成员。《土地管理法》第15条规定，"农民集体所有的土地由本集体经济组织以外的单位和个人承包经营的，必须经村民2/3以上的成员或者2/3以上村民代表的同意，并报乡（镇）人民政府批准"。该条规定系对确权承包而言，即本集体经济组织以外的单位和个人取得承包经营权的，必须经村民2/3以上的成员或者2/3以上村民代表的同意。对于土地承包经营权流转问题，《农村土地承包经营权流转管理办法》第9条规定，"农村土地承包经营权流转的受让方可以是承包农户，也可以是其他按有关法律及有关规定允许从事农业生产经营的组织和个人。在同等条件下，本集体经济组织成员享有优先权。受让方应当具有农业经营能力"。由此可见，土地承包经营权的流转对受让方的要求只是"具有农业经营能力"，其他并没有做更多的限制。《土地管理法》第15条与《农村土地承包经营权流转管理办法》第9条的规定适用不同的情形。原再审判决以吴B系城镇居民户口，不符合《土地管理法》第15条的规定为由，作为不认定其与吴A签订的河滩地转包合同效力的原因之一属于适用法律不当，应予以纠正。

【案例2】河南省南阳市中级人民法院（2019）豫13民再31号民事判决：某面粉厂系王A于2006年12月1日在邓州市工商局林扒工商

所预先核准申请登记，2006 年 12 月 4 日邓州市工商局同意预先核准某面粉厂为 1 个投资人、投资 300 万元人民币的私营企业，保留期限自 2006 年 12 月 4 日至 2007 年 6 月 3 日。王 A 于 2007 年 5 月 24 日申请个人独资企业设立登记，申请表显示出资方式为以个人财产出资，投资人王 A。2008 年 3 月 31 日，该企业变更登记，投资人从被告王 A 变更为王 B。王 C 系王 B 长子，王 A 系王 B 次子。王 C 于 2016 年 4 月 11 日起诉要求依法确认某面粉厂归原、被告家庭共同共有。庭审后，王 C 向法庭提交增加诉讼请求申请，请求确认其与谭某（被告王 B 前妻，2003 年 7 月 30 日二审判决离婚）被告王 C 和被告王 B、王 A 共同共有某面粉厂。

原审裁判援引公司法，认为王 C 没有提交有效证据证明其参与面粉厂的投资与经营，没有有效证据证明该面粉厂为家庭财产，其要求确认某面粉厂为家庭共有的理由不能成立，驳回其诉讼请求。

【抗诉观点与再审结果】

检察机关抗诉认为：原审判决适用法律错误。根据邓州市工商行政管理局资料、营业执照证实，某面粉厂系个人独资企业，应适用现行独立的《个人独资企业法》，该法是专门为规范个人独资企业的行为，保护个人独资企业投资人和债权人的合法权益而制定。原审判决虽然认定某面粉厂是个人独资企业，但适用《公司法》，认为个人独资企业属于一人有限责任公司，适用的法律与案件性质明显不符，是适用法律确有错误。

再审裁判认为：根据邓州市工商行政管理局资料、营业执照证实，某面粉厂系个人独资企业。《个人独资企业法》第 2 条规定：“本法所称个人独资企业，是指依照本法在中国境内设立，由一个自然人投资，财产为投资人个人所有，投资人以其个人财产对企业债务承担无限责任的经营实体。”第 17 条规定：“个人独资企业投资人对本企业的财产依法享有所有权，其有关权利可以依法进行转让或继承。”结合本案查明的事实，某面粉厂先是由王 A 个人投资，后投资人变更为王 B，现投资人又变更为王 A，根据《个人独资企业法》的相关规定，某面粉厂的财产应为投资人个人所有。王C诉称某面粉厂系原某油毡厂、其他面粉厂等企业经营的共同财产投资建设，建设某面粉厂使用了自己的做酒设备等财产的理由，没有证据加以证明，且王C不能提供向某面粉厂直接投资并参与经营的相关证据，不影响本案对该面粉厂企业性质的认定。因此，王C要求确认某面粉厂为家庭共有的理由不能成立。综上所述，本案原判决对个人独资企业适用《公司法》的规定属适用法律不当，河南省南阳市人民检察院的抗诉理由成立，本院再审依法予以纠正。但原判决认定事实清楚、裁判结果正确，故依法应予维持。

【审查思路】

本案的抗诉，似乎检察机关在抗诉意见部分仅仅认为属于法律适用错误，并未进一步言明，适用不同的法律对于法律关系的认定、案件裁判结果有何影响。法院再审认可法律适用错误，但认为原审事实认定清楚、裁判结果并无不当，仅仅纠正所援引的法律即可，这类案件抗诉的必要性值得探讨。

（五）司法解释的溯及力问题

最高人民法院（2018）最高法民申5614号民事裁定在“本院认为”部分关于《最高人民法院关于审理民间借贷案件适用法律若干问题的规定》的溯及力问题①认为：“首先，王某主张二审法院适用民间借贷解释错误，民间借贷解释于2015年9月1日施行，而本案借款发生在2008年4月至2015年7月，该解释关于年利率超出36%以上的已支付利息应予返还的规定，不能适用于本案，二审法院适用民间借贷解释的规定，违反了法不溯及既往的原则。本院认为，司法解释是对法律的释明，虽在被解释法律实施后制定，但应视为被解释法律的一部分，其在生效之日就应适用于审判实践，故其具有溯及力，只是其溯及力应当受到被解释法律的时间效力范围的限制。第33条也规定，本规定公

① 本书没有单独讨论“违反法律溯及力”的情形，借此处一并进行探讨。

布实施后，最高人民法院于1991年8月13日发布的《关于人民法院审理借贷案件的若干意见》同时废止；最高人民法院以前发布的司法解释与本规定不一致的，不再适用。故二审法院适用民间借贷解释并无不当，本院予以支持。”

最高人民法院亦有类似的裁判印证前述观点。例如，最高人民法院（2013）民提字第127号民事判决认为（2016年作出裁判）：

关于本案能否适用《最高人民法院关于审理侵犯专利权纠纷案件应用法律若干问题的解释》，最高人民检察院抗诉认为，湖北高院再审判决对被诉侵权产品磨辊和磨面相对位置关系的认定，违反了《最高人民法院关于审理侵犯专利权纠纷案件应用法律若干问题的解释》第6条规定的“禁止反悔”原则；对涉案专利权利要求“磨盘的磨面与磨辊之间形成可调节的间隙而构成间隙式磨合面”这一技术特征的解释，应参照适用专利侵权司法解释第四条的规定。因此，本案涉及的法律适用问题在于，能否适用或参照适用专利侵权司法解释。

由于我国法律未对司法解释的时间效力问题作出明确规定，因此对于司法解释溯及力问题存在不同的理解：一是按照法律不溯及既往的一般原则，司法解释只能适用于其公布施行后起诉到人民法院的案件，对于案件受理于司法解释施行之前的，不能适用该司法解释；二是基于司法解释对所依据法律的天然依附性，是对现有的法律在审判过程中如何具体运用作出规定，其效力当然及于被解释的法律的生效之日。本院认为，司法解释的时间效力不宜简单套用溯及既往原则而追溯到所解释的法律的生效时间，或者以不溯及既往原则将其时间效力确定为司法解释的施行之日。如果司法解释出于对其所解释的内容和审判实践的运用等多方面考虑，专门确定溯及力的标准，则应依其规定。本案所涉专利侵权司法解释于2009年12月28日公布，自2010年1月1日起施行。该司法解释是根据专利法的有关规定，结合审判实际制定的，因此如果没有特别规定，其适用的时间效力应当追溯到专利法的生效时间。但是，该司法解释第19条规定：被诉侵犯专利权行为发生在2009年10月1

日以前的，人民法院适用修改前的专利法；发生在 2009 年 10 月 1 日以后的，人民法院适用修改后的专利法。2009 年 10 月 1 日是第十一届全国人民代表大会常务委员会第六次会议通过的《全国人民代表大会常务委员会关于修改〈中华人民共和国专利法〉的决定》的施行日。可见，该司法解释对其溯及力问题作出了特别规定，且追溯是以侵犯专利权行为发生的时间作为条件的。据此，该司法解释已经将其适用的时间效力作出了明确的规定，应适用于该司法解释施行后的专利侵权行为。本案中的被诉侵权行为早于 2009 年 10 月 1 日，应适用 2008 年修改之前的专利法及相关司法解释，不应适用专利侵权司法解释。

【审查思路】

正如最高人民法院（2013）民提字第 127 号民事判决所言，我国法律未对司法解释的时间效力问题作出明确规定，对于司法解释（尤其是民商事司法解释）溯及力问题存在不同的理解。

回到《最高人民法院关于审理民间借贷案件适用法律若干问题的规定》，该司法解释 2020 年修订时，增加了这样的条款：第 31 条规定，“本规定施行后，人民法院新受理的一审民间借贷纠纷案件，适用本规定。2020 年 8 月 20 日之后新受理的一审民间借贷案件，借贷合同成立于 2020 年 8 月 20 日之前，当事人请求适用当时的司法解释计算自合同成立到 2020 年 8 月 19 日的利息部分的，人民法院应予支持；对于自 2020 年 8 月 20 日到借款返还之日的利息部分，适用起诉时本规定的利率保护标准计算。本规定施行后，最高人民法院以前作出的相关司法解释与本规定不一致的，以本规定为准”。确立了 2020 年新司法解释对一审新受理案件的溯及既往效力，以实际调低后的利率标准重新计算之前的借款本金和利息。

《立法法》第 93 条规定“法律、行政法规、地方性法规、单行条例、规章不溯及既往，但为了更好地保护公民、法人和其他组织的权利和利益而作的特别规定除外”。通常认为，这一规定确立了法不溯及既往原则，并且可以从两方面理解这一规定：一是纳入了所有的法律规则，甚至包括具有实质性法律规则意义的部门规章，以防止部门规章违背法不溯及既往原则；二是确立了有利溯及，即只有在有利于既有权利和利益的条件下，新法才可溯及既往。唯独没有提及司法解释，司法解释应否遵守《立法法》第93条？

关于司法解释的溯及力，实务中有两类观点：一种观点认为，由于司法解释以法律文本为依据和中心，这一性质就决定了司法解释可溯及既往[①]，同时，以有溯及力为原则，以无溯及力为例外，但是不得超越所解释的法律文本的时间效力。[②] 另一种观点认为，要具体区分司法解释，当该司法解释单纯属于对原法律文本作出应用性解释时，可以追诉到原法律文本的生效时间，而对于实际属于“造法”的司法解释则不应当具有溯及力。[③]

三、确定民事责任明显违背法律规定或者当事人约定

以“确定民事责任明显违背法律规定或者当事人约定”和“抗诉认为”（以检察机关抗诉启动再审程序的通常表述）为关键词，在中国裁判文书网上进行检索，共检索到9份文书，其中高级法院3份、中级法院3份、基层法院3份。对前述9份文书进行逐一筛选，对实质讨论“确定民事责任明显违背法律规定或者当事人约定”的案件进行逐一分析探讨。

（一）确定民事责任明显违背法律规定

【案例1】 双重赔偿与雇主、分包人连带责任——山西省高级人民法院（2020）晋民再64号民事判决：2010年10月23日1时左右，张

---

① 孙晓红：《司法解释的溯及力问题》，载《法律适用》2008年第8期。

② 杨登峰：《民事、行政司法解释的溯及力》，载《法学研究》2007年第2期。

③ 张新宝、王伟国：《最高人民法院民商事法律溯及力问题探讨》，载《法律科学（西北政法大学报）》2010年第6期。

A 等人到某施工工地偷盗建筑材料时，被该工地工人李某及其他工友发现并将张 A 控制在工地帐篷内。随后，宋某等人去工地寻找张 A，与李某等人发生争执，引发双方持械互殴。混乱中，宋某等人持木棍将李某头部打伤。经鉴定，李某因外伤致“急性特重度闭合型颅脑损伤”，其损伤构成一级伤残。阳曲县人民检察院以阳检刑诉（2011）第 10 号起诉书指控宋某犯故意伤害罪，于 2011 年 4 月 2 日向阳曲县人民法院提起公诉。在诉讼过程中，李某作为附带民事诉讼原告提起附带民事诉讼。2011 年 7 月 6 日，阳曲县人民法院以（2011）阳刑初字第 22 号刑事附带民事判决判决宋某赔偿李某各项损失共计 954393.28 元。另查明，李某受伤时的建筑工程由甲公司承包，甲公司山西分公司将案涉标段分包给乙公司，被告高某在施工合同书上乙公司负责人处签字，高某与乙公司签订有挂靠经营责任合同，被告高某后又将该工程承包给被告陈某。原判令陈某赔偿李某各项损失共计 461890 元，高某、乙公司对上述款项承担连带责任。

【抗诉观点与再审结果】

检察机关抗诉认为：原审判决适用法律确有错误。

第一，原审依照《最高人民法院关于审理人身损害赔偿案件适用法律若干问题的解释》第 11 条第 1 款判决陈某赔偿李某系适用法律错误。根据该条规定，“雇员在从事雇佣活动中受到人身损害，雇主应当承担赔偿责任。雇佣关系以外的第三人造成雇员人身损害的，赔偿权利人可以请求第三人承担赔偿责任，也可以请求雇主承担赔偿责任。雇主承担赔偿责任后，可以向第三人追偿”，明确了雇主与第三人之间为不真正连带责任，给予了受害人和赔偿权利人一种诉权选择。即雇员可以直接向第三人主张赔偿，也可以请求雇主赔偿，雇主与第三人任何一方承担赔偿责任后均会导致损害赔偿请求权消灭，雇员不能获得双重赔偿。本案中，李某作为赔偿权利人在刑事案件审理过程中选择向终极责任人即加害人主张权利，刑事附带民事判决已对造成李某损害的赔偿责任人和赔偿数额作出判决，且该判决已生效，此时，其对陈某的赔偿请求权消灭，即李某不能就同一损害再次向陈某主张权利。否则，李某在法律上会得到双重赔偿，不仅违反公平原则，也违背立法本意。原审判决事实上造成李某获得双重赔偿，而陈某追偿权因刑事附带民事生效判决而灭失，导致陈某向终极责任人追偿无据，显失公平，显然错误。

第二，原审法院依照《最高人民法院关于审理人身损害赔偿案件适用法律若干问题的解释》第 11 条第 2 款判决高某承担连带责任系适用法律错误。“雇员在从事雇佣活动中因安全生产事故遭受人身损害，发包人、分包人知道或者应当知道接受发包或者分包业务的雇主没有相应资质或者安全生产条件的，应当与雇主承担连带赔偿责任”，明确了雇员从事雇佣活动中只有因安全生产事故遭受人身损害时，发包人、分包人才承担过错责任。该条款的依据是《安全生产法》第 16 条“生产经营单位应当具备本法和有关法律、行政法规和国家标准或者行业规定的安全生产条件；不具备生产条件的，不得从事生产经营活动”，第 86 条“生产经营单位将生产经营项目、场所、设备发包或者出租给不具备安全生产条件或者相应资质的新人单位或者个人的……”；《建筑法》第 22 条“建筑工程实行直接发包的，发包单位应当……”，第 29 条“建筑工程总承包单位……”。由此可见，条款中的“发包人”“分包人”应当是单位，且承担的是安全责任。本案中，李某人身遭受损害系与他人互殴导致，并非因安全生产事故造成，且高某属自然人并非单位。原审判决高某承担连带责任适用法律错误。

再审裁判认为：本案再审的争议焦点为：第一，陈某与李某之间法律关系的认定；第二，李某在雇佣活动中因雇佣关系外的第三人造成的人身损害，在请求第三人赔偿得到支持后，诉请第三人之外的陈某、高某等承担赔偿责任是否成立。

第一，陈某与李某之间法律关系的认定。首先，依据《最高人民法院关于适用〈中华人民共和国民事诉讼法〉的解释》第 388 条的规定，再审新证据是指在原审庭审结束前已经存在，因客观原因于庭审结束后才发现的；在原审庭审结束前已经发现，但因客观原因无法取得或者在规定的期限内不能提供的；在原审庭审结束后形成，无法据此另行提起诉讼的。显然，陈某再审提交的相关证据材料及贺某的证人证言，不符合《最高人民法院关于适用〈中华人民共和国民事诉讼法〉的解释》第388条规定的“新证据”的情形。陈某据上述证据主张其与李某之间是合伙关系难以认定，并且检察机关并未提出双方法律关系认定有误的抗诉意见，依据《最高人民法院关于适用〈中华人民共和国民事诉讼法〉审判监督程序若干问题的解释》第33条“人民法院应当在具体的再审请求范围内或在抗诉支持当事人请求的范围内审理再审案件”的规定，关于陈某与李某之间系合伙关系的主张不予支持。

第二，李某在雇佣活动中因雇佣关系外的第三人造成人身损害，在请求第三人赔偿且已经刑事判决确定由第三人向其进行赔偿的情形下，李某诉请第三人之外的陈某、高某等承担赔偿责任是否成立。该院再审审理认为，《最高人民法院关于审理人身损害赔偿案件适用法律若干问题的解释》第11条第1款规定涉及的是不真正连带之债，即雇员在从事雇佣活动中受到雇佣关系以外的第三人侵害，侵权的第三人与雇主对外承担连带责任，对内则由侵权的第三人即终局责任人承担全部赔偿责任。赔偿权利人可以请求第三人和雇主共同承担连带赔偿责任，也可以分别基于侵权关系请求第三人承担赔偿责任或者基于雇佣关系请求雇主承担赔偿责任。两者责任的原因一是基于侵权，二是基于雇佣关系。发生原因虽不同，但给付对象、给付内容一致。按照不真正连带之债的原理，其中一个责任人承担责任后，赔偿权利人的请求权获得满足，实体权利已经得到保护，赔偿权利人不能就同一损害再向另一责任人主张权利，即赔偿权利人不能获得双重赔偿。就本案而言，李某的损害即属于雇佣关系以外第三人宋某等人造成的雇员人身损害，陈某、高某等人与损害结果之间不存在因果关系。第三人宋某等人是直接的侵权人，对于李某的损害应当承担全部赔偿责任。法律赋予了赔偿权利人李某诉权选择权，李某选择向第三人即承担终局赔偿责任的侵权人宋某等人主张承担赔偿责任。刑事附带民事判决判令宋某等人承担赔偿责任，即应视为李某的赔偿请求权得以实现。

李某不能就同一损害事实另行要求陈某、高某等人赔偿损失。因此，被申诉人李某要求陈某、高某等承担赔偿责任的诉讼请求没有法律依据，不能成立，法院不予支持。故原审判决适用《最高人民法院关于审理人身损害赔偿案件适用法律若干问题的解释》第11条第1款，判令承担责任的侵权第三人之外的陈某、高某等承担赔偿责任，属于《最高人民法院关于适用〈中华人民共和国民事诉讼法〉审判监督程序若干问题的解释》第13条第2项“确定民事责任明显违背当事人约定或者法律规定的”、第6项“明显违背立法本意的”“适用法律确有错误”的情形。

【审查思路】

本案是较为典型的确定民事责任违反法律规定的情形，交织了雇主责任和分包人责任。第一，在结果上，造成了赔偿权利人得到了双重赔偿，获得了两份内容重叠的赔偿判决。第二，关于高某的雇主责任，赔偿权利人只能在实际侵权人和雇主之间择一主张。雇员在从事雇佣活动中受到雇佣关系以外的第三人侵害，赔偿权利人可以请求第三人承担赔偿责任，也可以请求雇主承担赔偿责任，一名责任人承担责任后，赔偿权利人的请求权获得满足，实体权利已经得到保护，赔偿权利人不能就同一损害再向另一责任人主张权利。第三，关于乙公司的分包人责任。雇员在从事雇佣活动中因安全生产事故遭受人身损害，发包人、分包人知道或者应当知道接受发包或者分包业务的雇主没有相应资质或者安全生产条件的，应当与雇主承担连带赔偿责任，明确了雇员从事雇佣活动中只有因“安全生产事故”遭受人身损害时，发包人、分包人负过错责任，发包人、分包人才承担连带赔偿责任。

【案例2】经营者是否告知“无免费行李托运额度”的举证责任分配——北京市高级人民法院（2022）京民再64号民事判决：甲公司系A网站的运营商。2018年1月4日，叶某通过A网站购买1月6日从天津飞往广州的机票，订单截图显示内容有：出票成功，2018 年 1 月 6 日从天津飞往广州的经济舱机票，时间、航班号、联系电话及总价。航班信息下方有一行字，内容为：成人无免费行李托运额度，仅限重量不超过 7kg 等。叶某认为，甲公司仅在订单详情页面上提示无免费托运行李信息，但未在预订界面告知其相关情况，导致其在登机前支付了逾重行李费 112 元，有行李票票据为证。对此，甲公司不予认可，提交了后台调取的涉案订单界面截图，显示特殊票务说明：无免费行李托运额度，仅限重量不超过 7kg 且体积不超过……

叶某为证明甲公司预订界面没有提示无免费行李托运额度情况，提交其在 A 网站预订 2 月 20 日从天津飞往广州的经济舱机票（航班号相同）时的网页截图，显示内容有：订单总额，特殊票务说明：手提行李：1 件，7kg，20cm×30cm×40cm；托运行李：15kg（托运＋手提总重量）；婴儿票行李：无免费托运行李，可以免费托运一个便携性婴儿车，尺寸及重量以现场工作人员告知为准；行李额度和餐食可以联系航司 400－105－××××追加购买。飞机上不提供免费餐食。叶某为公证该预订界面支付了 800 元公证费。

原审第三人乙航空公司主张其为廉价航空，其在官网上公示可根据旅客实际需求提供差异化服务（包括无免费托运行李）并已完成报备；并且提交出票端口记录截图，以证明其通过 OTA 平台向手机号尾号为 5042 的用户发送了提示信息，内容包括：无免费托运行李，可带入机舱的手提行李总重不超过 7kg，尺寸不超过 20cm×30cm×40cm。叶某对此予以认可。

叶某提起诉讼，请求甲公司支付叶某因甲公司（居间人）未尽告知义务而蒙受的损失 112 元；甲公司支付维权费用（网页取证公证费）800 元。

法院原审认为：本案是网络服务合同纠纷，争议焦点为甲公司提供机票销售服务过程中是否履行了如实展示客票信息的义务，是否应当承担相应责任。依据《最高人民法院关于适用〈中华人民共和国民事

诉讼法〉的解释》第90条规定，当事人对自己提出的诉讼请求所依据的事实或者反驳对方诉讼请求所依据的事实，应当提供证据加以证明，但法律另有规定的除外。叶某认为甲公司在其下单购票的过程中未提示该笔机票订单“无免费行李托运额度”，其提供的2019年2月20日同航班预订信息能证明该时间点之前甲公司的机票预订页面均未对“无免费行李托运额度”进行提示。但是从查明的事实看，该证据显示的特殊票务说明里恰恰提示了托运信息“托运行李：15kg（托运+手提总重量）”，且乙航空提交的情况说明和出票记录再次印证了2019年2月20日同航班的实际信息与甲公司展示的预订信息一致，上述证据能够相互佐证，形成完整的证据链，证明该航班包含有免费托运行李额度。2018年1月4日的涉诉航班与2019年2月20日预订航班虽然航班号相同，但航班价格和托运政策亦不相同，该证据无法证实叶某主张的2019年2月20日之前，甲公司提供的预订信息里无免费行李托运额度提示的事实。

关于涉案航班的预订信息为要约信息，应当由电子服务合同的提供者甲公司提供的主张。与传统的服务信息发布模式不同，电子服务提供者通过网站自动发布的服务信息具有互动性，即预先设定程序指令、算法、运行参数及条件与相对方交互信息，最终生成订单信息作为双方电子合同的凭证。如果在已有电子订单情况下，再将预订过程中的每一个交互页面都予以保存一并作为合同条款，既抬高了交易成本，也不符合网站经营的实际情况。本案中，甲公司提供了交易订单的信息，不存在违反《电子商务法》第62条的情形。实践中，确有电子合同管控方利用存证时间差变更电子订单的情形，但双方发生纠纷后，由主张电子合同发生变更的消费者承担初步证明责任，是符合“谁主张、谁举证”的基本举证原则的。具体到本案，叶某主张订单信息非预订信息，并提供了2019年2月20日相同航班的预订信息，乙航空运输总条件、《通知》以及网友对乙航空除机票外另行购买行李票的相关评论等证明，可上述证据均无法证实甲公司展示的航班信息“无免费行李托运额度提示”的事实。综上，一审对证据责任的分配并无不当，叶某对自己主张的事实未提供证据予以佐证，不符合《最高人民法院关于适用〈中华人民共和国民事诉讼法〉的解释》第94条规定，不予支持。

【抗诉观点与再审结果】

检察机关抗诉认为：原审判决适用法律确有错误。

第一，“无免费托运行李额度”条款属于格式条款，甲公司作为提供格式条款的一方应对已尽合理提示义务承担举证责任。本案中“无免费托运行李额度”的条款为航空公司预先拟定并在A网站平台发布而未与消费者协商的条款，符合格式条款的属性，应当认定为格式条款。该条款免除了航空公司免费托运行李的责任，根据《合同法》第39条第1款[①]规定，应当由提供格式条款一方采取合理方式提示。依据《最高人民法院关于适用〈中华人民共和国合同法〉若干问题的解释（二）》（已失效）第6条第2款规定，提供格式条款一方对已尽合理提示及说明义务承担举证责任。故甲公司作为A网站的运营商应当对已尽合理提示义务承担举证责任。

第二，原审以交易成本等为由认为甲公司仅提供电子订单而无须提供预订信息，并将“订单信息非预订信息”的举证责任分配给叶某，举证责任分配有误。首先，甲公司应对在预订信息中已尽合理提示义务承担举证责任。依据《最高人民法院关于适用〈中华人民共和国合同法〉若干问题的解释（二）》第6条第1款规定，“采取合理的方式”是指在合同订立时，即在合同的磋商过程中，非合同签订后。与传统的交易模式不同，电子商务合同的订立通常是由电子商务经营者发布商品或者服务信息，由用户选择该商品或者服务并提交订单成功后，合同成立。因此，电子商务交易中，“合同签订时”的合理提示应当指电子商务经营者在发布商品或者服务信息中也就是预订信息中进行提示，而订单信息属于合同成立后的信息，原审法院认为甲公司仅需提供订单信息不符合上述司法解释在“订立合同时”予以提示的规定，甲公司作为

---

① 现行《民法典》第496条。——编者注

提供格式条款的一方并未完成对“订立合同时”已尽合理提示义务的举证。其次，甲公司作为电子商务经营者有提供交易记录的义务，原审认为甲公司“提供了交易订单的信息、不存在违反《电子商务法》第62条的情形”依据不足。依据《电子商务法》第62条规定，在电子商务争议处理中，电子商务经营者应当提供原始合同和交易记录。关于“交易记录”是否包括预订信息，原审法院认为要求电子商务经营者“在已有电子订单情况下，再将预订过程中的每一个交互页面都予以保存一并作为合同条款，既抬高了交易成本，也不符合网站经营的实际情况”。但依据《网络交易管理办法》第30条规定，第三方交易平台经营者应当审查、记录、保存在其平台上发布的商品和服务信息内容及其发布时间，即保存“发布的商品和服务信息内容”是交易平台经营者的义务。同时，依据《电子商务法》第49条规定，电子商务经营者发布的商品或者服务信息符合要约条件的视为要约。故其将直接影响消费者的知情权及选择权，也关乎合同的内容和效力，因此对于平台交易，即使在已有电子订单的情况下，保存消费者下单前的商品或服务信息即预订信息是还原交易过程的必要内容，理应属于交易记录的范畴，且预订信息并非要求保存“预定过程中的每一个交互页面”，而是消费者提交订单前的最后一个交互界面。原审法院将交易记录等同于订单信息并以交易成本等为由认为，甲公司“提供了交易订单的信息，不存在违反《电子商务法》第62条的情形”依据不足，与《电子商务法》《网络交易管理办法》的相关规定不符，不利于平台交易纠纷的处理。

第三，原审法院认为，叶某应当对“订单信息非预订信息”承担初步证明责任违背了应当由“提供格式条款一方对已尽合理提示及说明义务承担举证责任”的规定，也脱离了消费者在平台交易中的实际举证能力。如前所述，甲公司作为提供格式条款一方应对已尽合理提示及说明义务承担举证责任。同时，从客观情况来看，判断订单信息与预订信息是否一致，基本的举证应为提供订单信息及预订信息。只有提供预订信息才能对比与订单信息是否一致，从而判断甲公司是否尽了合理提示义务。本案中，叶某作为平台交易的消费者，通常情况下，其只可能持有生成订单的信息，且其在诉讼中已经提交，而对于尚未生成订单前的预订信息即浏览商品过程中页面所展示的信息，消费者无法掌握也难以重现。原审法院认为叶某应当承担初步的举证责任，要求其对甲公司展示的航班信息“无免费行李托运额度提示”的事实进行举证，对于叶某作为消费者是客观上无法完成之行为，远远超出了叶某的客观举证能力。反观甲公司作为电子商务经营者具有保存和提供交易记录的能力和义务，且与本案同时期的案件中，甲公司亦提交过预订界面相关电子证据，如北京互联网法院（2018）京0491民初1636号杨某与甲公司（2018年12月28日）网络服务合同纠纷案中，甲公司提供了其调取的“机票数据平台”系统中的订单日志，详细展示了特定期间消费者搜索点击页面、下单的全过程以及相应操作页面的提示情况；又如北京市海淀区人民法院（2017）京0108民初12599号杨某某与甲公司服务合同纠纷案中，甲公司提供了《合单产品增加过境签提示功能》的上线日志，证明提示了过境签的详情。因此，无论是从法律赋予的举证义务看还是从双方的举证能力看，原审法院举证责任分配都不当。

第四，电子商务作为新兴产业，有别于传统的交易模式，相关的交易信息往往由平台经营者所保存和掌握。当发生争议后，消费者的举证能力十分有限。电子商务法在均衡保障的前提下，适当加重了电子商务经营者特别是第三方平台的责任，加强了对电子商务消费者的保护力度，如在电子商务争议处理中赋予了电子商务经营者提供原始合同和交易记录的义务。在司法实践中，应当结合电子商务的特殊性，从双方的实际举证能力和有利于查清案件事实的角度出发，正确把握“交易记录”的范围，合理分配举证责任，依法保护电子商务各方的合法权益。

【审查思路】

本案的案件事实相对简单，举证责任分配是核心问题，加之本案的案由是网络服务合同纠纷，可以说，本案是一个非常典型又比较前沿的适合探讨举证责任分配的案例，案例的抗诉理由和再审理由都非常精彩，值得详细进行分析，也凸显得原审的思路相对简单了。

一审、二审均将举证责任分配给了叶某，认为叶某应当证明甲公司未如实、全面展示客票内容，而叶某未能证明，应当承担举证不能的后果。

在第一个抗诉理由中，检察机关认为原审只关注到了消费者应当证明“无免费托运行李额度”条款，而未关注到经营者应当对于其尽到合理提示及说明义务承担举证责任。检察机关在抗诉理由中论述，由于提示说明义务应当在合同磋商过程中完成，也就是经营者应当对在订单信息中进行了提示说明承担举证责任，否则应当认定为经营者未就格式合同条款进行合理提示和说明，影响格式合同条款的效力——这一分析路径是原审完全没有考虑到的。

在第二个抗诉理由中，检察机关认为，由于平台经营者发布的商品或服务信息符合要约条件的视为要约，涉及双方权利义务的确定，应当属于应当由经营者提供的“交易记录”的范围，虽然不包括每一个交互页面，但是应当包括消费者提交订单前的最后一个交互页面。

在第三个抗诉理由中，检察机关从不对等的双方的证明能力进行了分析，消费者客观上无法提供的证据，对经营者来说恰恰是具有能力和义务能提供而未提供的。

最后一个抗诉理由，检察机关就网络服务领域法律适用问题进行了类型化的升华，是契合法律监督职能的范本，提示法院在审判类案时，应当注意网络服务领域的特殊性，合理分配举证责任，才能尽可能地查明案件事实。

总体来说，检察机关的前述抗诉理由体现了两大思路：一是传统民法与前沿问题结合的思路；二是个案与类案的思路。一方面，检察机关的抗诉理由将传统民法理论，如提供格式合同条款一方的说明提示义务（包括阶段）、要约与承诺等内容，融合于电子商务法的前沿规定，值得借鉴，电子商务法虽前沿，但依然不能彻底抛弃传统民法理论的分析路径，否则难以自圆其说，容易出现漏洞；另一方面，不仅止于分析个案，还提出了类案的提示，将法律监督职能履行得较为透彻（唯一不足的是电子商务法的适用，涉案机票预订行为发生在2018年1月4日，电子商务法自2019年1月1日起施行，此一问题值得注意）。

法院再审认为，《最高人民法院关于适用〈中华人民共和国民法典〉时间效力的若干规定》第1条第2款规定："民法典施行前的法律事实引起的民事纠纷案件，适用当时的法律、司法解释的规定，但是法律、司法解释另有规定的除外。"叶某购买涉案机票的行为发生在2018年，本案实体法应当适用当时的法律即合同法及相关司法解释的规定。

叶某主张甲公司未尽告知义务致其遭受损失，而向北京互联网法院提起诉讼，要求甲公司支付其损失112元、维权费用800元。在起诉状中，叶某明确将甲公司标注为"居间人"；一审庭审过程中，叶某亦提出居间合同法律关系的主张；在再审庭审中，针对法院要求其明确提起本案诉讼所依据的实体法律依据时，叶某明确其提起本案诉讼的法律依据是《合同法》第425条，即"居间人应当就有关订立合同的事项向委托人如实报告。居间人故意隐瞒与订立合同有关的重要事实或者提供虚假情况，损害委托人利益的，不得要求支付报酬并应当承担损害赔偿责任"。但是，本案中并无证据证明叶某与甲公司签订过书面的居间合同。《合同法》第424条规定："居间合同是居间人向委托人报告订立合同的机会或者提供订立合同的媒介服务，委托人支付报酬的合同。"根据各方当事人再审期间补充提交的证据，叶某就涉案机票合计付款529元，在该款项流转过程中，虽然涉及多个主体，但最终全额支付给了涉案航班的实际承运人乙航空。叶某除支付涉案机票票款外，并未额外支付居间合同法律关系成立所必需的居间报酬。因此，根据《合同法》第424条规定，叶某与甲公司之间不存在居间合同法律关系，叶某基于居间合同法律关系请求甲公司承担赔偿责任，缺乏事实和法律依据。

根据《最高人民法院关于适用〈中华人民共和国民事诉讼法〉的解释》第403条第1款的规定，人民法院审理再审案件应当围绕再审请求进行。从本案再审审理过程看，叶某的诉讼请求并非仅仅限于居间合同法律关系，其亦不排除其他法律关系的存在；一审、二审法院均按照网络服务合同法律关系审理本案，各方当事人就此均未提出异议。本案中，叶某的再审请求为“（1）撤销本案一审、二审判决；（2）判令甲公司支付叶某经济损失112元、维权费用800元；（3）一审、二审案件受理费由甲公司负担”；甲公司在再审期间亦坚持认为，其与叶某之间是网络服务合同法律关系而非居间合同法律关系，因此，本案的审理不应局限于叶某在再审期间才提出的居间法律关系，而是应当围绕叶某的诉讼请求是否成立展开。

根据在案证据，叶某在甲公司经营的A网站购买了乙航空运营的某航班机票，虽然作为旅客的叶某与作为承运人的乙航空之间的运输合同并不能在互联网上履行、叶某与乙航空之间是运输合同而非网络服务合同关系，但就叶某与甲公司的法律关系而言，从提供航班信息到协助完成运输合同订立和机票价款支付，甲公司提供服务的全过程都是在互联网上完成的，叶某是网络服务的接受者，甲公司是网络服务的提供者，二者之间一系列法律关系的“签订、履行行为均在互联网上完成”，叶某与甲公司之间是网络服务合同法律关系。事实上，一审法院也正是基于这一法律关系和《最高人民法院关于互联网法院审理案件若干问题的规定》第2条第1项的规定，受理了叶某的起诉，各方当事人在一审、二审期间对此也均未提出异议。因此，应当在叶某与甲公司之间存在网络服务合同法律关系的基础上，审查确定叶某的再审请求是否成立。

本案中，作为促成旅客与承运人订立运输合同的第三方交易平台经营者，甲公司应当遵循诚实信用原则，在网络服务提供过程中向网络服务的接受者即网络用户，提供订立运输合同有关的重要事实。而关于运输合同尤其是客运合同，《合同法》第288条规定："运输合同是承运人将旅客或者货物从起运地点运输到约定地点，旅客、托运人或者收货人支付票款或者运输费用的合同。"第292条规定："旅客、托运人或者收货人应当支付票款或者运输费用。承运人未按照约定路线或者通常路线运输增加票款或者运输费用的，旅客、托运人或者收货人可以拒绝支付增加部分的票款或者运输费用。"第296条规定："旅客在运输中应当按照约定的限量携带行李。超过限量携带行李的，应当办理托运手续。"因此，在客运合同中，票款或者运输费用、旅客携带行李限量、行李托运要求等事项，均属于与运输合同订立有关的重要事项。第三方交易平台经营者作为网络服务提供者，在促成旅客与承运人订立运输合同时，应当根据《合同法》第6条的规定，遵循诚实信用原则，向包括网络用户在内的运输合同潜在交易主体全面、准确、及时地告知相关信息，未履行告知义务的，即构成《合同法》第107规定的"不履行合同义务或者履行合同义务不符合约定的"情形，由此给合同相对人造成损失的，应当承担赔偿损失等违约责任。

如上，再审判决在抗诉理由的基础上，笔者又分析了客运合同中旅客携带行李限量、行李托运要求等事项属于订立合同的重要事项——结合检察机关的抗诉理由分析，举证责任分配从来不是一个单纯的程序问题——在每一个特色鲜明的个案中，都有不同的要求。

《民事诉讼法》第68条第1款规定："当事人对自己提出的主张应当及时提供证据。"但该条第2款同时规定："人民法院根据当事人的主张和案件审理情况，确定当事人应当提供的证据及其期限。"本案中，叶某主张甲公司未在预订界面提醒其无免费行李托运额度。一方面，作为普通的网络用户，叶某不可能在纠纷发生前，预先保存所有的网络交易信息；即使是网站的经营者，甲公司在一审庭审中也明确表示，该公司未保留2018年1月4日叶某购票过程中的提示信息，因此，要求叶某在诉讼过程中重现甲公司网站过去某个时间点的特定信息，不符合举证责任分配的基本规则；另一方面，原国家工商行政管理总局2014年1月26日公布、2015年3月15日起施行的《网络交易管理办法》第30条规定：“第三方交易平台经营者应当审查、记录、保存在其平台上发布的商品和服务信息内容及其发布时间。平台内经营者的营业执照或者个人真实身份信息记录保存时间从经营者在平台的登记注销之日起不少于两年，交易记录等其他信息记录备份保存时间从交易完成之日起不少于两年。”显然，根据本案纠纷发生时施行的部门规章，作为第三方交易平台经营者的甲公司，有义务对在其经营的A网站上发布的商品和服务信息内容及其发布时间加以审查、记录和保存。作为国内规模较大的第三方交易平台经营者，甲公司在依法依规经营的前提下，完全有能力提供证据证明其是否已在涉案机票预订界面提醒网络用户涉案航班无免费行李托运额度。在前述情形下，一审、二审法院将举证责任分配给叶某，要求叶某就其主张的过去的消费事实进行举证，明显错误，再审予以纠正。

再审法院没有使用传统民法理论的格式条款、要约理论进行分析，直接援引了部门规章，虽不如抗诉理由一般侧重理论依据，但也简单直接准确，认为预订界面的提醒属于交易记录，经营者应当在合理期间内保存并提供，确认了与抗诉理由相同的举证责任分配。

综上所述，根据本案法律关系的性质、各方当事人的诉辩主张以及行业规范和举证能力，应当由甲公司对其是否已经在机票预订界面提示网络用户涉案航班无免费行李托运额度进行举证。如甲公司不能对此举证加以证明，则应当认定叶某的相关事实主张成立。而截至本案再审时，甲公司仅就运输合同订立后相关订单信息进行了举证，并未证明其在运输合同订立前就已告知叶某涉案航班无免费行李托运额度，但订单信息非预订信息，甲公司提供的在案证据不足以证明其在网络服务合同履行过程中已尽到了告知义务的事实主张，因此，甲公司应当按照《合同法》第6条、第107条的规定，向叶某承担赔偿责任。就具体损失数额而言，叶某为乘坐涉案航班而另行支付的行李托运费用，与甲公司未能充分有效地履行告知义务具有直接的关联关系，应当作为叶某的损失加以认定；叶某在本案诉讼中，为举证而支付的公证费用亦具有合理性、正当性，应在本案中作为叶某的损失加以认定，上述费用合计912元。

综观本案，乙航空向旅客提供差异化服务并已向中国民用航空局备案，这属于航空运输企业正常业务范畴，亦不是本案争议之所在。但正是由于航空运输服务内容存在差异，且网络用户是通过第三方交易平台的信息中介、费用代收等网络服务最终与航空运输企业订立运输合同，运输合同的订立是在第三方交易平台上完成的，因此，为了保障网络用户在订立运输合同前享有充分的知情权和选择权，诚实信用地履行网络服务合同的全部合同义务，第三方交易平台在向网络用户提供相关信息和服务时，就应当以显著、清晰、明确且易识别的方式对即将订立的运输合同的重要条款内容向网络用户作出提示，避免网络用户对运输合同具体内容产生误解。虽然差异化航空运输票价通常较低，经常接受此类服务的旅客可能知晓差异化航空运输服务的具体内容，但不能因此而推定所有网络用户在通过第三方交易平台与运输企业订立运输合同时都知晓并自愿接受该差异化服务的合同条款，因此，强调第三方交易平台事先的提示告知义务，既是有效避免类似本案这样的纠纷发生的有效方法，更是平台经营者全面准确、诚实信用地履行网络服务合同的必然要求。而在纠纷发生后，对于平台经营者是否已经尽到事先提示告知义务的待证事实，由平台经营者加以举证证明，这既是由其相较于网络用户更容易收集、保存证据的举证能力决定的，更是由以最小成本实现最大社会福利的成本效益原则决定的，符合民法典所倡导的民事主体从事民事活动“应当有利于节约资源”的基本价值追求。

（二）确定民事责任明显违背当事人约定

【案例1】定金与预付款——四川省成都市中级人民法院（2018）川01民再49号民事判决：2015年9月7日，王某就婚庆事宜与某工作室进行初步协商，约定由某工作室为其提供婚庆服务，王某于同日支付了1000元策划费。2015年9月13日，某工作室为王某提供婚庆策划报价单，约定整个婚庆服务价款为19000元，王某支付了定金7600元（其中1000元由前期的策划费转入）。之后，王某与某工作室通过电子邮件、微信等方式持续对婚庆策划细节进行协商和修改。2015年9月28日，王某因自身婚期变化到某工作室要求退款，后双方因退款不能达成一致发生纠纷。原审判令某工作室向王某返还婚庆筹划服务费6600元。

【抗诉观点与再审结果】

检察机关抗诉认为：原审认定某工作室违约，明显与查明事实不符；将婚庆定金认定为预付款，缺乏证据证明；以预付款性质判令某工作室返还案涉款项，适用法律亦有错误。

第一，原审认定某工作室违约，缺乏证据证明。起诉状和庭审中，王某明确陈述“原告因患病需检查治疗，原定于10月24日的婚礼可能会延期。9月28日原告母亲找寻被告协商，要求取消婚庆策划”。依据《最高人民法院关于适用〈中华人民共和国民事诉讼法〉的解释》第92条“一方当事人在法庭审理中，或者在起诉状、答辩状、代理词等书面材料中，对于已不利的事实明确表示承认的，另一方当事人无需举证证明”的规定，民事起诉状及庭审笔录中记载的王某陈述系王某自认，证明了婚庆筹划的取消系王某一方的原因导致，而非某工作室的策划服务行为存在违约所致，该事实亦经原审裁定“王某因故取消婚礼，并告知了某工作室”所确认。依照《民事诉讼法》第75条“人民法院对当事人的陈述，应当结合本案的其他证据，审查认定能否作为认定事实的根据”规定，原审仅依据王某在庭审中“某工作室除完成婚庆方案设计项目外，再未进行过其他策划服务工作”的陈述，便认定某工作室构成违约，明显缺乏证据支持，实属错误。

第二，原审将案涉6600元认定为预付款，适用法律确有错误。首先，根据《担保法》第90条“定金应当以书面形式约定。当事人在定金合同中应当约定交付定金的期限。定金合同从实际交付定金之日起生效”，《最高人民法院关于适用〈中华人民共和国民事诉讼法〉的解释》第388条“有下列情形之一，导致判决、裁定结果错误的，应当认定为民事诉讼法第二百条第六项规定的原判决、裁定适用法律确有错误……（二）确定民事责任明显违背当事人约定或者法律规定的……”规定，本案中，双方在履行合同的过程中，王某作为完全民事行为能力人向某工作室支付人民币6600元，某工作室向王某出具收据，明确载明该款为“2015年10月24日婚庆定金”，王某提交的民事诉讼状中亦是请求判决双倍返还定金，由此可见，合同双方对案涉款项为定金性质并无异议，故某工作室与王某之间的定金合同依法成立并生效。原审仅依据王某庭审中单方面主张案涉款项为预付款的言词证据，便否定了收据中明确载明为“定金”的原始书面证据，不仅违背了证据优势原则，也违背了当事人约定。即使依照《担保法》第91条“定金的数额由当事人约定，但不得超过主合同的百分之二十”规定，案涉定金6600元虽超过了法定20%的规定，但亦不能否定案涉款项为定金的性质。其次，根据《担保法》第89条“当事人可以约定一方向对方给付定金作为债权的担保。债务人履行债务后，定金应当抵作价款或者收回。给付定金的一方不履行约定的债务的，无权要求返还定金；收受定金的一方不履行约定的债务的，应当双倍返还定金”的规定，本案中，王某在履行合同中存在违约行为，依法其无权要求返还3800元的定金，原审将案涉款项错误认定为预付款，从而判决某工作室返还王某6600元，适用法律明显错误。

再审裁判认为：第一，关于婚庆服务合同是否成立。《最高人民法院关于适用〈中华人民共和国合同法〉若干问题的解释（二）》第1条规定，当事人对合同是否成立存在争议的，能够确认当事人名称、标的和数量的，应认定合同成立。某工作室与王某虽然对婚庆策划细节还在协商中，但当事人双方是明确的，同时约定由某工作室为王某提供婚庆服务的标的也是明确的，因此双方的婚庆服务合同成立，该合同自成立起生效。

第二，违约责任的承担。合同生效后，双方多次就婚庆筹办细节进行协商，某工作室也按照王某提出的要求进行修改并反馈对方，合同处于正常履行过程中。王某由于自身婚期发生变化单方提出不能继续履行合同，已构成违约。王某称某工作室未对其提出的修改意见进行修改以及迟迟不提供合同，主张某工作室违约，与本院查明的事实不符，法院不予支持。

第三，定金的性质及返还。双方当事人对王某交纳的7600元属于定金无异议，但王某认为系订约定金，某工作室认为系履约定金。由于该定金是在合同履行过程中产生的，在王某没有其他证据证明该定金系为订约交纳的情况下，法院认定王某交纳的7600元为履约定金。由于违约责任在王某一方，其要求某工作室返还定金不符合法律规定，法院不予支持。但某工作室收取的定金超过了合同标的额的20%，违反了法律规定，对其多收收部分即3800元应返还王某。综上，检察机关的抗诉理由成立，一审法院认定事实部分有误，适用法律不当，导致判决结果错误，应予纠正。

【审查思路】

本案中，原审认为根据王某陈述，某工作室除完成婚庆设计项目外，未再进行其他策划服务，因为某工作室未到庭参加诉讼，视为放弃抗辩，故确认王某的主张，某工作室的行为构成违约，令某工作室返还预付款6600元。关于责任承担的两个关键节点是违约方的确定和付款的性质，一定程度上，由于某工作室在原一审中未到庭，对事实查明确实存在不利因素。但是，王某在起诉状、庭审陈述中均陈述由于其自身治疗原因导致婚礼需延期，故而要求取消婚礼策划，以及王某提供的收条载明所付款项为“定金”，还是能够查明案件事实的，案件事实的不同认定直接导致责任确定的不同。

【案例2】担保人配偶的责任与不尽相同的裁判——宁夏回族自治区银川市中级人民法院（2020）宁01民再76号民事判决：2017年9月26日，某信贷中心与王某、杜某以及案外人李某签订个人借款合同，约定：王某以购进餐具经营为由向某信贷中心借款30万元；杜某及案外人李某分别为王某借款保证担保，保证方式为连带责任保证，保证期间自借款履行期限届满之日起两年。2017年9月25日，蒋某提供结婚证，以杜某的配偶身份与某信贷中心签署同意执行共同财产承诺函，约定在发生保证人依法承担保证责任时，放弃基于共同财产执行的抗辩权利，对杜某担保的债务承担共同清偿责任。2017年9月26日，某信贷中心向王某提供借款30万元，王某在偿还了本金171520.43元及利息19564.78元（共计191085.21元）后，自2018年5月21日起再未偿还借款。其中，案外人李某代借款人王某偿还部分借款后，某信贷中心报请上级单位批准同意免除案外人李某的保证责任。截至2018年7月19日，王某尚欠借款本金128479.57元、利息3852.25元未予偿还，该笔贷款经某信贷中心催收未果，引起本案诉讼。某信贷中心请求判令蒋某在其与杜某的共同财产的范围内对上述债务承担清偿责任。

【抗诉观点与再审结果】

一审法院判决：被告王某于判决生效后十日内偿还原告某信贷中心借款本金、利息、逾期利息；被告杜某对上述借款承担连带清偿责任，承担保证责任后，有权向债务人王某追偿；被告蒋某对杜某所负上述担保债务在夫妻共同财产范围内承担清偿责任，蒋某承担清偿责任后，有权向债务人王某追偿。

检察机关抗诉认为：原审判决适用法律错误，违反法律规定送达，剥夺了当事人的辩论权利。第一，法院判决蒋某对杜某所负的担保债务在夫妻共同财产范围内承担清偿责任，系适用法律错误。蒋某不是本案借款合同的借款人和保证人，其虽与某信贷中心签订了同意执行共同财产承诺函，但该承诺函未载明其愿意与杜某共同为该笔借款提供保证担保，也未载明其认可杜某的保证债务为夫妻共同债务。蒋某在承诺函中承诺的是杜某作为保证人承担保证责任时，其放弃基于共同财产共有人对执行标的提出执行异议的权利。该承诺仅是放弃权利而非设定义务。法院依据《最高人民法院关于审理涉及夫妻债务纠纷案件适用法律有关问题的解释》第1条的规定，按照夫妻共同债务判决蒋某对杜某所负担保债务在夫妻共同财产范围内承担清偿责任，属于确定民事责任明显违背当事人约定或者法律规定的情形，适用法律错误。第二，法院违法送达，剥夺当事人辩论权利（略）。第三，本案判决有悖于同案同判的司法裁判理念，未能体现公平正义的司法价值。检察机关在审查期间，进行了类案检索，发现类案诸多截然不同的裁判。

再审裁判认为：本案争议焦点为，蒋某是否应在其与保证人杜某的夫妻共同财产范围内对债务人的债务承担清偿责任。在杜某向某信贷中心提供保证担保时，蒋某向银行出具《同意执行共同财产承诺函》，承诺在发生保证人杜某依据保证合同应当承担保证责任时，银行有权就保证人的夫妻共同财产主张权益，本人放弃基于共同财产共有人的任何抗辩权利。该承诺系蒋某的真实意思表示，合法有效。现某信贷中心主张蒋某在与保证人杜某的共同财产范围内承担清偿责任，与蒋某的上述承诺函范围相符，并未扩大到蒋某个人财产，亦非要求其承担案涉金融借款法律意义上的保证人连带清偿责任。故原审法院认定事实清楚，但蒋某并非案涉借款合同的共同保证人，原审法院赋予蒋某承担清偿责任后，有权向债务人王某追偿不当，应予纠正，将“被告蒋某对杜某所负上述担保债务在夫妻共同财产范围内承担清偿责任，蒋某承担清偿责任后，有权向债务人王某追偿”变更为“被告蒋某对杜某所负上述担保债务在夫妻共同财产范围内承担清偿责任”。

【类案检索】

【类案1】 宁夏回族自治区银川市中级人民法院（2018）宁01民终

1952 号民事判决：在某银行北塔支行起诉某商贸公司等金融借款合同纠纷一案中，同意执行共同财产承诺书载明“在发生保证人依据保证合同应当承担保证责任时，贵行有权就保证人的夫妻共同财产主张权益，本人放弃基于共同财产共有人的任何抗辩权利”。某银行北塔支行据此要求保证人的配偶与保证人在共同财产范围内对借款人的债务承担连带清偿责任。

原一审认为：同意执行共同财产承诺书并未载明保证人配偶与保证人共同为某商贸公司的借款提供保证担保，亦未载明保证人配偶同意保证人在保证合同项下的债务为夫妻共同债务，故对某银行北塔支行要求保证人配偶与保证人在共同财产范围内对某商贸公司的上述债务承担连带清偿责任的诉讼请求，该院不予支持。二审维持了一审裁判。

【类案 2】 宁夏回族自治区银川市中级人民法院（2017）宁 01 民初 505 号民事判决：该案中，保证人配偶签署的承诺函表述为“本人对保证人对某公司在某银行办理授信业务提供保证担保并签署保证合同事宜充分知悉。本人同意在发生保证人依据保证合同应当承担保证责任时，贵行有权就保证人的夫妻共同财产主张权益，本人放弃基于共同财产共有人的任何抗辩权利，特此承诺”。

法院认为：张某作为保证人纪某的配偶，在同意执行共同财产承诺函上签字，承诺“本人同意在发生保证人依据保证合同应当承担保证责任时，贵行有权就保证人的夫妻共同财产主张权益，本人放弃基于共同财产共有人的任何抗辩权利，特此承诺”，纪某对外保证所生之债务应认定为个人债务，且张某并未作为保证人签字，故对原告要求判令张某对上述借款在其与被告纪某共同财产的范围内承担连带清偿责任，不予支持。

【类案 3】 宁夏回族自治区银川市金凤区人民法院（2018）宁 0106 民初 1473 号民事判决：被告周某签订同意执行共同财产承诺函，同意在发生保证人殷某依据保证合同应当承担保证责任时，原告有权就保证人的夫妻共同财产主张权益，本人放弃基于共同财产共有人的任何抗辩权利。

法院认为：被告周某非个人借款合同的相对方，且作出的系执行共同财产承诺函，案件最终是否进入执行阶段具有不确定性，故原告主张被告周某在其与被告殷某的共同财产范围内对上述借款本息承担清偿责任的诉讼请求，不予支持。

【类案4】 宁夏回族自治区银川市金凤区人民法院（2018）宁0106民初9541号民事判决：被告杨某签订同意执行共同财产承诺函，承诺在发生保证人依据保证合同应当承担保证责任时，原告有权就保证人的夫妻共同财产主张权益，被告杨某放弃基于共同财产的任何抗辩权利。

法院认为：被告杨某虽签订了同意执行共同财产承诺函，但根据内容表述，仅能反映在被告刘某依合同承担保证责任时，原告有权就被告刘某、杨某的夫妻共同财产主张权益，并无为本案借款提供保证的意思表示，故原告请求被告杨某在其与被告刘某的共同财产范围内对债务承担连带清偿责任的诉讼请求，不予支持。

【类案5】 宁夏回族自治区银川市兴庆区人民法院（2018）宁0104民初12196号民事判决：保证人配偶签署同意执行共同财产承诺书，承诺“在发生保证人依据保证合同应当承担保证责任时，贵行有权就保证人的夫妻共同财产主张权益，本人放弃基于共同财产共有人的任何抗辩权利”。

法院认为：同意执行共同财产承诺书并未载明保证人配偶与保证人共同为借款提供保证担保，亦未载明保证人同意相关债务为夫妻共同债务，故对某银行要求保证人配偶在与保证人共同财产范围内对借款人的上述债务承担连带清偿责任的诉讼请求，不予支持。

【类案6】 宁夏回族自治区银川市兴庆区人民法院（2018）宁0104民初12435号民事判决：保证人配偶的承诺内容为“在发生保证人依据保证合同应当承担保证责任时，贵行有权就保证人的夫妻共同财产主张权益，本人放弃基于共同财产共有人的任何抗辩权利”。

法院认为：同意执行共同财产承诺书并未载明保证人配偶与保证人共同为借款人的借款提供保证担保，亦未载明保证人配偶同意保证人在保证合同、借款展期协议项下的债务为夫妻共同债务，故对某银行要求保证人配偶在夫妻共同财产范围内对出借人的上述债务承担连带清偿责任的诉讼请求，不予支持。

【类案7】最高人民法院（2021）最高法民终599号民事判决：贾某作为刘某的配偶，签署了关于同意执行共同财产的承诺函，同意刘某上述最高额保证合同的签署及履行，并愿意根据上述保证合同的约定，在发生刘某依据保证合同承担连带责任时，某银行有权处分共同财产。

最高人民法院认为：该承诺函表明承诺人同意处分质押财产，但并无在共同财产范围内承担质押担保责任的意思表示，债权人要求刘某在与贾某的夫妻共同财产范围内承担相同的质押担保责任的诉讼请求，无事实和法律依据。

【类案8】最高人民法院（2020）最高法民终670号民事判决：朱某配偶白某出具的关于同意执行共同财产的承诺函，主要内容为：白某为朱某配偶，为保证保证合同的签署和履行，承诺对朱某签署前述保证合同事宜已充分知悉，同意保证合同的签署及履行，并愿意根据该合同的约定，在发生保证人依据保证合同承担担保责任时，债权人有权处分共同财产。

最高人民法院认为：因某公司与白某、朱某分别签订保证合同，约定白某、朱某为本案借款提供连带责任保证，故某公司关于白某、朱某针对案涉借款承担连带保证责任的诉讼主张，应予支持。依据各自签订的保证合同确定保证责任，并未论及承诺函。

【类案9】最高人民法院（2020）最高法民终267号民事判决：张某的配偶姜某签署关于同意执行共同财产的承诺函，载明姜某对其配偶张某全权签署最高额保证合同的事宜已充分知晓，姜某同意该保证合同的签署及履行，愿意根据合同约定，在发生保证人依据最高额保证合同承担保证担保责任时，债权人有权处分共同财产。

最高人民法院维持了一审关于姜某责任承担的判决：姜某非案涉债权的保证人，某银行要求其承担保证责任没有事实和法律依据，对其诉讼请求不予支持。

【类案10】最高人民法院（2019）最高法民终693号民事判决：白某作为配偶在魏某签订的保证合同附件关于同意执行共同财产的承诺函上签字，承诺愿意根据保证合同的约定，在发生保证人依据保证合同承担保证责任时，债权人有权处分共同财产。

最高人民法院维持了一审关于白某承担责任的判决：关于白某是否应当承担责任的问题，白某系作为魏某的配偶在关于同意执行共同财产的承诺函上签字，其承诺愿意在发生保证人依据保证合同承担保证责任时，债权人有权处分共同财产，并未承诺以其个人名义为合同义务承担连带清偿责任，故某银行主张白某对借款人的借款承担连带清偿责任的诉讼请求依法不予支持。

【审查思路】

1. 关于（2018）宁01民再76号民事判决的分析

第一步，聚焦关键环节：保证人为债务提供连带保证责任，保证人配偶签署同意执行共同财产承诺函，约定在保证人依法承担保证责任时，保证人配偶“放弃基于共同财产执行的抗辩权利，对保证人担保的债务承担共同清偿责任”。诉讼请求为：判令被告蒋某在其与被告杜某的共同财产的范围内对上述债务承担清偿责任。

原审法院在判决保证人承担责任的同时，判令保证人的配偶对保证人所负上述担保债务在夫妻共同财产范围内承担清偿责任，保证人配偶承担清偿责任后，有权向债务人追偿。

检察机关抗诉认为：保证人配偶不是本案借款合同的借款人和保证人，其虽与某信贷中心签订了同意执行共同财产承诺函，但该承诺函未载明其愿意与保证人共同为该笔借款提供保证担保，也未载明其认可保证人的保证债务为夫妻共同债务。保证人配偶在承诺函中承诺的是保证人承担保证责任时，其放弃基于共同财产共有人对执行标的提出执行异议的权利。该承诺仅是放弃权利而非设定义务，故原审按照夫妻共同债务判决保证人配偶对保证人所负担保债务在夫妻共同财产范围内承担清偿责任，属于确定民事责任明显违背当事人约定或者法律规定的情形，适用法律错误。

法院再审认为：某信贷中心主张保证人配偶在与保证人的共同

财产范围内承担清偿责任，与保证人配偶的上述承诺函范围相符，并未扩大到配偶个人财产，亦非要求其承担案涉借款法律意义上的保证人连带清偿责任。原审法院认定事实清楚，但保证人配偶并非案涉借款合同的共同保证人，原审法院赋予保证人配偶承担清偿责任后，有权向债务人追偿不当，应予纠正。

第二步，本案的争议焦点：一是蒋某作为保证人配偶是否应当承担民事责任；二是如果承担，承担什么责任，是保证责任还是作为共同保证人，抑或类似于保证债务的债务加入；三是承诺函所载明的蒋某“放弃基于共同财产执行的抗辩权利”指的是什么权利，效力如何。

一是蒋某是否属于保证人，原审没有证据表明蒋某有作为保证人为案涉债权承担保证责任的意思表示，原审、再审均不认为蒋某是保证人，没有证据支持蒋某是主债务的保证人。如何理解承诺函中“对保证人担保的债务承担共同清偿责任”的表述；如何理解再审的分析进路？再审判决认为，“保证人配偶并非案涉借款合同的共同保证人”“保证人配偶在与保证人的共同财产范围内承担清偿责任”，这意味着蒋某既非共同保证人，但是又以与杜某的夫妻共同财产承担保证债务的清偿责任。

二是保证债务是否属于蒋某与杜某的夫妻共同债务。夫妻共同债务要求“共债共签”，或“事后追认”，或“家庭日常生活需要”。为债务提供保证通常不是家庭日常生活需要，那么蒋某的承诺函是否属于共债共签或者事后追认？以意思表示表明该保证债务属于夫妻共同债务？

再次回到承诺函的表述——“放弃基于共同财产执行的抗辩权利，对保证人担保的债务承担共同清偿责任”。首先，从承诺函的表述不能解读出蒋某为主债务承担保证责任的意思，否则应当直接在保证人一栏中与杜某共同签字确认，原告亦不主张蒋某为保证人，因此不能认定蒋某是共同保证人。其次，“对保证人担保的债务承担共同清偿责任”，注意“对保证人担保的债务”，如前文分析，既然排除指向主债务，那么应当将蒋某的意思理解为一种“债务加入”，即保证债务的债务加入，对保证债务承担共同的清偿责任。再次，“放弃基于共同财产执行的抗辩权利”应当理解为蒋某愿意承担的责任范围为夫妻共同财产的范围内，而不及于蒋某个人财产，因为其放弃的是“基于共同财产执行的抗辩”。[①] 最后，保证人对债务人的追偿权来自法律规定，除当事人另有约定的外，保证人有权在承担保证责任的范围内向债务人追偿，蒋某作为保证人配偶，并非保证人，但向债权人出具承诺函，表示对保证人担保的债务承担共同清偿责任，蒋某并不与主债务人直接发生权利义务关系，如无特别约定，没有追偿权。[②] 由此，反观原案的抗诉理由，可能是值得商榷的。

2. （2018）宁01民再76号民事判决与检索到的类案的区别

本案的表述为“放弃基于共同财产执行的抗辩权利，对保证人担保的债务承担共同清偿责任”，而所检索到的类案一般仅表述为“放弃基于共同财产执行的抗辩权利”，或者表述为“有权就保证人的夫妻共同财产主张权益，本人放弃基于共同财产共有人的任何抗辩权利”，本案有“对保证人担保的债务承担共同清偿责任”的表

---

① 关于当事人放弃权利的声明，一般倾向于理解为当事人有权处分其实体权利，但如果是请求司法保护的权利，事先约定放弃可能是无效的。比如，当事人如果事先放弃向法院主张调整违约金的权利（过高或过低），一般认为是无效的，因为可能导致当事人的法定权利被剥夺。

② 关于追偿权的问题，本书写作过程中，作者和实务部门的同事、高校的老师进行了深入探讨，存有不同意见。大致可以归纳为三种观点：一是认为蒋某没有追偿权，因为保证人的追偿权是法定的或约定的，蒋某不是保证人，没有法定的追偿权，也未在保证合同中与主债务人约定追偿权。二是认为蒋某虽然没有追偿权，但是可以通过不当得利制度向主债务人主张权利。三是认为保证合同是保证人与债权人之间的合意，保证人配偶是对保证债务的加入，应当与保证人一样，享有对债务人的追偿权，这样解释逻辑更为自洽，结果也更加适当。如果只认可保证人配偶的债务加入，而不认可追偿权，在结果上对配偶一方很不公平。

述，是相对清晰的，也因此是较为特殊的。

以“同意执行个人财产承诺函”为关键词，在中国裁判文书网上进行检索，有1171个检索结果，基本案情大致都是商业银行提供了承诺函的模板，保证人的配偶签署。银行之所以提供这样的格式文本，主要是银行作为债权人对实践中夫妻共同债务的认定存在担忧，提前防范，当前许多商业银行在办理贷款业务时，都要求夫妻双方共同到场签字，即在签订合同时完成“共债共签”，确定为夫妻共同债务。主要原因在于是认定个人债务还是夫妻共同债务，在执行阶段的效果是存在差别的，执行阶段反映的问题已经反向影响到了经济生活本身和审判阶段。

针对夫妻共同债务[①]，人民法院可直接作出裁定，查封、冻结、扣押、变卖夫妻共同财产或者非被执行人的夫妻另一方名下的财产，操作相对简便。

针对个人债务，执行依据中未列明夫妻另一方为当事人，也未确定所涉债务系夫妻共同债务，人民法院不得直接查封和执行夫妻另一方的个人财产，但对夫妻共同财产可采取查封、冻结、扣押等控制措施，并要求及时通知共有人。[②] 具体来说，对于直接由被执行

① 夫妻共同债务，是指夫妻双方共同签名或夫妻一方事后追认等共同意思表示所负的债务，以及夫妻一方在婚姻关系存续期间以个人名义为家庭日常生活需要所负的债务。夫妻一方在婚姻关系存续期间以个人名义超出家庭日常生活需要所负的债务，不属于夫妻共同债务；但是，债权人能够证明该债务用于夫妻共同生活、共同生产经营或者基于夫妻双方共同意思表示的除外。

② 《最高人民法院关于人民法院民事执行中查封、扣押、冻结财产的规定》第12条规定，“对被执行人与其他人共有的财产，人民法院可以查封、扣押、冻结，并及时通知共有人。共有人协议分割共有财产，并经债权人认可的，人民法院可以认定有效。查封、扣押、冻结的效力及于协议分割后被执行人享有份额内的财产；对其他共有人享有份额内的财产的查封、扣押、冻结，人民法院应当裁定予以解除。共有人提起析产诉讼或者申请执行人代位提起析产诉讼的，人民法院应当准许。诉讼期间中止对该财产的执行”。

人占有或登记在其名下的财产，人民法院可以直接查封、扣押、冻结；对于登记在被执行人及其配偶名下的财产，其财产权利表征为共同共有，人民法院可以查封、冻结、扣押，并及时通知共有人。诉讼期间，中止对该财产的执行。待财产份额确定后，应对属于被执行人配偶份额的部分裁定解除控制措施。对于单独登记在被执行人配偶名下的财产，债权人申请执行该财产，应由债权人进行举证，证明该财产为夫妻共同财产。人民法院进行初审，再做进一步处理。被执行人配偶另行提起确权诉讼的，确权诉讼终结前，暂缓对该财产的处分。被执行人的配偶如果对执行的财产有异议的，可通过析产诉讼、执行异议之诉、向执行法院申请保留属于自己的财产份额等程序寻求救济。但以夫妻共同财产为由，请求排除执行的，人民法院不予支持。

总体来说，在此类案件中，针对向保证人的配偶主张担保责任的审查，应当重点分析保证人的配偶是否有承担责任的意思表示，并具体分析承担何种责任；如果保证人的配偶仅仅是知悉担保事宜，或者配偶仅在知情、同意书上签名的不构成共同担保。实践中，夫妻一方提供担保的情形较为复杂，如保证人配偶一方虽不是保证合同中约定的保证人，但是为确认担保行为也在合同的担保人处签字，鉴于其应当能够预见到在“保证人”一栏签字的法律后果，金融机构可向其主张承担连带保证责任；如果保证人配偶一方签署类似《关于同意执行共同财产的承诺函》等函件或在保证合同后附的共有人声明条款处签字，仅表明其知悉配偶作为保证人提供担保的事实；如果该承诺函明确保证人配偶一方同意以夫妻双方共同财产承担连带保证责任或者同意以夫妻共同财产予以共同清偿，则保证人配偶应当承担相应责任。

四、明显违背立法原意

以“明显违背立法原意”和“抗诉认为”（以检察机关抗诉启动再

审程序的通常表述）为关键词，在中国裁判文书网上进行检索，共检索到13份文书，其中高级法院5份、中级法院4份、基层法院4份。对前述13份文书进行逐一筛选，将实质讨论了“明显违背立法原意”的案件进行逐一分析探讨。

【案例1】 出借银行账户者的民事责任——河南省高级人民法院（2021）豫民再274号民事判决：2014年10月8日，杨某向吕某出具收到250万元的借条一张，载明“今借到吕某现金贰佰伍拾万元整，借款期限一个月（2014.10.8—2014.11.7），借款人杨某”。2014年9月至10月，吕某通过田A以及田B的银行账户转入薛某账户240万元，吕某支付杨某现金10万元。杨某当时系某合作社的主任。借款到期后，杨某于2015年4月21日向吕某出具承诺，载明“保证4月底最低偿还60万元，剩余款项三个月内还清。保证人：杨某 2015年4月21日”。吕某向杨某多次催要借款，一直未偿还。

另，杨某借款时与卫某系夫妻关系，双方于2015年5月5日办理离婚手续；薛某与卫某系姑舅姊妹；杨某于2015年底与家人失去联系至今。吕某就本案借款曾于2017年8月1日向该院起诉，后于2017年12月14日提出撤诉申请。原审判决杨某偿还吕某借款，薛某对其中240万元借款承担连带还款责任。薛某向检察机关申请监督。

【抗诉观点与再审结果】

检察机关抗诉认为：原审关于薛某应否承担连带还款责任问题适用法律错误。

第一，本案民间借贷的双方当事人为吕某和杨某，吕某为出借人，杨某为借款人。对此，有杨某出具的借条及还款承诺书予以证明，吕某亦认可是按照借款人杨某的要求，将240万元转到杨某指定的薛某账户中，薛某并非该民间借贷关系的当事人。

第二，本案薛某银行账户开户电话为杨某的联系方式，账户一直由杨某使用，薛某仅为案涉银行账户的挂名户主，不存在薛某与杨某财产混同的情形。故原审法院认定“薛某将个人账户长期出借给杨某使用，造成其个人财产和杨某的财产混同，损害了吕某的合同权益以及由此产生的诉讼权益”缺乏证据证明。此外，关于薛某出借银行账户的行为与杨某逾期未还涉案借款之间存在因果关系的事实，应由原审原告吕某举证并承担举证责任，原审法院将此举证责任分配给薛某显属不当。

第三，连带责任属于较重的民事责任，由法律规定或当事人约定。《最高人民法院关于出借银行账户的当事人是否承担民事责任问题的批复》规定："出借银行账户是违反金融管理法规的违法行为。人民法院除应当依法收缴出借账户的非法所得并可以按照有关规定处以罚款外，还应区别不同情况追究出借人相应的民事责任。"该规定系最高人民法院的批复，且并未明确规定连带责任。原审法院根据该批复判决薛某承担连带还款责任属适用法律错误。

法院再审认为：本案诉讼请求的基础法律关系是吕某与杨某之间的借款合同关系，吕某诉请薛某承担还款责任的理由是薛某允许借款人杨某借用其银行账户。对于借款合同中的法律事实及法律责任，吕某与杨某并无争议，本案争议的焦点在于薛某同意借用银行账户由杨某使用应对涉案借款承担何种责任。

第一，关于涉案借款中的240万元转到涉案借用账户，薛某在借款合同法律关系中应否承担责任的问题。对于将涉案借款中的240万元转账到涉案被借用的薛某账户，系借款合同双方当事人的共同意思，出借人吕某和借款人杨某对此并无异议。在此事实基础上，薛某系借款合同之外的第三人，属于借款人杨某认可的被委托人，依据《民法总则》第162条的规定，借款合同的履行责任不应由被委托人薛某承担，而应由委托人杨某承担。对于出借人吕某来说，其同意将借款转到薛某账户上，对于期间的债务风险也是明知的，其本人也应当承担由此产生的风险责任。因此，仅因借用账户不能产生薛某承担还款连带责任的法律后果。

第二，关于借用账户应当产生何种责任的法律分析。对于借用银行账户所承担的责任，《最高人民法院关于适用〈中华人民共和国民事诉讼法〉的解释》第65条、《最高人民法院关于出借银行账户的当事人是否承担民事责任问题的批复》及《人民币银行结算账户管理办法》第65条第1款第4项均有明确的规定。但上述规定首先是借用账户应承担违反金融法的行政法上的法律责任，其次才是民事上的“相应责任”。这里应基于不同的事实和因果关系，对“相应责任”作出不同的理解。如果借用人和被借用人均从借用账户中取款用于个人生活或生产经营，造成二者财产混同，或者二者相互串通共同逃避债务的，则二者可能承担连带责任。如果被借用人从被借用账户上取款且能够说明、明确区分二者财产界限的，可能只承担所取款项的补充赔偿责任。而如果被借用人只是借用账户归他人使用，但没有使用借用账户，没有参与借用人的生活及生产经营，也没有其他损害债权的行为，则被借用人只应承担行政法上的责任，而不是民事赔偿责任。

第三，关于薛某借用银行账户的有关事实及应否承担的“相应责任”。从举证责任的一般原理看，本案由吕某主张薛某承担借用账户的“相应责任”，其首先应承担可能产生“相应责任”的相关法律事实，但涉案借用账户系薛某的户名，由其查询账户收支情况更为方便，且其本人更可能了解，也有义务了解实际上的收支情况，故本案应先由薛某履行合理的说明义务，此后再由吕某承担对相关事实的举证责任。本案中，薛某提供了涉案账户从建立至注销时所有的银行流水、提供设立账户时预留手机号的材料等证据，可以证明涉案账户在建立时预留了杨某的手机号，日常操作均由杨某进行，薛某没有从账户上取过款或使用该账户等事实，其已完成了合理的说明义务。对此，吕某有义务提供薛某可能承担“相应责任”的证据，或反驳薛某提供的证据，但截至法院再审时，其主张理由仍主要是“薛某出借账户应承担连带责任”，而诸如财产混同、相互串通、取款消费等薛某可能承担责任的相关事实，吕某未能提供相应证据予以证明。由于吕某未履行法定的举证义务，其应承担不利的法律后果，关于由薛某承担连带责任的主张，不予支持。原审适用法律错误，实体处理不当，应当予以纠正。

【审查思路】

本案一审、二审的判决结果是一致的，首先分析一审的裁判理由，一审法院判令薛某承担连带责任的理由是，《最高人民法院关于适用〈中华人民共和国民事诉讼法〉的解释》第65条规定，借用业务介绍信、合同专用章、盖章的空白合同书或者银行账户的，出借单位和借用人为共同诉讼人；《人民币银行结算账户管理办法》第45条规定，存款人应按照本办法的规定使用银行结算账户办理业务。存款人不得出租、出借银行结算账户，不得利用银行结算账户套取银行信用。出借账户人不能提供证据分清其个人账户中个人资产与借用账户方所使用的资产的具体数额，因此出借人应对借用银行账户方债务承担连带清偿责任。

虽然《人民币银行结算账户管理办法》规定了不得出借账户，但并不能由此直接推论出民事责任承担，尤其是连带责任。原案中，薛某由于其出借账户的行为，当然负有说明义务，结合原审查明的情况，薛某提供了涉案账户从建立至注销时所有的银行流水、设立账户时预留手机号的材料等证据，也证明了涉案账户在开户时就预留了杨某的手机号，日常操作均由杨某进行，结合杨某、薛某的工作情况，能够证明薛某没有从账户上取过款或使用该账户等事实，不存在二者之间财务的混同，其已完成了合理的说明义务。

继续分析二审裁判的理由，二审法院维持一审判决的理由是：《人民币银行结算账户管理办法》第65条第1款第4项规定，存款人使用银行结算账户，不得有出租、出借银行结算账户行为；《最高人民法院关于出借银行账户的当事人是否承担民事责任问题的批复》规定“出借银行账户是违反金融管理法规的违法行为。人民法院除应当依法收缴出借账户的非法所得并可以按照有关规定处以罚款外，还应区别不同情况追究出借人相应的民事责任”。这里“相应”的民事责任并不排除追究出借人的连带民事责任。因此，法院应根据不同案件情况来追究出借人相应的民事责任，包括连带责任。

二审法院的分析逻辑认为，最高人民法院批复中规定应当区别情况追究出借人相应的民事责任，相应的民事责任并不排除连带责任，故而法院可以判令出借人承担连带责任。所谓“连带责任”，由法律规定或者当事人约定。法律规定和当事人约定应当理解为“明确”规定或约定，即明确规定为二人（或以上）承担连带责任，或明确约定承担连带责任，而非规定或约定承担“相应责任”，在没有相应法律规定或约定的情况下推导出连带责任。之所以要求明确规定，是因为在连带责任的对外关系中，权利人有权请求部分或者全部连带责任人承担责任，只有在连带责任人的内部，才根据各自责任大小区分责任份额，难以确定责任大小的，平均承担责任。因此可以说，连带责任的后果是非常严重的，一定要把握连带责任必须由法律明确规定或当事人明确约定，而不是模糊规定或约定。

【类案检索】

具体到出借账户的类型化分析，不同的案件类型有不同的裁判结果，梳理如下：

【类案 1】长期交易的双方明知并默许一方借用银行账户——汕头市中级人民法院（2019）粤 05 民终 952 号：甲公司与乙公司签订销售订单，当日甲公司按照约定向乙公司指定的银行账户支付了货款 318600 元。但甲公司支付货款后，乙公司却告知甲公司无法交货。关于货款支付，乙公司向甲公司指定户名为“卢某”的银行账户作为收款账户。

【裁判观点】

一审法院认为，卢某出借其银行账户给乙公司使用，违反了《人民币银行结算账户管理办法》第 45 条，另根据《最高人民法院关于出借银行账户的当事人是否承担民事责任问题的批复》规定，虽然乙公司出具证明书证明卢某在职期间名下银行账户一切操作为公司所用，与卢某本人无任何联系，该账户的资金出入的风险及责任均由乙公司承担，但卢某自认将个人银行账户出借给乙公司，卢某对乙公司使用其银行账户是否知情并不影响其对该出借行为应承担的法律责任，故卢某在该纠纷中对乙公司的违约行为应承担连带责任。

二审法院认为，按照《最高人民法院关于出借银行账户的当事人是否承担民事责任问题的批复》的规定，卢某是否应对乙公司的债务承担责任以及承担何种责任，应结合案件事实，区分不同主体和账户性质，查明账户使用情况，遵循合同相对性，依法适用责任承担。依据一审查明事实：甲公司与乙公司长期存在经济往来，本案买卖合同关系发生在乙公司与甲公司之间，且卢某只是乙公司的普通员工，也不是本次具体交易的业务员；甲公司按照乙公司的要求将货款转入指定的账户，即甲公司汇款前是清楚货款不是汇入乙公司的公司账户，而是汇入私人账户的。据此可见，卢某与本案买卖合同关系不存在关联性；甲公司向乙公司指定的账户汇入款项，应认定为该账户系经双方协商而指定的，甲公司此时就应注意到交易过程中可能产生的风险。因此，卢某对涉案债务不需要承担相应的法律责任。

【审查思路】

同样依据最高人民法院的批复进行分析，两级法院的结论完全不同，亦足见加强法律适用领域的生效裁判监督，对于促进法律统一正确实施的空间和价值。该案例有两个关键点可供参考：一是乙公司指定收款账户，甲公司明知该账户不是公司对公账户且默许，并按照指定的账户支付货款，甲公司作为商事主体的一方，应当注意到对非公账户付款可能产生的风险；二是甲、乙公司之间有长期的交易往来，所指定的收款账户并非该笔交易的业务员或经办人员，没有发生财务混同的证据或线索。

【类案2】出借人与借用人之间的关联关系与财产混同指向共同借款人——泰安市中级人民法院（2020）鲁09民终1616号：2013年10月15日，甲公司向孔某借款36万元，借款分两次从孔某之妻穆某的账户转入张A账户，甲公司就该笔借款向孔某出具借条。2014年7月1

日，孔某又交付张 A 现金 4 万元；7 月 2 日，从孔某的账户转入张 A 的账户 16 万元，两次共 20 万元。10 月 20 日，从孔某的账户转入张 A 的账户 117800 元。

另，张 A 与甲公司的股东兼法定代表人张 B 系夫妻关系，张 A 原系甲公司职工，2015 年 10 月与甲公司解除合同。

【裁判观点】

一审法院认为，本案的争议焦点为张 A 是否应对本案所涉借款承担连带偿还责任。张 A 系张 B 之妻，甲公司的账户被法院冻结后借用张 A 的身份证开立银行账户继而将该银行账户用于公司生产经营及对外收付款的主张符合日常生活经验法则，张 A 将其身份证出借给甲公司办理银行卡使用不等同于张 A 将其个人银行账户出借给甲公司使用，故孔某要求张 A 对本案所涉借款承担连带偿还责任的请求证据不足，不予支持。

二审法院认为，本案的争议焦点是张 A 是否应对甲公司的涉案债务承担连带责任。从本案查明的事实看，本案借款系转入张 A 的银行账户，甲公司主张张 A 用于收取本案借款的两个银行账户是由该公司使用的。同时，本案借款发生时，张 A 系甲公司工作人员，在财务部门工作，且张 A 的丈夫张 B 系该公司股东及法定代表人，故张 A 主张其对“借款本息及偿还情况均不清楚”不合常理，对此不予采信。综上，张 A 的行为系出借个人银行账户给公司使用，该行为既违反了金融管理法规，也造成了张 A 的个人财产与公司财产混同，对造成甲公司无法按时偿还孔某的借款具有过错，根据《最高人民法院关于出借银行账户的当事人是否承担民事责任问题的批复》规定，张 A 应当与甲公司承担连带责任。

本案同样是一审、二审判决认定事实相同，而法律适用的观点截然不同。一审法院认为张 A 和甲公司提出的抗辩理由符合日常生活经验法则，即甲公司账户被冻结了，借用张 A 的身份证办理银行卡用于公司生产经营；二审法院认为张 A 的行为系出借个人银行账户给公司使用，该行为既违反了金融管理法规，也造成了张 A 的个人财产与公司财产混同，对造成甲公司无法按时偿还孔某的借款具有过错。

从原审查明的情况看，本案借款均发生在 2015 年 2 月之前，与张 A 陈述的甲公司因账户被冻结需要借用其身份证办理银行卡的时间不符，用张 A 的账户继续进行生产经营这一辩解理由不应得到支持；本案的借款行为发生时，张 A 系甲公司财务部门工作人员，张 A 的配偶张 B 是甲公司的股东、法定代表人，张 A 称对借款本息及偿还情况均不清楚，不符合常理；张 A 作为甲公司法定代表人、股东的配偶，多次以其银行账户收取孔某出借的款项，甚至当面直接收取孔某出借的现金，又不能对其个人财务与公司财务独立作出合理说明，不能证明所收取的款项全部用于甲公司的经营活动，与前述薛某的案例存在明显不同，原审判决据此确定甲公司和张 A 作为共同借款人，承担连带责任，并无不当。

最高人民法院（2020）最高法民申 578 号裁定对前述案例进行了进一步延伸，法院再审认为，《最高人民法院关于出借银行账户的当事人是否承担民事责任问题的批复》规定：“出借银行账户是违反金融管理法规的违法行为。人民法院除应当依法收缴出借账户的非法所得并可以按照有关规定处以罚款外，还应区别不同情况追究出借人相应的民事责任。”本案中，根据已查明的事实，案涉借款用于郭某家庭煤矿生产经营，刘某名下曾有多套家庭出资购买的住房，刘某系其家庭煤矿生产经营的参与者和受益者。二审判决刘某对以其个人银行账户接收的用于家庭煤矿生产经营的借款 518 万元本息承担连带清偿责任，并无不当。这一裁判认为，刘某以其账户接收家庭煤矿用于生产经营的借款，刘某实际是家庭煤矿的参与者和受益者，故而应当对所接收的借款承担连带清偿责任。

【案例 2】征地补偿费用的请求分配与不服分配方案——河北省高级人民法院（2019）冀民再 4 号民事裁定：原告张某出生于 2003 年 6 月 29 日，2008 年 12 月 11 日因补报往年出生，落户于河沿镇某庄某区某号，户别为农业家庭户口，同户口本中，其母李某为其监护人，其外祖父李某B为户主。张某提供2009年5月9日被告某村民委员会盖章的关于征用土地补偿标准分配方案复印件一份、2013年11月25日村民通知公告复印件一份，公告内容为，关于该村土地收储补偿款已落实到位，现将该村农业户籍人口于2013年11月30日24时整止，以村委会同意接收、派出所落户日期为准，户口统计只限这次土地补偿款分配。张某提供某村关于某庄征地款分配发放表一份，该表盖有“某村民主理财小组”核章，其内容系本案诉争的2013年11月某村征地补偿款的分配方案，该分配方案表中不包含张某及相关份额。张某提起一审诉讼，请求依法判令被告给付原告征地补偿款35万元。

原审认为，本案不属于人民法院受理民事诉讼的范围，应由村集体成员协调解决，驳回张某的起诉，二审维持一审裁定。张某向检察机关申请监督。

【抗诉观点与再审结果】

检察机关抗诉认为：原审裁定认为本案不属于人民法院受理民事诉讼的范围，适用法律错误。

第一，本案不能适用《最高人民法院关于村民请求分配征地补偿款纠纷法院应否受理的请求的答复》。《最高人民法院关于审理涉及农村土地承包纠纷案件适用法律问题的解释》第1条第1款规定：“下列涉及农村土地承包民事纠纷，人民法院应当依法受理……（四）承包地征收补偿费用分配纠纷”；第27条第2款规定：“施行前已经生效的司法解释与本解释不一致的，以本解释为准”。本案中，《最高人民法院关于村民请求分配征地补偿款纠纷法院应否受理的请求的答复》系2004年10月12日作出，且其内容与上述规定中的第1条第1款不一致，因此，该司法解释不能适用于本案，应以《最高人民法院关于审理涉及农村土地承包纠纷案件适用法律问题的解释》为准。

第二，法院适用的有关法律明显违背立法原意。本案中，《土地管理法实施条例》第26条没有否认土地补偿费在农村集体经济组织成员中分配，《村民委员会组织法》第 24 条第 1 款第 7 项、《物权法》第 59 条涉及的是土地补偿费使用、分配方案在村集体内部的表决程序。法院援引这些规定作为本案属于村民自治范围而不属于法院主管的理由，明显违背了立法原意。综合以上两方面，法院以上述相关法律和司法解释为依据，认为本案不属于法院受理民事诉讼的范围，应由村集体内部成员协调解决，属适用法律确有错误。

法院再审认为：集体土地所有权人与土地承包经营权人之间的关系，是基于土地承包合同建立的平等的民事主体之间的关系。故此，农村集体经济组织与其成员之间因承包地征收补偿费用分配发生的纠纷，属于民法调整的范围。根据《民事诉讼法》第 119 条和《最高人民法院关于审理涉及农村土地承包纠纷案件适用法律问题的解释》第 1 条第 1 款第 4 项的规定，本案属于人民法院民事诉讼受理范围。原审法院以案涉纠纷属农村集体经济组织内部自治事务为由，裁定驳回张某的起诉，适用法律不当，依法应予纠正，指令原一审法院审理。

值得注意的是，一审法院根据指令审理后依然认为：承包地征收补偿费用分配纠纷，是指承包经营的土地被国家依法定程序征收后，因国家依法给予失地者的补偿费用，包括土地补偿费、安置补助费、地上附着物和青苗补偿费等费用的分配问题而发生的纠纷。农村集体经济组织或者村民委员会、村民小组可以依照法律规定的民主议定程序，决定在本集体经济组织内部分配已经收到的土地补偿费。农村集体所有动产和不动产，属于本集体成员集体所有，土地补偿费等费用的使用、分配办法等应当依照法定程序经本集体成员决定。土地补偿费归农村集体经济组织所有，地上附着物及青苗补偿费归地上附着物及青苗的所有者所有。涉及村民利益的征地补偿费的使用、分配方案经村民会议讨论决定方可处理。本案中，原告张某要求被告给付分配征地补偿款，其要求并非张某本人承包经营的土地被国家依法定程序征收后而由国家给予失地者的补偿费用纠纷，不属于承包地征收补偿费用分配纠纷管辖范围，而属于村民自治范围，应当依照法定程序经本集体成员决定，故不属于人民法院管辖。

二审法院认为，农村集体经济组织与其成员之间因收益分配产生的纠纷，属平等民事主体之间的纠纷。根据《最高人民法院关于审理涉及农村土地承包纠纷案件适用法律问题的解释》第1条第1款“下列涉及农村土地承包民事纠纷，人民法院应当受理……（四）承包地征收补偿分配纠纷”的规定，本案中，农村集体经济组织或村民委员会代表农民集体对集体土地行使经营、管理、收益权，与其成员之间的地位平等，集体经济组织分配土地征用补偿费的行为是依法行使集体土地的经营管理收益权的具体体现，是一种民事行为，而土地补偿分配权是我国农村公民的一项财产性民事权利，上诉人就其民事权利受损要求保护，向一审法院提起诉讼符合《民事诉讼法》第119条、《最高人民法院关于审理涉及农村土地承包纠纷案件适用法律若干问题的解释》第1条的规定，该案应属人民法院受案范围。

【审查思路】

本案的审理过程可以用“强烈的对抗性”来形容，不仅有法检的对抗，还有一审和再审的对抗，可见法律适用的争议非常大。原审一审、二审均认为本案不属于人民法院受理民事案件的范围，裁定驳回起诉；当事人向检察机关申请监督，检察机关提出抗诉，再审裁定认为本案属于人民法院受理民事诉讼的范围，指定原一审法院审理。在这种情况下，一审法院再次作出裁定，依然重申相同的理由，认为不属于人民法院管辖，二审再次指令一审法院审理。

本案的焦点问题在于：农村集体经济组织与其成员之间因收益分配产生的纠纷”是否属于平等主体之间的民事纠纷；是否属于司法解释规定的“承包地征收补偿分配纠纷。

一审法院的观点是：第一，承包地征收补偿费用分配纠纷，是指承包经营的土地被国家依法定程序征收后，因国家依法给予失地者的补偿费用，包括土地补偿费、安置补助费、地上附着物和青苗的补偿费等费用的分配问题而发生的纠纷。第二，农村集体经济组织或者村民委员会、村民小组可以依照法律规定的民主议定程序，决定在本集体经济组织内部分配已经收到的土地补偿费。第三，由于这一事项属村民自治范围，应当依照法定程序经本集体成员决定，故不属于人民法院管辖。

上述观点部分值得商榷：第一，对于农村集体土地征收补偿费用，村民是否可以要求分配，以及如何分配，应当由村集体经济组织通过村民大会或者村民代表大会决定。[①] 第二，如果村集体经济组织没有分配方案，村民请求对土地补偿费进行分配的，人民法院一般不予受理。第三，如果村集体经济组织就土地征收补偿费用的分配形成了方案，集体经济组织成员对分配方案不服的，可以依法向人民法院提起民事诉讼。[②] 第四，集体经济组织成员就用于分配的土地补偿费数额提起民事诉讼的，人民法院不予受理。

根据《最高人民法院研究室关于人民法院对农村集体经济所得收益分配纠纷是否受理问题的答复》（法研〔2001〕51 号）：农村集体经济组织与其成员之间因收益分配产生的纠纷，属平等民事主体之间的纠纷。最高人民法院（2020）最高法行申 7450 号行政裁定认为“从张某的诉讼请求及理由看，本案系张某对本村集体土地征收所得收益的分配不服引发的纠纷，农村集体经济组织与其成员之间

① 《村民委员会组织法》第 24 条规定：“涉及村民利益的下列事项，经村民会议讨论决定方可办理：……（七）征地补偿费的使用、分配方案；村民会议可以授权村民代表会议讨论决定前款规定的事项。法律对讨论决定村集体经济组织财产和成员权益的事项另有规定的，依照其规定。”第 22 条第 1 款规定：“召开村民会议，应当有本村十八周岁以上村民的过半数，或者本村三分之二以上的户的代表参加，村民会议所作决定应当经到会人员的过半数通过。法律对召开村民会议及作出决定另有规定的，依照其规定。”

② 《最高人民法院关于审理涉及农村土地承包纠纷案件适用法律问题的解释》第 22 条规定：“农村集体经济组织或者村民委员会、村民小组，可以依照法律规定的民主议定程序，决定在本集体经济组织内部分配已经收到的土地补偿费。征地补偿安置方案确定时已经具有本集体经济组织成员资格的人，请求支付相应份额的，应予支持。”

因收益分配产生的纠纷，属平等民事主体之间的纠纷，应当按照民事案件的规定处理”。

《土地管理法实施条例》第26条并不否认土地补偿费在农村集体经济组织成员中分配，《村民委员会组织法》第24条第1款第7项、《物权法》第59条涉及的是土地补偿费使用、分配方案在村集体内部的表决程序，如果以土地补偿费使用、分配方案在村集体内部的表决程序否认农村集体经济组织与其成员之间因收益分配产生的纠纷是平等主体之间的纠纷，可能是曲解立法原意的。

【案例3】以房抵债协议能否排除强制执行——吉林省高级人民法院（2018）吉民再133号民事判决：杨某欠史某12.5万元，已经生效判决确认，史某向法院提出执行申请，法院作出民事裁定对被执行人杨某所有的某养猪场的房屋及院落予以查封，所提供的房照为442平方米。任某认为，史某提供的442平方米的房照是虚假的，遂提交了两份房权证，一份用途为酒房，面积为320平方米；另一份用途为养殖，建筑面积为1320平方米。任某持有该房屋的抵债协议，认为对该房屋享有所有权，故起诉要求解除前述查封裁定；请求确认该房屋及院落归任某所有。在诉讼过程中，史某提出对任某与杨某的以房抵债协议的时间申请鉴定，因其未在法庭指定的时间内提交比对样本，故无法鉴定。

另查明，杨某与任某系师生关系。2010年11月24日，因杨某及家人做生意向任某借款，约定月利率2.5分，后因无力偿还，遂于2013年2月24日，杨某及家人与任某签订房屋院落抵顶欠款协议书，约定：“出借人：任某；借款人：杨某；连带担保人：杨某家人。截至2013年2月24日，借款人、连带保证人在出借人任某处借得本金及其利息共80万元。因借款人、连带担保人不能及时偿还借款本金及利息给出借人，借款人以养猪场及其土地共计9800平方米（整个轮廓见自制的平面草图）抵顶给出借人任某，即时交割，空口无凭，立字为据。”协议签订后，杨某一并将1320平方米养殖场房屋产权证书以及320平方米酒坊房屋产权证书交与任某。任某称当时就与杨某父子去房产部门办理过户手续，但因未查到房产登记而一直未过户。任某及其杨某家人均认可已将房屋交付给任某，任某委托邻居、亲属照看争议房屋、院落，并同时对房屋、院落进行售卖。还查明：杨某房屋、院落未在吉林省扶余市房管部门登记备案。任某、史某、杨某对任某已支付杨某 49 万元借款本金的事实均无异议。

一审、二审均认为任某不享有排除执行的权利，驳回任某的诉讼请求。任某向检察机关申请监督。

【抗诉观点与再审结果】

检察机关抗诉认为：原审判决适用法律有误。任某未能办理过户手续的原因是在房管部门没有查到原始登记，无法完成过户行为。任某是在办理房产过户中发现房管部门没有相关登记，不能办理房产过户，属客观不能，非任某主观行为所致，不应认定任某怠于按照流程办理过户批准手续。《最高人民法院关于人民法院民事执行中查封、扣押、冻结财产的规定》第 17 条对此亦有相应规定：“被执行人将其所有的需要办理过户登记的财产出卖给第三人，第三人已经支付部分或者全部价款并实际占有该财产，但尚未办理产权过户登记手续的，人民法院可以查封、扣押、冻结；第三人已经支付全部价款并实际占有，但未办理过户登记手续的，如果第三人对此没有过错，人民法院不得查封、扣押、冻结。”未办理过户登记的结果并非任某的过错所致，故二审判决适用法律错误。

法院再审认为：本案涉案房屋及院落于 2014 年 8 月 1 日被法院查封，任某提出的执行异议于 2014 年 11 月 13 日被法院驳回，而《最高人民法院关于人民法院办理执行异议和复议案件若干问题的规定》于 2015 年 5 月 5 日生效，因此本案应适用 2008 年修订的《最高人民法院关于人民法院民事执行中查封、扣押、冻结财产的规定》。任某、杨某、史某均认可任某与杨某签订房屋院落抵顶欠款协议书所依据的 1320 平方米房照和 320 平方米房照在房产部门没有底档。杨某亦认可涉案土地是村里的集体土地，房屋和地是其租来的，签抵顶协议时想转让的是使用权和经营权。任某亦认可签抵顶协议时知道涉案院落没有土地使用证。因此，任某提供的证据不能证明杨某与任某签订房屋院落抵顶欠款协议书时，杨某对抵顶的房屋及院落享有处分权。

另外，任某认可签订房屋院落抵顶欠款协议书后，到房产部门办理过户登记时就已经发现涉案房屋没有在房管部门备案，不能过户。故此时任某就应当知晓杨某对涉案房屋及院落的处分权存疑或涉案房屋及院落的登记手续不完备，就应当知晓其在抵顶行为中可能承担的风险。但任某在此种情况下既未调整杨某清偿债务的方式，又未积极采取措施按照流程办理涉案房屋的批准手续，而是怠于行使权利，放任了风险的发生，导致其债权尚未能得到清偿，任某对未能办理涉案房屋的过户登记手续存在过错。因此，任某就本案涉案房屋及院落不享有足以排除强制执行的民事权益。

【审查思路】

近年来，未办理过户登记的以房抵债协议的受让人提起案外人执行异议之诉的案件数量明显上升，司法实践中争议较大，裁判相对不统一，是值得检察机关关注的问题。

目前并没有法律或者司法解释对以房抵债协议中的受让人，就未办理过户登记手续的受让房屋，是否享有足以排除强制执行的民事权益进行直接规定。可以参照的规定包括：

第一，2015 年《第八次全国法院民事商事审判工作会议（民事部分）纪要》相关内容。《第八次全国法院民事商事审判工作会议（民事部分）纪要》第 16 条规定，“当事人达成以房抵债协议，并要求制作调解书的，人民法院应当严格审查协议是否在平等自愿基础上达成；对存在重大误解或显失公平的，应当予以释明；对利用协议损害其他债权人利益或者规避公共管理政策的，不能制作调解书；对当事人行为构成虚假诉讼的，严格按照民事诉讼法第一百一十二条[①]和《最高人民法院关于适用〈中华人民共和国民事诉讼法〉

① 现行《民事诉讼法》第 115 条第 1 款。

的解释》第一百九十条、第一百九十一条的规定处理；涉嫌犯罪的，移送刑事侦查机关处理”。第17条规定，“当事人在债务清偿期届满后达成以房抵债协议并已经办理了产权转移手续，一方要求确认以房抵债协议无效或者变更、撤销，经审查不属于合同法第五十二条、第五十四条规定情形的，对其主张不予支持”。

《第八次全国法院民事商事审判工作会议（民事部分）纪要》中，“利用协议损害其他债权人利益或者规避公共管理政策的”是对以房抵债协议进行否定性评价的参照标准。

第二，2019年《全国法院民商事审判工作会议纪要》的相关内容。《全国法院民商事审判工作会议纪要》第44条规定，“当事人在债务履行期限届满后达成以物抵债协议，抵债物尚未交付债权人，债权人请求债务人交付的，人民法院要着重审查以物抵债协议是否存在恶意损害第三人合法权益等情形，避免虚假诉讼的发生。经审查，不存在以上情况，且无其他无效事由的，人民法院依法予以支持。当事人在一审程序中因达成以物抵债协议申请撤回起诉的，人民法院可予准许。当事人在二审程序中申请撤回上诉的，人民法院应当告知其申请撤回起诉。当事人申请撤回起诉，经审查不损害国家利益、社会公共利益、他人合法权益的，人民法院可予准许。当事人不申请撤回起诉，请求人民法院出具调解书对以物抵债协议予以确认的，因债务人完全可以立即履行该协议，没有必要由人民法院出具调解书，故人民法院不应准许，同时应当继续对原债权债务关系进行审理”。

根据2019年《全国法院民商事审判工作会议纪要》，债务履行期限届满后达成的以房抵债协议，抵债房产尚未交付债权人，债权人有权请求债务人履行交房义务；债务履行期限届满后达成以房抵债协议，当事人请求人民法院出具调解书对以房抵债协议予以确认的，人民法院不予准许。设立以物抵债的目的在于消灭旧的金钱之债，以物抵债作为履行原来金钱之债的方法，其债权人享有的本质上仍然是金钱之债，不应优先于另一个金钱之债。

第三，民事诉讼法解释。《最高人民法院关于适用〈中华人民共和国民事诉讼法〉的解释》第310条规定，“对案外人提起的执行异议之诉，人民法院经审理，按照下列情形分别处理：（一）案外人就执行标的享有足以排除强制执行的民事权益的，判决不得执行该执行标的；（二）案外人就执行标的不享有足以排除强制执行的民事权益的，判决驳回诉讼请求。案外人同时提出确认其权利的诉讼请求的，人民法院可以在判决中一并作出裁判”。

从法律和司法解释的本意来看，案外人执行异议之诉，审理的核心问题是“案外人就执行标的是否享有足以排除强制执行的民事权益”，具体包含两个方面的内容：一是案外人就执行标的是否享有民事权益；二是案外人享有的民事权益是否足以排除强制执行。

通常的审查步骤应当是：第一，审查案外人对该执行标的是否享有实体权益；第二，如果案外人对该执行标的享有实体权益，则进一步审查被执行人对执行标的是否享有实体权益；第三，如果被执行人对执行标的也享有实体权益，则要判断案外人对该执行标的所享有的实体权益对申请执行人依据执行依据所享有的债权是否具有优先效力；第四，如果案外人对执行标的所享有的权利，在效力上优先于申请执行人的债权，则要判断申请执行人实现债权的行为是否会妨害案外人对该执行标的所享有的债权。

第四，执行异议复议规定。《最高人民法院关于人民法院办理执行异议和复议案件若干问题的规定》第28条规定，“金钱债权执行中，买受人对登记在被执行人名下的不动产提出异议，符合下列情形且其权利能够排除执行的，人民法院应予支持：（一）在人民法院查封之前已签订合法有效的书面买卖合同；（二）在人民法院查封之前已合法占有该不动产；（三）已支付全部价款，或者已按照合同约定支付部分价款且将剩余价款按照人民法院的要求交付执行；（四）非因买受人自身原因未办理过户登记”。第29条规定，“金钱债权执行中，买受人对登记在被执行的房地产开发企业名下的商品房提出异议，符合下列情形且其权利能够排除执行的，人民法院应予支持：（一）在人民法院查封之前已签订合法有效的书面买卖合同；（二）所购商品房系用于居住且买受人名下无其他用于居住的房屋；（三）已支付的价款超过合同约定总价款的百分之五十”。[①]

第五，各地高级人民法院的指导性意见。《海南省高级人民法院关于审理执行异议之诉纠纷案件的裁判指引（试行）》第8条规定，针对案外人因以房抵债提起的执行异议之诉，案外人只有同时具备以下四个要件，其对房产才享有足以排除强制执行的民事权益：(1) 以房抵债行为客观存在，且达成以房抵债协议时原债务履行期限已经届满；(2) 在人民法院查封之前签订合法有效的以房抵债协议并合法占有该房屋；(3) 用以抵债的房屋的价值与原债权数额一致，且经清算债务数额已经确定；(4) 非因案外人自身原因未办理过户登记。

《广东省高级人民法院关于审理房屋买卖合同纠纷案件的指引》第12条规定，当事人签订房屋买卖合同，实为以房款抵偿其他债务，一方当事人以不存在真实的房屋买卖合同关系为由主张合同无效的，不予支持。因债务人未履行以房抵债协议，债权人请求债务人承担违约责任的，应予支持。因债务人的原因以房抵债协议不能履行，债权人请求解除以房抵债协议，按照原约定清偿债务的，应予支持。

《江西省高级人民法院关于执行异议之诉案件的审理指南》第25条规定，金钱债权执行中，案外人主张其与被执行人签订了以房抵债

① 第28、29条是否适用于以房抵债排除强制执行实践中有争议。——笔者注

协议，以其为房屋的实际权利人为由提起执行异议之诉，请求排除执行，符合下列情形的，应予支持：(1) 案外人与被执行人在涉案房屋被查封前存在合法有效的到期债权债务关系；(2) 案外人对被执行人享有的债权清偿期已经届满且与执行标的的实际价值大致相当；(3) 案外人与被执行人在涉案房屋被查封前已经签订书面以房抵债协议；(4) 以房抵债协议不存在规避执行或逃避债务情形；(5) 以房抵债协议不违反《第八次全国法院民商事审判工作会议（民事部分）纪要》精神。

《山东省高级人民法院民一庭执行异议之诉案件审判观点综述》第11条规定，当事人签订以房抵债协议，但未办理产权变更登记，案外人以其系该房产的实际权利人为由提起执行异议之诉，请求排除执行的，原则上不予支持。

《黑龙江省高级人民法院关于审理执行异议之诉案件若干问题的解答》第20问关于“以房抵债所涉及的执行异议之诉案件应如何认定案件性质”规定，对已经纠纷成讼的执行异议案件，在审查中发现买受人并未现实支付房屋价款，而是通过对出卖人或他人的到期债权，或是以其他房产、实物冲抵房款。对于此类案件的审理，在总体原则上应当注意认真审查有关案涉事实真伪，包括所谓冲抵房款的债权是否真实存在、是否合法，房屋买卖协议是否存在“倒签”，名为房屋买卖实质是否为让与担保，买受人与出卖人之间是否存在恶意串通、逃废债务等。如上述问题均予排除，以房抵债确系双方当事人终止原借款等法律关系，而建立商品房买卖法律关系的真实意思表示。可以根据当事人以物抵债所达成的合意，依法认定房屋买卖协议成立、生效。如不存在其他可能导致合同无效的情形，仅因权属变更登记未予办理而造成以物抵债协议未能彻底履行完毕，鉴于以房抵债的权利人一般已对案涉房屋进行了实际占有，具备准物权的性质，其应优先于普通债权，可以依法排除执行。对此类案件的后续审理，则还应依照有关规定对其是否符合物权期待权、消费者物权期待权所规定的条件依法予以审查。

从执行异议之诉案件的三类案由观察，案外人执行异议之诉的案由占比最大，通常能够超过60%，这一类型的案件处理实则涉及案外人与申请执行人的利益平衡问题。案件涉及申请执行人、被执行人以及案外人，申请执行人试图通过执行程序实现生效裁判所确定的权利义务，案外人则以其对执行标的物享有足以排除强制执行的民事权益为由提起异议之诉，对抗申请执行人的执行申请，主体之间的冲突和对抗明显。因此，既要维护申请执行人的合法权益，保障生效裁判的执行，又要考虑到现实的复杂性，包括经济活动的复杂性和物权公示制度的有限性——被执行人完全有可能不是实际权利人，基于这两个方面的需求和实际，在申请执行人和案外人之间妥善平衡尤为重要。利益平衡以及权利表象与真实权利的分离，呼唤的是实质审查，比如物权优于债权的审查，法定特殊债权优于普通债权的审查，以及对自认的审慎审查，对生存利益的保护等。[①]

各地对以房抵债的态度差异较大，主要顾虑在于担忧以房抵债协议的真实性（包括是否倒签）进行实质审查的难度，一旦审查不到位，很有可能导致当事人通过倒签以房抵债协议逃避债务或者规

---

① 例如，《海南省高级人民法院关于审理执行异议之诉纠纷案件的裁判指引(试行)》第1条规定，审理执行异议之诉纠纷案件，应遵循以下基本原则：(1) 物权优于债权原则；(2) 法定特殊债权优于普通债权原则；(3) 生存利益优先原则；(4) 慎用自认原则。《山东省高级人民法院民一庭执行异议之诉案件审判观点综述》第1条规定，审理执行异议之诉案件，应当坚持以下基本原则：(1) 生存权益优先保障原则，优先保障人民群众的居住权等基本生存权益。(2) 利益优化平衡原则，避免机械适用法律造成当事人之间利益失衡。(3) 历史遗留问题依法妥善处理原则，注重司法的社会效果。(4) 证据审查从严原则，案外人应当就其对执行标的享有足以排除强制执行的民事权益承担举证证明责任。被执行人认可案外人的主张，不能因此免除案外人的举证证明责任。(5) 依法调查取证原则，如人民法院认为审理案件需要，可以依职权主动调查取证，核实相关事实。

避执行，故而有了如“原则上不支持”的倾向性意见，也有了列举审查内容进行审慎实质审查的意见。因此，在对以房抵债协议的效力进行审查时，首先应当重点审查真实、合法、有效的到期债权债务关系的存在，这就不仅要审查以物抵债协议，还要审查案外人和被执行人之间之前的债权债务往来凭证等；此外，还应当排除双方的恶意串通，包括房屋价值与债权的大致相当性，以房抵债协议不存在规避执行或逃避债务情形等，以及以房抵债协议的签订时间是否早于强制执行措施，案外人实际占有房屋的具体情况等。

法官既要依据证据规则认定事实，又要正确适用法律，事实认定和法律适用之间的“精准对接”从来都是难题。不仅如此，经济社会生活的复杂性让成文法不仅滞后且对前沿问题力所不逮，当检察官把民事生效裁判监督的着眼点放在法律适用上时，正面效果是全方位的：从需求上来说，回应法律适用问题是解决实践中真正的难题；从效果上来说，通过案件的抗诉，实质与法官一道推进个案、类案的法律适用，效果不仅仅及于个案，更是适用于类案的裁判的进步，才是真正契合法律监督——维护国家法律统一正确实施这一本质属性的。

检察官在审查民事生效裁判监督案件时，应当重点对法律适用问题进行审查，观察案件的法律关系认定是否恰当，案件的法律适用与案件性质是否相符，确定当事人的权利义务是否符合法律规定，是否符合当事人之间的有效约定，以及对法律的理解、适用是否明显违背立法原意，将法律适用问题作为重点问题进行审查，才能将“法律监督”真正回归定位于“法律监督”。

第四章 “五步审查法”之三：审查事实认定和法律适用中的交叉问题

民事生效裁判监督中，有一类问题是“认定的事实缺乏证据证明”与“适用法律确有错误”的交叉问题，除证据规则外，还涉及事实认定和确定的一般规则，包括证据评价、事实认定的排除，以及无法进行事实认定下的措施和后果。总体来说，检察机关可从法院是否依法分配举证责任、是否依法审核认定证据来观察生效裁判认定事实中的法律适用问题。

一、对举证责任的审查

以“举证责任分配不当”和“抗诉认为”为关键词，在中国裁判文书网上检索到149个结果（含1个“证明责任分配不当”的检索结果）；以“举证责任分配不当”和“再审检察建议”为关键词，在中国裁判文书网上检索到13个结果。重点围绕抗诉理由对举证责任分配的观点与原审举证责任分配存在实质碰撞，且抗诉理由得到支持或应当得到支持的情形，辅之探讨抗诉理由可能明显不当但确实存在认识争议的情形，为检察官研究鉴别不同案由中的举证责任分配问题提供正向与反向的借鉴。

法官在审查案件的过程中，在经历了当事人举证、质证，甚至法官进行调查取证之后，案件事实依然可能达不到能够内心确信的程度，此时需要假定或者拟制该事实存在或不存在来作出裁判，进而使一方当事人遭受危险或不利益——被课以这种证明责任的当事人即所谓负担证明责任。[①] 证明责任分配之所以成为民事生效裁判监督的审查要点之一，乃是因为不同的证明责任分配将产生不同的事实认定的法律效果。《民事诉讼法》第68条第1款规定："当事人对自己提出的主张应当及时提供证据。"第2款规定："人民法院根据当事人的主张和案件审理情况，确定当事人应当提供的证据及其期限。"

（一）举证责任分配规则

1. 关于举证责任分配的一般规则

《最高人民法院关于适用〈中华人民共和国民事诉讼法〉的解释》第91条规定："人民法院应当依照下列原则确定举证证明责任的承担，但法律另有规定的除外：（一）主张法律关系存在的当事人，应当对产生该法律关系的基本事实承担举证证明责任；（二）主张法律关系变更、消灭或者权利受到妨害的当事人，应当对该法律关系变更、消灭或者权利受到妨害的基本事实承担举证证明责任。"该条通常被视为确立了"举证责任分配的一般规则"——凡主张权利存在的当事人应当对权利发生的法律要件存在的事实负举证责任，否认权利存在的当事人应当就权利妨碍法律要件、权利消灭法律要件或者权利限制法律要件存在的事实负举证责任。

司法实践中，在出现待证事实真伪不明时，法官应根据这种举证责任分配的规则，对真伪不明的待证事实进行归类，确定对该事实负有举证责任的当事人，并据此判决由其承担不利后果。值得注意的是，其中的"法律关系变更"应当与权利限制作同一理解；"基本事实"应当理解为要件事实，即实体法律关系或者权利构成要件所依赖的事实，不包括诉讼程序方面的事实。

---

① ［日］高桥宏志：《民事诉讼法制度与理论的深层分析》，林剑锋译，法律出版社2003年版，第419—420页。

2. 具体案件中的举证责任分配

根据《最高人民法院关于适用〈中华人民共和国民事诉讼法〉的解释》第91条，除法律另有规定外，在具体纠纷案件中，举证责任的分配应当遵循以下规则：

在合同纠纷案件中，主张合同关系成立并生效的一方当事人对合同订立和生效的事实承担举证责任；主张合同关系变更、解除、终止、撤销的一方当事人对引起合同关系变动的事实承担举证责任。对合同是否履行发生争议的，由负有履行义务的当事人承担举证责任。对代理权发生争议的，由主张有代理权的一方当事人承担举证责任。

在一般侵权纠纷案件中，主张损害赔偿的权利人应当对损害赔偿请求权产生的要件事实加以证明，即侵害事实、侵害行为与侵害事实之间存在因果关系、行为具有违法性及行为人存在过错。免责事由属于妨碍权利产生的事实，如受害人故意造成损害的事实，应当由行为人加以证明。

在劳动争议纠纷案件中，因用人单位作出开除、除名、辞退、解除劳动合同、减少劳动报酬、计算劳动者工作年限等决定而发生劳动争议的，由用人单位负举证责任。

一些特殊案件中适用举证责任倒置，法律将某些特殊案件的部分要件事实的举证责任分配给了另外一方，如生态环境损害赔偿、医疗责任损害赔偿、缺陷产品致人损害赔偿等特殊类型的侵权案件，根据民法典规定，可以适用举证责任倒置。

3. 举证责任的转移

“谁主张、谁举证”是举证责任分配的一般规则，但是并非一成不变——当负有证明责任的一方当事人证明其主张的证据达到高度盖然性标准时，对方当事人如果认为主张不成立，应当承担反驳证明责任，此时即发生了举证责任的转移——对某一事实的举证责任常常根据案件实际情况，在当事人之间进行转移，直至这一事实被查明，举证责任的转移不限于一次，很可能出现举证责任的多次转移。以民间借贷为例，原告提交债权凭证证明借贷关系存在后，若被告提交付款凭证证明已经还款，则借贷关系存在的举证责任再次转移至原告，当原告提交证据证明前述付款凭证所偿付的是其他债务，举证责任再次转移至被告。比如，最高人民法院在（2014）民申字第148号民事裁定书中分析认为，在具体案件的审理中，举证责任在当事人之间的转移，取决于法院对负有证明责任的一方当事人所提供证据的证明力的综合评价结果。如果在对一方当事人所提供证据进行审查判断后，认为其证明力具有明显优势并初步达到了相应的证明标准，此时可以不再要求该方当事人继续提供证据，而转由另一方当事人提供相反证据。因此，具体案件中举证责任转移的前提条件是负有证明责任一方当事人提供的现有证据已经初步达到相应的证明标准。又如，最高人民法院在（2020）最高法知民终1139号民事判决书中分析认为，既要尽力查明客观事实，同时也需充分考虑当事人的举证能力，根据个案具体情况进行区别处理，不能将源程序的比对作为确定软件相同或实质相似的唯一标准。如果权利人已经举证证明被诉侵权软件与主张权利的软件界面高度近似，或者被诉侵权软件存在相同的权利管理信息、设计缺陷、冗余设计等特有信息，可以认为权利人完成了初步举证责任，此时举证责任转移至被诉侵权人，应由其提供相反证据以证明其未实施侵权行为。

在法律没有明确规定时，人民法院可以通过公平原则和诚信原则，综合当事人的举证能力等因素，对待证事实进行考量，从而将其纳入法律、司法解释规定的某一规范所对应的事实，再决定举证责任的承担。

值得注意的是，举证责任通常是一种“不利后果”，体现的是结果意义上的举证责任，这种后果只有在案件基本事实真伪不明时才发生作用，而对于能够查明事实的，不能通过举证责任让当事人承担不利后果。换言之，通过举证责任认定的事实是一种“拟制事实”，只有在穷尽所有证据方法后才能予以适用；在能够查明事实或者对待证事实能够通过证明标准予以认定的，不应以举证责任的方式来认定事实。

（二）举证责任的审查

1. 举证责任分配

【案例1】 保证合同无效时“债权人过错”的——最高人民法院（2016）最高法民再207号民事判决：2012年6月19日，王某与梁某签订借款协议，约定梁某于2012年6月19日向王某借款1290万元，期限3个月，并约定了逾期还款的利息；梁某向王某出具借款凭证，并由担保人在借款协议上盖章。王某与梁某均在该借款协议上签字，甲公司、甲公司的某分公司作为担保人在协议上加盖了公章。同日，梁某给王某出具了借条，内容为：借现金1290万元，2012年9月18日到期。借条上加盖了甲公司的公章。

原审法院认为，债权人王某没有提交证据证明甲公司的分公司的担保行为得到了甲公司的授权，甲公司对其分公司的担保行为不认可。根据《担保法》第29条关于“企业法人的分支机构未经法人书面授权或超出授权范围与债权人订立保证合同的，该合同无效或超出授权范围的部分无效，债权人和企业法人有过错的，应当根据其过错各自承担相应的民事责任；债权人无过错的，由企业法人承担民事责任”的规定，甲公司的分公司的担保行为无效。但由于甲公司没有有效证据和充分理由证明王某有过错，根据上述规定，甲公司应对王某因担保无效而造成的损失承担赔偿责任（注意：原审将举证责任分配给了甲公司）。

【抗诉观点与再审结果】

检察机关抗诉认为：原审判决要求甲公司提供证据和理由证明王某有过错，举证责任分配不当。担保法明确规定法人的分支机构不得作为保证人，法人对分支机构的授权必须是书面授权，因此债权人在接受非法人分支机构提供担保时，有义务向其索取法人授权证明并进行形式审查，否则不能认定债权人已尽到合理注意义务，其对无效担保的产生具有一定的过错。二审认定甲公司的某分公司担保无效是正确的，但在对王某过错责任审查的过程中，错误地要求提供担保一方举证。王某如欲证明自己无过错，应承担举证责任，否则应认定其对对方提供的无效担保负有过错。

再审法院认为：本案中，梁某作为甲公司的某分公司经理，在借款协议上加盖了该分公司的公章。现甲公司对其分公司的担保行为不予认可，债权人王某亦没有提交证据证明甲公司的分公司的担保行为得到了甲公司的授权，故应认定甲公司的某分公司的担保行为无效。对此情形，王某如主张甲公司根据其过错承担相应的民事责任，应按照“谁主张、谁举证”的要求，举证证明甲公司存在过错，但王某并未提交相应的证据，故甲公司亦无须承担赔偿责任。二审判决以甲公司没有有效证据和充分理由证明王某有过错为由，判令甲公司承担赔偿责任，系举证责任分配错误。

【审查思路】

本案关于债权人王某对于保证合同无效是否存在过错的证明责任，应当按照以下步骤进行分配：第一步，分析法律明确规定的本条中保证合同无效的事由，即“企业法人的分支机构未经法人书面授权或者超出授权范围订立担保合同”，由于这一情形是法律明确规定的，各方当事人应当推定为明知。第二步，分析各方过错，企业法人由于分支机构实施了未经法人书面授权或者超出授权范围订立担保合同的行为，即存在过错；那么，何为债权人的过错？在明知该分支机构出面签订合同时，应当索取并形式审查法人的书面授权，未索取并形式审查的，即存在过错。第三步，分析债权人是否索要并形式审查法人的书面授权的证明责任由谁承担。举证责任分配的一般规则是，当事人对自己的主张有责任提供证据，由此，债权人应当对自己索要并形式审查了书面授权进行举证，未能证明的应当承担相应的不利后果；至于甲公司，由于当事人通常无法证明事实的不存在，所以债权人索要并形式审查的证明责任难以由甲公司承担。

【案例2】不当得利纠纷的举证责任分配——重庆市高级人民法院

(2022) 渝民再3号民事判决：2014年10月23日，出借方（李某，甲方）、借款方（聂某，乙方）与担保方（谢某，丙方）签订借款协议，约定：（1）乙方向甲方借款人民币25万元，乙方承担还款责任，丙方承担连带保证责任；（2）借款期限：3个月，以实际划款为准；（3）借款利息；（4）还款方式。协议尾部有三方签字，并捺了手印。该协议在重庆市公证处进行了公证。当日，李某将25万元借款转入聂某账户，聂某向李某出具了收条。

聂某自2014年10月23日至2015年5月23日，向黄某转账共计130750元。庭审中，黄某举示A公司营业执照，拟佐证黄某系该公司的法定代表人，公司从事房地产经纪业务，黄某与聂某相识是基于聂某委托黄某出售其房屋。聂某质证认为该证据系复印件，对其真实性不予认可，且与本案无关。李某对该证据的真实性予以认可，但对其证明目的不清楚。聂某提起诉讼请求判令黄某立即返还聂某人民币130750元并支付相应利息。

二审法院认为：根据《民法通则》第92条“没有合法根据，取得不当利益，造成他人损失的，应当将取得的不当利益返还受损失的人”的规定，聂某作为不当得利的请求权人，应当对黄某“获利没有合法根据”的具体情形予以举证证明。现聂某无证据证明自己是按李某的要求将25万元借款利息付至黄某。聂某向黄某付款的金额和时间均与借款协议关于利率、利息支付时间的约定不符。一审法院要求黄某对“双方存在合法有效且真实的借款法律关系”这一消极事实承担举证责任，明显分配举证责任有误。聂某以不当得利起诉黄某，并要求返还130750元及利息的请求，依法不予支持，驳回聂某的全部诉讼请求。

【抗诉观点与再审结果】

检察机关抗诉认为：原审判决适用法律错误，判决结果错误。聂某举示的证据能够证明其向黄某持续打款系基于其与李某之间的借款关系而向李某偿还借款利息。虽然借款协议约定以人民银行公布的金融机构同期人民币贷款基准利率的四倍计息、按月支付利息，但聂某与李某系经担保人谢某介绍认识不久的朋友，作为无抵押担保的民间借贷，其利率较高实属普遍现象。聂某主张其实际借款利率为月利率6%，即每月应支付利息15000元。从聂某向黄某转账的情况来看，该主张具有高度盖然性。聂某共计向黄某转账9次（其中2015年4月23日转账2次共计15000元）。从时间间隔来看，基本为每月转账一次，多数为每月23日前后，也就是借款协议签订日前后。从金额来看，除2014年10月23日15750元、2015年1月19日2万元，2015年2月17日5000元外，其余4次均为15000元，1次为3万元（其主张系支付两个月的利息），也基本符合双方口头约定的利息标准；特别是第一个月支付的利息为15750元，聂某主张该15750元系首个月利息加公证费组成，该笔利息支付的时间为2014年10月23日，也就是签订借款协议并收到借款的当天，这也符合民间借贷实践中在收到借款当天即支付首笔利息的做法。另外，借款协议确实经过了公证，经检察机关调阅该案的公证卷宗，该案的公证收费即为750元。因此，聂某向黄某支付的15750元应当为利息和公证费。综上，聂某主张其之所以持续向黄某账户转账系支付给李某的借款利息，该主张具有高度盖然性。在李某否认该款系借款利息的情况下，黄某继续占有该款项便没有了合法依据。从举证责任来讲，聂某已经完成了举证责任。黄某要反驳聂某的主张，应当提供证据。黄某在一审中辩称其与聂某之间是借款关系，聂某向其转账系偿还借款，但黄某并未提供任何证据予以证明，特别是其辩称的750元系聂某支付的其追要借款所产生的交通费、餐费等更是明显不符合常理。二审判决将“双方存在合法有效且真实的借款法律关系”这一积极事实认定为消极事实从而免除黄某的举证责任，明显属于举证责任分配错误。黄某未提交证据反驳聂某的诉讼请求，根据《最高人民法院关于适用〈中华人民共和国民事诉讼法〉的解释》第90条的规定，应当承担举证不能的后果。

法院再审认为：关于举证责任问题。根据《最高人民法院关于适用〈中华人民共和国民事诉讼法〉的解释》第90条“当事人对自己提出的诉讼请求所依据的事实或者反驳对方诉讼请求所依据的事实，应当提供证据加以证明，但法律另有规定的除外。在作出判决前，当事人未能提供证据或证据不足以证明其事实主张的，由负有举证责任的当事人承担不利的后果”的规定，因证据的证明力无法判断导致争议事实难以认定的，人民法院应当依据举证责任分配的规则作出裁判，本案是否构成不当得利，关键在于举证责任的分配。根据《最高人民法院关于适用〈中华人民共和国民事诉讼法〉的解释》第91条“人民法院应当依照下列原则确定举证证明责任的承担，但法律另有规定的除外：（一）主张法律关系存在的当事人，应当对产生该法律关系的基本事实承担举证证明责任；（二）主张法律关系变更、消灭或者权利受到妨害的当事人，应当对该法律关系变更、消灭或者权利受到妨害的基本事实承担举证证明责任”的规定，主张权利的人应就权利产生的法律要件事实承担举证证明责任。根据《民法通则》第92条“没有合法根据，取得不当利益，造成他人损失的，应当将取得的不当利益返还受损失的人”的规定，不当得利的构成要件有四：一方获得利益；一方受到损失；获利与受损之间具有因果关系；获得利益无法律上的原因。现聂某主张其享有不当得利请求权，应当对本案是否符合不当得利的构成要件承担举证责任；黄某辩称案涉款项系聂某向其支付的借款本息，亦应承担相应举证责任。虽然不当得利构成要件中，无法律上的原因往往是一种消极事实，举证较为困难，但诉讼中聂某自始至终主张其向黄某的付款均系基于李某的指示即为受李某的委托进行的款项支付，都在证明其给付行为体现的是其与李某之间的民间借贷关系，对黄某关于案涉款项系归还其借款本息的主张不予认可。结合聂某在8个月内九次向黄某银行账户付款，黄某接受款项的银行账号系由黄某直接提供给聂某等事实分析，聂某对给付对象和给付金额具有充分的认知，相关付款行为亦是基于真实意思在控制财产的变动，不存在给付意思欠缺或意思表示错误的情形。本案中基于现有证据和当事人无争议的事实，聂某的给付原因无法认定，在给付原因查明之前，不能直接视为无法律上的原因，从而认为黄某接收款项的行为构成不当得利，故原二审判决对聂某的相关诉讼请求未予支持并无不当。二审关于黄某与聂某是否存在合法有效且真实的借款关系的事实为消极事实的论理不当，予以纠正。

【审查思路】

本案的案由为不当得利纠纷，原告聂某所列明的被告为黄某，李某为便于查明事实的第三人，聂某的诉讼请求为黄某返还聂某人民币130750元及利息。

检察机关将抗诉的核心观点放在聂某所提交的证据“能够证明其向黄某持续转账系基于其与李某之间的借款关系而向李某偿还借款利息”——核心是事实证据问题，认为支持这一主张的事实证据已经达到高度盖然性的标准——而再审法院并不赞同这一观点，认为在案事实证据并不足以支持聂某根据李某指示向黄某打款系还款的主张。在此基础上，进一步认为黄某未能提交证据证明其取得款项有法律依据。

分析通常情况下不当得利纠纷的举证责任分配问题：第一，法律依据。当时有效的《民法通则》第92条规定，没有合法根据，取得不当利益，造成他人损失的，应当将取得的不当利益返还受损失的人。第二，原告提起不当得利纠纷应当举证证明的事实包括，对方取得利益、己方遭受损失，对方利益和己方损失之间存在因果关系。第三，取得利益具有“合法根据”的证明责任，通常应当由被告即得利一方承担。不当得利纠纷举证责任分配的特殊性，通常认为有两方面的考虑：一是消极事实难以证明，即原告难以证否；二是证据距离，被告更有利于提交其获利具有法律上依据的证明。

至于本案的特殊性仅仅在于，聂某以不当得利纠纷提起诉讼，却一直在试图证明其付款是按照李某的指示进行，在被李某否认之后才主张不当得利，检察机关抗诉亦认为原案证据能够证明聂某是按照李某的指示向黄某付款（再次证明事实证据的高度盖然性是检察官难以说服法官的问题，远不如单纯地指向举证责任分配干脆、彻底，有据可循），再审裁判亦忽略了黄某的证明责任，将查明给付原因的证明责任交给了聂某，并认为“在给付原因查明之前，不能直接视为无法律上的原因，从而认为黄某接收款项的行为构成不当得利”，值得进一步探讨。

【案例3】劳动者的基础举证责任与用人单位就其控制证据的举证责任——山东省高级人民法院（2020）鲁民再99号民事判决：王甲与王乙系父子关系。王甲生前有电焊工五级证书。李某为个体工商户，从事非生产性废旧金属回收。2016年11月9日12时50分，王甲骑摩托车与他人发生交通事故，造成颅脑损伤死亡。王甲负事故同等责任。2017年2月16日，王乙提起劳动仲裁，仲裁委员会决定不予受理。王乙向法院提起诉讼，主张其父系上班途中发生交通事故，应认定为工伤，享受工伤待遇，请求确认劳动关系、支付二倍工资。李某主张与王某非劳动关系，而是雇佣关系；请求二倍工资已经超过诉讼时效。原审法院认为，当事人未能提供证据或者证据不足以证明其事实主张的，由负有举证责任的当事人承担不利的后果。本案中，李某系个体业主，亦符合用工主体资格；王甲符合劳动者主体资格，且有电焊工证书；李某安排王甲工作并发放工资，确认王甲生前与李某之间存在劳动关系并无不当。李某反驳王乙的主张没有提供证据证明，不予支持。李某的上诉请求不能成立，应予驳回。

【抗诉观点与再审结果】

检察机关抗诉认为：本案争议的焦点是李某与王甲之间是否存在劳动关系。

第一，从本案证据来分析。《最高人民法院关于民事诉讼证据的若干规定》第73条规定：“双方当事人对同一事实分别。举出相反的证据，但都没有足够的依据否定对方证据的，人民法院应当结合案件情况，判断一方提供证据的证明力是否明显大于另一方提供证据的证明力，并对证明力较大的证据予以确认。”从本案双方提供的证据可以看出，李某提供了与王甲相类似情况的三名雇工的证言，以及经常给其送货的宋某的证言，均证实王甲在李某处从事临时工作，两人系临时性雇佣关系。王乙除提供了与本案无直接关联性的有关王甲交通事故的证据，以及王甲职业证书外，仅提供了两名近亲属张某、田某的证人证言，且张某的陈述存在矛盾之处。显然李某提供的证据的证明力大于王乙提供的证据的证明力，王乙提供的证据尚未达到民事诉讼“高度可能性”的证明标准。李某作为个体工商户，主张其用工均是临时用工、工资每日以现金形式结算，其无法提交工资发放凭证、记录及各种考勤表等，符合常理，二审法院认定李某未能提供此类证据，应当承担举证不利后果，属于举证责任分配不当。

第二，从人身依附性方面来分析。个体工商户用工行为与个体工商户业主的雇佣行为在实践中较难区分，因此，判断是否成立劳动关系应当从劳动关系成立的实质要件入手。通常来说，劳动关系的主要法律特征为劳动者与用人单位之间存在人格、经济、身份上的依附性，以及主体上的不平等性。原审中，李某提供的 4 名证人证言均认为李某与王甲之间系非连续性的、工资日结的雇佣关系，从而证明双方之间不存在人身隶属关系。此外，从以下因素分析，亦能间接证明王甲与李某并非成立具有隶属性的劳动关系。一是王甲于 2016 年 7 月 2 日取得电焊工五级证书（初级），王乙起诉称王甲自 2013 年 1 月至 2016 年 11 月 9 日在李某处工作，其在李某处工作三年半后才取得电焊工初级证书，说明其考取该证书并非为在李某个体工商户处工作。二是王乙在原审中提供的作为证据的与李某的通话录音，证明王乙认可王甲有从事电焊工的工具，但李某称王甲在其处干活不用带工具，给别人干活的时候拉着去，能够间接证明李某关于“王甲也给其他人干活”的主张。综上分析，本案中，王乙提交的证据不足以证明李某与王甲之间存在劳动关系。

法院再审认为：本案的争议焦点为王甲与李某之间是否存在劳动关系。该院认为，王甲与李某之间不存在劳动关系。首先，无证据证明王甲与李某之间双方有建立实际意义上劳动关系的合意。劳动合同应当是用人单位与劳动者在公平、平等自愿、协商一致、诚实信用的原则下达成的权利义务关系的协议。王乙作为原告提起诉讼，向李某主张自2013年1月至2016年11月9日，王甲与李某之间存在劳动关系，对此其有责任提供证据证明。王乙除提供了与本案无直接关联性的有关王甲交通事故的证据，以及王甲职业证书外，仅提供了两名近亲属张某、田某的证人证言，双方未签订书面劳动合同且张某的陈述存在矛盾之处。因与一方当事人有利害关系的证人出具的证言不能单独作为认定案件事实的依据，王乙诉称的事实及理由并不能达到认定具备劳动关系的证明标准。其次，从劳动关系的特性分析，在劳动关系中，劳动者提供劳动具有不可替代性，劳动者与用人单位之间具有人格从属性，存在行政隶属关系，劳动者以用人单位内部成员的身份进行劳动，接受用人单位全面的管理。本案中，李某提供了与王甲类似情况的三位雇工及一位给其送货的人员共四份证人证言，四人均证实李某与王甲之间系非连续性的、工资日结的雇佣关系，从而证明双方之间不存在管理与被管理的人身隶属关系。结合李某系个体工商户，从事非生产性废旧金属回收的工作性质、王乙提供的与李某的通话录音，以及李某提交的证人证言，证明王甲在李某处做工的行为仅是向李某提供了劳务，李某按日向其支付报酬更符合本案实际。王甲提供劳务的行为具有临时性、阶段性的特点，并不在李某处固定工种或岗位，双方不存在从属的身份关系。因此，王乙要求确认王甲与李某之间存在事实劳动关系并请求支付未签订劳动合同期间二倍工资的主张依据不足，法院不予支持。

【审查思路】

本案原审认为，李某安排王甲工作并发放工资，李某作为个体工商户是用人单位，掌管着工资发放凭证、记录及各种表格如考勤表、登记表等资料，李某未能提供此类有关证据，要承担举证不利后果。从证据能力和证据距离出发，将举证责任分配给李某，是否恰当?

第一，对于劳动关系的认定，双方均有证明责任，劳动者一方负有基础证明责任，用人单位就其掌握、管理的证据负有证明责任。

认定劳动关系参照下列凭证：(1) 工资支付凭证或记录（职工工资发放花名册）、缴纳各项社会保险费的记录；(2) 用人单位向劳动者发放的工作证、服务证等能够证明身份的证件；(3) 劳动者填写的用人单位招工、招聘登记表、报名表等招用记录；(4) 考勤记录；(5) 其他劳动者的证言等。

根据前述分析，发生劳动争议，当事人对自己提出的主张有责任提供证据，劳动者一方有证明责任，如提供其履行劳动合同义务的证据，收取用人单位发放工资的证据；同时，根据证据规则的规定，与争议事项有关的证据属于用人单位掌握、管理的，用人单位应当提供，用人单位不提供的，应当承担不利后果。

第二，双方均未尽到证明责任，应当分析双方证明责任的逻辑顺序。原审的裁判逻辑在于——李某作为个体工商户，符合用人单位的主体条件，故李某如欲反驳王乙的主张，否认存在劳动关系的，应提供（向他人支付）工资支付凭证或记录（职工工资发放花名册）、缴纳各项社会保险费的记录、劳动者填写的用人单位招工招聘登记表、报名表等招用记录、考勤记录等材料，证明其与该劳动者之间不存在劳动关系——这一逻辑并没有问题，但是忽略了王乙就其主张事实劳动关系存在的“基础证明责任”。

原劳动和社会保障部《关于确立劳动关系有关事项的通知》第2条规定，工资支付凭证或记录、职工工资发放花名册、缴纳各项社会保险费的记录、招工招聘的登记表、报名表等招用记录、考勤记录的有关凭证由用人单位负举证责任。是否意味着由用人单位就事实劳动关系承担举证证明责任，是否意味着证明责任倒置，原审裁判似乎持这样的观点。根据《最高人民法院关于适用〈中华人民共和国民事诉讼法〉的解释》第91条第1项规定，主张法律关系存在的一方，应当对产生该法律关系的基本事实承担举证证明责任，也就是说，劳动者主张与用人单位之间存在事实劳动关系的，应当由劳动者一方承担举证证明责任，劳动者应当提交证据证明与劳动关系有关的基本事实，比如，向用人单位提供了劳动的事实、用人单位进行了用工管理的事实，以及支付劳动报酬的事实等；同时考虑到，通常情况下，招工招聘登记表、报名表等招用记录，以及工资支付凭证、考勤记录等有关凭证都是由用人单位掌握和控制的，故而根据《最高人民法院关于适用〈中华人民共和国民事诉讼法〉的解释》第112条规定的“书证提出命令”制度，劳动者有证据证明用人单位持有这类证据的，可以申请人民法院责令用人单位提交，但这并不代表举证证明责任转由用人单位承担。王乙未能提供证据证明王甲为李某提供了固定的劳动、王甲领取了劳动报酬、李某对王甲进行了用工管理，既没有完成基础证明责任，也未能证明李某持有工资支付凭证或记录（职工工资发放花名册）、缴纳各项社会保险费的记录、劳动者填写的用人单位招工招聘登记表、报名表等招用记录、考勤记录等材料，加之本案案情特殊，李某属于个体工商户，其用工形式灵活，可能均是零散雇工。

总体来说，对于劳动关系的认定，双方均有证明责任，劳动者一方负有基础证明责任，用人单位就其掌握、管理的证据负有证明责任；双方均未尽到证明责任，应当分析双方证明责任的逻辑顺序。

【案例4】医疗损害责任案件的证明责任——河北省高级人民法院（2020）冀民再88号民事判决：张某在某村卫生室执业。2011年2月23日下午5点40分左右，杨某因身体不适在其母亲陪同下到某村卫生室治疗。张某为其配药输液，对其输液的配方为黄芪20ml、5%葡萄糖200ml。之后杨某因身体仍然不适到其他医疗机构进行治疗。2013年，杨某提起原案诉讼。诉讼中，经杨某申请，一审法院委托A司法鉴定中心对杨某申请“因乏力就诊，某村卫生室给原告静脉输入黄芪20ml加5%葡萄糖200ml的处置是否得当、是否违反诊疗常规；原告输入黄芪20ml加5%葡萄糖200ml后即难受，出现恶心、想吐、不自主喘息、站立不稳、抽搐、针孔周围红肿、右侧脸和耳后出现水泡、红疹等症状与某村卫生室的医疗行为是否存在因果关系，如存在因果关系，过错程度是多少”的事项进行鉴定，该鉴定机构受理后因申请事项超出其鉴定业务范围而退案。后一审法院又委托B鉴定研究所进行鉴定，该鉴定机构不予受理。经杨某再次申请，一审法院通过C司法科学证据鉴定中心对上述事项进行鉴定，该鉴定机构受理后因患方对医方门诊登记本真实性有异议而终止鉴定。

原审法院认为：当事人对自己提出的诉讼请求所依据的事实或者反驳对方诉讼请求所依据的事实有责任提供证据加以证明。没有证据或者证据不足以证明当事人的事实主张的，由负有举证责任的当事人承担不利后果。本案中，杨某在某村卫生室进行诊疗，虽经杨某申请委托多家鉴定机构对医疗机构和医务人员是否存在过错进行鉴定，但均未果。杨某未能提供相应证据证实该医疗机构和张某在对其诊疗的过程中存在过错，应承担举证不能的责任。故一审法院驳回杨某的诉讼请求并无不当。

【抗诉观点与再审结果】

检察机关抗诉认为：原审判决适用法律错误。

第一，张某在对杨某的诊疗过程中存在医疗不规范行为。张某在对杨某进行诊疗过程中，在《乡村医生诊疗登记本》上，未按规定书写药物过敏史等相关项目。此外，根据杨某提供的《黄芪注射液说明书》显示，黄芪注射液过敏体质者禁用，用药前未仔细询问患者有无过敏史，未加强全程用药监护和安全性监测，未密切观察用药反应，未能在开始30分钟发现异常并立即停药。

第二，本案医疗机构和张某应当承担举证不能的法律后果。依据《最高人民法院关于民事诉讼证据的若干规定》第4条第1款第8项规定[①]，因医疗行为引起的侵权诉讼，由医疗机构就诊疗行为与损害结果之间不存在因果关系及不存在医疗过错承担举证责任。本案中，某村卫

---

① 2002年的司法解释，被2010年颁布实施的《侵权责任法》进行了实质修正，援引是否合适？——笔者注

生室、张某应就其不存在医疗过错及其医疗行为与损害结果之间不存在因果关系承担举证责任。在诉讼期间虽然杨某向法院申请了医疗事故鉴定，但鉴定最终未能进行。鉴定意见仅是民事诉讼证据的一种，本案鉴定在未能进行的情况下，法院应结合双方陈述及证据等情况对某村卫生室、张某是否具有过错，以及医疗行为与损害结果之间是否存在因果关系等问题综合作出认定。因此，终审法院认为在未进行鉴定的情况下，没有充分的证据推定某村卫生室和张某对杨某的诊疗存在过错，由杨某承担举证不能的责任，属于举证责任分配不当。

法院再审认为：杨某以某村卫生室和张某在本次诊疗活动中存在严重过错，导致其受到损害为由，要求某村卫生室和张某承担赔偿责任。根据《侵权责任法》第54条规定：“患者在诊疗活动中受到损害，医疗机构及其医务人员有过错的，由医疗机构承担赔偿责任。”患者起诉请求医疗机构和医务人员承担过错赔偿责任，应首先证明诊疗活动侵害了患者的生命权、健康权、身体权而造成财产损害及精神损害，损害后果应当具有客观真实性和确定性。本案中，杨某主张受到损害的主要依据是处方笺和门诊病历记录。处方笺中记载“病情摘要：抽搐（椎体外系黑质病变）”。门诊病历记录中记载“结果：药物过敏致椎体外系反射？待观察”。从上述证据记载情况看，并无医疗机构客观确定的诊断结论，不足以证明杨某在某村卫生室和张某的诊疗活动中受到损害的结果，其主张某村卫生室、张某承担医疗损害责任，因证据不足不予支持。据此，本院认为，原审判决驳回杨某的诉讼请求，并无不当。

【审查思路】

本案的诊疗行为发生于2011年，杨某于2013年提起原案诉讼，检察机关于2019年提出抗诉。2010年施行的《侵权责任法》第54条关于“患者在诊疗活动中受到损害，医疗机构及其医务人员有过错的，由医疗机构承担赔偿责任”规定，系医疗损害责任的一般归责原则；第58条规定医疗损害责任的推定过错，即有以下情形“（1）违反法律、行政法规、规章以及其他有关诊疗规范的规定；

（2）隐匿或者拒绝提供与纠纷有关的病历资料；（3）伪造、篡改或者销毁病历资料”推定医疗机构有过错。而检察机关抗诉所援引的最高人民法院于2002年4月1日施行的《关于民事诉讼证据的若干规定》第4条的规定，“下列侵权诉讼，按照以下规定承担举证责任：（八）因医疗行为引起的侵权诉讼，由医疗机构就医疗行为与损害后果之间不存在因果关系及不存在医疗过错承担举证责任”，已被2010年7月1日施行的《侵权责任法》所修正，医疗损害责任不再施行“举证责任倒置”，而应当由患者一方承担举证责任，患者一方通常需要通过申请鉴定，证明损害后果与诊疗行为之间的因果关系，以完成举证责任。最高人民法院于2017年12月14日施行的《关于审理医疗损害责任纠纷案件适用法律若干问题的解释》第4条进一步明确一般医疗损害责任案件中，患者应当对就诊、损害、医疗过错、因果关系承担举证责任，检察机关援引已废止的司法解释提出抗诉，再审法院适用侵权责任法未采纳抗诉理由。至于检察机关的实体抗诉理由，认为某村卫生室一方未询问、书写患者过敏史，存在诊疗过错，但是对于患者的损害后果、诊疗过错与患者的损害后果之间的因果关系均由于没有鉴定意见，未能查明。

2. 举证责任是否发生转移

【案例】北京市高级人民法院（2015）高民抗提字第929号民事判决：2008年5月28日，甲公司将其综合楼的建设工程发包给乙公司，并签订了建设工程施工合同。2008年6月1日，乙公司授权的王某与吴某签订了该综合楼建设工程施工劳务分包合同。合同约定：劳务费单价为每平方米380元；建筑面积4500平方米；合同价款为171万元；开工日期为2008年5月20日，竣工日期为2008年7月20日。另外，双方在合同中对其他事项进行了约定。自2008年5月20日起，吴某为乙公司提供劳务。2008年12月22日，吴某与王某签订综合楼工程劳务结算，总计工程劳务结算为185万元，但乙公司未给吴某劳务费。经某劳动和社会保障局的协调，乙公司支付给吴某工资135万元。2009年11月2日，吴某诉至法院，要求乙公司给付剩余的劳务费50万元。原审法院认为吴某不能提交充分证据证明其所述，故吴某要求乙公司给付拖欠的劳务费50万元的诉讼请求证据不足，法院不予支持。

【抗诉观点与再审结果】

检察机关抗诉认为：原审要求吴某就乙公司拖欠的劳务费50万元承担举证责任，并在吴某未提供费用证据的情况下判决驳回其诉讼请求，属于适用法律确有错误。本案中，乙公司未主动审查吴某是否具有建筑资质，将工程分包给不具备相应资质条件的施工人的行为，违反了法律的相关规定，对造成合同无效负有主要过错责任。吴某不具备相应资质条件，与乙公司签订建筑工程施工劳务分包合同并施工，对合同无效也负有过错责任。但吴某作为施工方付出了劳动，因此施工方应得到合理补偿。某县人力资源和社会保障局调解结清的工人工资并不等于吴某要求乙公司给付的劳务费。乙公司在某县人力资源和社会保障局支付的135万元并不是乙公司支付全部劳务费的证据，原判在此基础上要求吴某承担举证责任，举证责任分配不当，适用法律确有错误。

再审裁判认为：关于乙公司是否应支付吴某剩余劳务费的问题，乙公司称，双方间纠纷也已经某县人力资源和社会保障局调解结清了，支付给吴某的135万元就是双方一揽子解决纠纷的全部费用。根据施工队所有在职人员工资表反映，135万元只是发放给工人的工资，双方合同约定劳务费除工人工资外还包括劳务统筹费用、管理费用、各项保险费用等，故乙公司在未提供充分证据证明双方纠纷已全部解决，仅凭支付的135万元工资表并不能证明已向吴某支付全部劳务费，其仍应承担剩余款项的支付义务。原判要求吴某承担剩余款项的举证责任，举证责任分配不当，应当予以纠正。

【审查思路】

如上，本案吴某提起诉讼，要求乙公司支付剩余的劳务费，对其主张的事实和数额负有举证责任；原审中，吴某提供了建设工程施工劳务分包合同、综合楼工程劳务结算、乙公司给王某出具的授权委托书、收条等证据材料，证明劳务费的数额为185万元，乙公司已支付135万元，尚欠50万元；乙公司以某县人力资源和社会保障局已调解结清了相关纠纷为由进行抗辩，原审法院据此认为仍应由吴某承担举证责任。再审经过审查在案现有证据，认为135万元只是发放给工人的工资，双方合同约定的劳务费用还包括劳务统筹费用、管理费用、各项保险费用等，故乙公司在未提供充分证据证明双方纠纷已全部解决，仅凭支付的135万元工资表并不能证明已向吴某支付全部劳务费，仍应承担剩余款项的支付义务，原审举证责任分配不当。实质上，本案举证责任分配的问题在于，在乙公司以调解结清为由进行抗辩时，原审对证据的审查不当，该证据不足以证明185万元劳务费全部结清，故吴某对其50万元劳务费的主张不再负有转移而来的证明责任。

3. 负有履行义务一方的举证责任

【案例】新疆维吾尔自治区高级人民法院（2022）新民再51号判决：2013年5月至8月，马某因建房需要，从姚某处购砖65300块；马某又找姚某为其女儿购砖40800块，马某共从姚某处购砖106100块。马某称砖款已现金付清，因客观原因无法提供相应付款凭证。姚某提起诉讼，请求判令马某支付红砖款（包括运费）合计40318元。

原审认为，姚某提交的砖票属于送货单，砖票中的记载内容没有关于马某欠款未付的内容以及欠款金额，故仅能证明供货数量，不具有证明债权存在的证明效力，姚某诉称马某欠付砖款的事实没有证据证明，判决驳回姚某的诉讼请求。

【抗诉观点与再审结果】

检察机关抗诉认为：原审判决举证责任分配不当。马某不否认姚某出具的砖票，对双方之间存在买卖合同及收到姚某提供的红砖的事实均予认可，可以认定姚某已经完成了举证责任。《最高人民法院关于民事诉讼证据的若干规定》第5条第2款规定：“对合同是否履行发生争议的，由负有履行义务的当事人承担举证责任。”马某作为支付砖款的义务方，应当就已支付完毕货款承担举证不能的不利后果，原审法院将举证责任分配给姚某不当，适用法律错误。

法院再审认为：关于马某是否付清案涉红砖货款的问题，《民事诉讼法》第64条规定：“当事人对自己提出的主张，有责任提供证据。”《最高人民法院关于适用〈中华人民共和国民事诉讼法〉的解释》第90条规定：“当事人对自己提出的诉讼请求所依据的事实或者反驳对方诉讼请求所依据的事实，应当提供证据加以证明，但法律另有规定的除外。在作出判决前，当事人未能提供证据或者证据不足以证明其事实主张的，由负有举证证明责任的当事人承担不利的后果。”第91条规定：“人民法院应当依照下列原则确定举证证明责任的承担，但法律另有规定的除外：（一）主张法律关系存在的当事人，应当对产生该法律关系的基本事实承担举证证明责任；（二）主张法律关系变更、消灭或者权利受到妨害的当事人，应当对该法律关系变更、消灭或者权利受到妨害的基本事实承担举证证明责任。”本案中，马某作为付款义务方，应当对其已付清砖款的事实主张承担举证证明责任，否则应当承担不利后果。马某虽主张其已通过现金支付完毕，但姚某不予认可，在马某未提供相应付款凭证或收条予以证明的情形下，其抗辩付清砖款的主张事实依据不足，故其主张不能成立。原审法院举证责任分配错误，导致事实认定错误，应予纠正。检察机关关于原审法院举证责任分配错误的抗诉理由成立。

【审查思路】

本案案情相对简单，是典型的举证责任分配错误。案由为买卖合同纠纷，姚某持砖票提起诉讼，证明其履行了供货义务，马某予以认可；马某主张现金支付了货款，姚某不予认可。此时，马某是否付款的证明责任在谁？原审认为砖票不属于债权凭证，认为姚某完成证明责任，实则将马某是否付款的证明责任分配给了姚某。对合同是否履行发生争议的，由负有履行义务的当事人承担举证责任，买卖合同为双务合同，姚某对于其履行合同义务完成了证明责任，马某的付款行为马某的合同义务，应当由马某承担证明责任。

类似情形还有山东省高级人民法院（2020）鲁民再286号民事判决，该案的原审将是否偿付货款的证明责任分配给了卖方，免除了买方对于己方已经足额偿付货款的证明责任，经检察机关抗诉，再审法院予以纠正。

4. 反驳对方诉讼请求事实的举证责任

【案例】 内蒙古自治区高级人民法院（2020）内民再181号民事判决：杨某与王某于1996年7月7日登记结婚，婚后育有一子。2015年5月7日，王某诉至法院，请求确认杨某名下的房屋属于双方共同共有，法院判决支持王某的诉讼请求。2015年5月7日，杨某（乙方）与某土地收储中心（甲方）签订房屋征收货币补偿协议，协议约定，甲方征收乙方名下房屋，给付乙方补偿款共计578626元。2015年6月19日杨某出具收条，收据载明其收到某土地收储中心地上物拆迁补偿款578626元。2015年6月19日，杨某从账户转给案外人董某578626元。2016年5月18日，王某提起离婚诉讼，后王某撤回起诉。2016年6月25日，杨某从其银行账户支取80万元。后王某提起诉讼，请求依法分割夫妻共同所有的拆迁款578626元及现金80万元。原审认为。双方当事人仍在婚姻关系存续期间，王某请求分割相应的夫妻共同财产，未提供充分的证据证明杨某存在隐藏、转移财产的行为，故对其上诉主张不予支持。

【抗诉观点与再审结果】

检察机关抗诉认为：原审判决适用法律确有错误。《最高人民法院关于适用〈中华人民共和国民事诉讼法〉的解释》第90条第1款规定："当事人对于自己提出的诉讼请求所依据的事实或者反驳对方诉讼请求所依据的事实，应当提供证据加以证明，但法律另有规定的除外。"

第91条规定，主张法律关系存在的当事人，应当对产生该法律关系的基本事实承担举证证明责任，主张法律关系变更、消灭或者权利受到妨害的当事人，应当对法律关系变更、消灭或者权利受到妨害的基本事实承担举证证明责任。本案中，王某以杨某转移、隐藏夫妻共同财产为由诉至法院要求进行分割，对其主张的杨某从银行取款80万元的事实，提供了银行卡交易明细清单作为证据。杨某认可取款记录的真实性，承认2016年6月25日从其银行卡内支取现金80万元的事实。至此，王某的初步举证责任已经完成。杨某主张该款系王某、杨某二人协商后一同取款，款项取出后交由王某保管。王某对杨某主张的事实予以否认。同时，取款时间正处于二人离婚诉讼期间，王某作为银行员工，不通过转账等方式收款而与杨某从银行支取80万元的大额现金予以保管，不合常规。根据上述司法解释的规定，杨某提出反驳王某的诉讼请求所依据的二人协商一致、共同取款及款项取出后交由王某保管等主要事实应当提供证据予以证明，否则将承担不利的后果。原审法院认为，王某未提供充分的证据证明杨某存在隐藏、转移财产的行为，举证责任分配不当，属适用法律错误。

法院再审认为：根据《最高人民法院关于适用〈中华人民共和国婚姻法〉若干问题的解释（三）》第4条规定："婚姻关系存续期间，夫妻一方请求分割共同财产的，人民法院不予支持，但有下列重大理由且不损害债权人利益的除外：（一）一方有隐藏、转移、变卖、毁损、挥霍夫妻共同财产或者伪造夫妻共同债务等严重损害夫妻共同财产利益行为的……"本案中，杨某对其于2016年6月25日支取现金80万元的事实并无异议，但辩称已经将该款项交给了王某。经查，王某于2015年5月就双方共同财产的确认提起诉讼，2016年5月18日因解除婚姻关系纠纷提起诉讼，由此可以证实在此期间王某与杨某夫妻关系产生信任危机。杨某辩称取款当天将钱给了王某，但王某不认可其收到80万元。杨某辩称支付80万元的行为发生于王某与其离婚诉讼期间，且款项数额巨大，其辩称理由不合常理，在王某否认收到该笔款项的情况下，杨某应当就其辩称理由提供证据，本案诉讼至今，杨某未能够提供80万元交付王某的相关证据，故法院对杨某关于将80万元交付王某的答辩意见不予采信。杨某在王某提起离婚诉讼期间将其银行账户内80万元现金取出，根据杨某银行账户流水明细，该80万元系杨某于2015年6月25日分两次从其账户转入的，该笔款项属于王某、杨某的共同财产，双方对该笔款项应平等地享有占有、使用、收益和处分的权利。杨某在2015年6月25日将80万元取出独自支配，在本案诉讼期间，其对该80万元的去向未能作出合理解释，亦未能提供证据证明王某的诉讼请求损害债权人利益，其行为已经构成转移夫妻共同财产，严重损害了王某对夫妻共同财产的平等支配权。故依据《最高人民法院关于适用〈中华人民共和国婚姻法〉若干问题的解释（三）》第4条的规定，虽然王某、杨某二人婚姻关系仍在存续期间，但杨某有转移夫妻共同财产严重损害对方当事人合法权益的行为，王某关于分割80万元的诉讼请求符合法律规定，法院予以支持。

【审查思路】

本案检察机关抗诉理由和再审裁判一致认为，原审举证责任分配不当。本案案由为婚姻家庭纠纷，王某提交证据证明了双方离婚诉讼期间，杨某从银行账户取款80万元的事实，以证明杨某转移夫妻共同财产，已经完成初步证明责任；证明不存在转移夫妻共同财产的证明责任转移至杨某；至于杨某辩称将该80万元交给王某，但未能提交证据证明，其辩解也不符合常理，故而应当承担举证不利的后果。

二、对证据认定的审查

《民事诉讼法》第71条规定，“证据应当在法庭上出示，并由当事人互相质证”。《最高人民法院关于适用〈中华人民共和国民事诉讼法〉的解释》第104条规定，“人民法院应当组织当事人围绕证据的真实性、合法性以及与待证事实的关联性进行质证，并针对证据有无证明力和证明力大小进行说明和辩论。能够反映案件真实情况、与待证事实相关联、来源和形式符合法律规定的证据，应当作为认定案件事实的根据”；第105条规定，“人民法院应当按照法定程序，全面、客观地审核证据，依照法律规定，运用逻辑推理和日常生活经验法则，对证据有无证明力和证明力大小进行判断，并公开判断的理由和结果”。第108条第1款规定，“对负有举证证明责任的当事人提供的证据，人民法院经审查并结合相关事实，确信待证事实的存在具有高度可能性的，应当认定该事实存在”。按照前述规定，法院应当对证据的真实性、合法性和关联性进行审查，对证据能力和证明力进行审查。

以“证据不当”（意在检索采信证据不当、认定证据不当、审查证据不当等内容）和“抗诉认为”为关键词，在中国裁判文书网上进行检索，共有60个检索结果，对检索结果进行逐一分析，选择在证据认定规则上有碰撞、有明显错误的案例进行分析（如有案情类似的案件，则选取时间较为新近的进行分析），以期为检察官研究原审裁判证据认定问题提供思路。

（一）未经庭审质证而采信证据

【案例】四川省雅安市中级人民法院（2021）川18民再6号民事判决：2003年8月20日，原告王某、范某琼与汉源县某乡某村1组、2组、5组三被告签订土地承包合同，并经该村委会和乡人民政府确认。2003年8月29日，汉源县公证处依法对此份合同进行公正。该合同对承包土地的位置、用途、开发承包地和修建公路的资金、承包费、承包期限等作出明确约定。合同签订后，原、被告双方依约履行合同。2005年1月，原告受让范某琼承包被告土地份额独自经营承包地。同年，因原告王某前期投入资金过大加之栽种的经济作物未挖取，被告同意原告在挖取经济作物时补交所欠承包费。2007年，在原告不知情且栽种的经济作物未挖取的情况下，康某洪、单某华以签订承包合同为由，将原告栽种1组、2组被告承包地内的经济作物挖除并进行种植经营。2015年10月20日，汉源县某乡某村委会就1组、2组被告一地二租之事召开会议并确认，原告与三被告签订的合同有效，双方继续按原合同履行。同日1组、2组被告和该村委会联名向康某洪、单某华发告知书，要求他们一月内停止一切耕作等行为。2015年底原告依约实际占有承包地后，投入资金近百万元种植了果树和苗圃，并向三被告交纳了承包费。但2009年至2015年，1组、2组被告就重复出租土地之事虽多次组织原告和康某洪协调，至今未果。原告王某向法院提出诉讼请求：确认原告与三被告于2003年8月20日签订的土地承包合同合法有效。

原审庭审结束后，王某提交了土地使用权流转登记表，该证据提交后法庭并未再行组织质证，便采信该证据作为定案证据，确认了土地承包合同在土地承包期限内合法有效。

【抗诉观点与再审结果】

检察机关抗诉认为：原审法院对王某庭审后提交的土地使用权流转登记表未经庭审质证而予以采信，违反法律规定，剥夺了当事人的辩论权利。

法院再审认为：检察机关以原生效判决损害了社会公共利益为主要理由提起抗诉，本案再审应围绕王某原审的诉讼请求进行审理。王某在原审中要求确认案涉土地承包合同有效，原审判决对其诉讼请求予以支持不当，应予纠正。

《最高人民法院关于适用〈中华人民共和国民事诉讼法〉的解释》第103条规定，“证据应当在法庭上出示，由当事人互相质证。未经当事人质证的证据，不得作为认定案件事实的根据”。质证，是在审判人员的主持下，由诉讼当事人通过听取、审阅、核对、辨认等方法，对提交法庭的证明材料的真实性、合法性和关联性作出判断，无异议的予以认可，有异议的当面质疑和询问的程序。质证的过程是甄别证据、查明案件真相的过程，也是影响法官自由心证的过程，影响法官对证据、对案件事实的总体印象，未经质证的证据，不得作为定案依据。

（二）所采信的各证据之间存在内在矛盾

【案例 1】 甘肃省高级人民法院（2018）甘民再 29 号民事裁定：甲公司提交通信井设计图、示意图等证据以证明涉案通信井不由该公司管理；某市政工程管理处出具“证明”一份，以证明该通信井为甲、乙、丁公司共用，并确认甲公司为涉案电缆井的管理者。仅基于前述证据情况，原审裁判未进一步审查，采信某市政工程管理处的“证明”，认定甲公司负有管理职责。

【抗诉观点与再审结果】

检察机关抗诉认为：原审判决采信证据不当。甲公司提交了通信井设计图、示意图各一份，据此证明涉案通信井不是该公司管理，其不应当承担赔偿责任；而法院采信了某市政工程管理处出具的“证明”，证明该通信井属甲公司、乙公司、丁公司共用，并确认甲公司为涉案电缆井的管理者，应承担相应责任。但某市政工程管理处出具的该“证明”没有任何证据予以佐证，因此，原审法院存在采信证据不当，导致部分事实认定错误。

法院再审认为：原审法院根据某市政工程管理处的“证明”认定甲公司、丁公司、乙公司为涉案通信井的管理、使用主体，判决该三家公司承担相应的赔偿责任。原审中甲公司提交了通信井设计图、示意图；再审中，甲公司提交了 2017 年 3 月 2 日由某市政工程管理处、甲公司、丁公司、乙公司等多方参与形成的《某路段管道井现场会议纪要》，该纪要与丁公司提交的《无盖人井现场勘查确认摘要》内容存在冲突，虽无法据此排除甲公司的责任，但能够印证的客观事实是，涉案通信井内除了本案一审被告乙公司的通信管线外，还有其他公司的通信管线。综上，原审判决认定基本事实不清，证据不足，裁定撤销原判，发回重审。

【案例 2】 广东省佛山市中级人民法院（2018）粤 06 民再 82 号民事判决：邓某于 2013 年 6 月 20 日入职甲公司。2014 年 2 月 7 日，邓某以个人原因向甲公司申请辞工。2014 年 2 月 11 日 18 时 52 分许，邓某在某路段发生交通事故，当场死亡。

原审裁判认为，交通事故发生时，邓某已不是甲公司员工，双方劳动关系已于 2 月 7 日解除，故其死亡不能认定为工伤。原审认定该事实的证据主要有邓某 2 月 7 日的辞工书，且甲公司负责人秦某于同日在辞工书上批示同意，还有甲公司提供的手写考勤卡，甲公司单方出具的打卡表（非原始记录）。同时在案的证据还有，交通事故认定书，显示事故地点距离甲公司仅 200 米，邓某身着保安服，随身携带警棍和对讲机；甲公司提供的打卡明细显示 2 月 1 日至 10 日，秦某处于休假状态；甲公司不能提供考勤打卡的电子记录。对于甲公司提交的证据之间的内在矛盾，其未能提交电子记录的原因，原审法院均未要求甲公司予以合理说明。

【抗诉观点与再审结果】

检察机关抗诉认为：原审认定邓某于 2014 年 2 月 7 日离职，属案件的主要事实缺乏证据证明。

第一，关于邓某离职时间的认定。提出辞职申请和正式解除劳动关系是不同的法律概念。落款签名为“邓某”、日期为 2014 年 2 月 7 日的辞工书也仅能证明邓某于当日申请辞工，并不能证明邓某当天即已离职双方已解除劳动关系。从辞工书的内容看，仅能证明邓某要求辞工，希望尽快回家疗养。秦某在辞工书上签名同意邓某即时离职，但从甲公司提供打卡明细表显示的打卡时间来看，秦某在 2014 年 2 月 1 日至 10 日处于休假状态，甲公司提供的手工拟制考勤表显示此间秦某未打卡考勤。① 该证据足以证明秦某并非在 2 月 7 日当天批注同意邓某离职。至于秦某何时批注，该举证责任应由甲公司承担。原审法院以秦某在职书上注明的批注时间作为认定邓某的离职时间，系采用了瑕疵证据。《劳动合同法》第 50 条第 1 款、第 2 款规定：“用人单位应当在解除或者终

① 两证据之间存在矛盾。——笔者注

止劳动合同时出具解除或者终止劳动合同的证明，并在十五日内为劳动者办理档案和社会保险关系转移手续。劳动者应当按照双方约定，办理工作交接。用人单位依照本法有关规定应当向劳动者支付经济补偿的，在办结工作交接时支付。”甲公司未能充分举证证明邓某已与公司进行工作交接、结清相关借款、服装费、工资并正式离职。结合检察机关从某公安局交通警察大队调取的邓某交通事故案相关证据，查明事故发生地距离甲公司约200米；邓某死亡时穿着公司保安服，随身携带公司警棍和对讲机、辞工时间与事故发生仅间隔4天、甲公司未与邓某进行工作交接和结算工资等，原告主张邓某发生事故时仍在甲公司上班，所举证据证明力高于甲公司，且更符合生活常理。该主张应予支持。

第二，关于因甲公司不提供考勤打卡的电子数据而最终无法鉴定，不利后果应由谁承担的问题。邓某在甲公司考勤机上的打卡记录，是反映其与甲公司之间劳动关系终止日期的关键证据。甲公司在诉讼期间仅提供公司单方面手工制作的打卡记录表，二原告不予认可，并申请对《打卡明细表》在电脑中的电子数据是否存在更改痕迹进行鉴定。甲公司作为持有、掌握、管理打卡记录电子数据的用人单位，负有提供电子数据进行鉴定的法定义务，甲公司在诉讼中不提供，不能鉴定的不利后果应由甲公司承担。

法院再审认为：原审认定证据不当，抗诉理由成立。

第一，邓某在辞工书中陈述的内容不能直接证明双方已经于2014年2月7日实际解除了劳动关系。从辞工书的内容看，邓某只是表明其希望尽快回家疗养和希望领导尽快批准，并未作出其当日之后即不上班的意思表示，在缺乏其他证据证明的情况下，邓某辞工申请的内容不能直接证明邓某已经于2014年2月7日即已经实际与甲公司解除了劳动关系。

第二，甲公司提交的其他证据不能证明邓某和甲公司于2014年2月7日即解除了劳动关系。秦某批注在辞工书上同意邓某即时离职的落款日期为2014年2月7日，但是甲公司在诉讼中提交的考勤表和打卡明细表显示秦某上述期间处于休假状态；手工考勤表系由甲公司手写制作，无邓某的签名确认；打卡明细表也非原始记录，是系甲公司单方出具的，甲公司也不配合进行鉴定。

第三，交通警察大队处理邓某道路交通事故的相关证据证明邓某在发生道路交通事故当天仍在甲公司上班的事实具有较大可能性。发生交通事故的地点与甲公司并不远，且发生事故时邓某身着保安服装，随身携带有对讲机和伸缩警棍，结合生活常识，邓某在发生事故当天仍在甲公司上班的事实具有较大可能性。

【审查思路】

本案的在案证据之间存在内在矛盾，原审依然采信了相互矛盾而无法作出合理解释的证据。第一，秦某对辞工书的审批与考勤表中秦某相应期间实际休假的内容矛盾；第二，甲公司在明明具有电子考勤记录的情况下，坚持只提供手工考勤记录，拒绝对考勤记录进行鉴定；第三，甲公司不能提供应当有劳动者签名的、由用人单位掌握的工作交接清单、工资结算清单等证据。

（三）所采信的证据之间不能相互印证

【案例】内蒙古自治区高级人民法院（2017）内民再171号民事判决：原告周某向法院提起诉讼，请求判令被告冯某偿还欠款2.5万元，并向法院提供冯某向周某发送的手机短信记录，证实冯某承认存在未偿还的到期借款2.5万元。冯某抗辩称，不存在欠周某的到期债务，并提交了证人证言，证实发送相应短信时手机处于周某的实际控制之下，该手机短信的内容不是冯某的真实意思表示。原审判决认为，根据在案的证人证言，能够证实二人曾经抢夺手机，故无法确定手机短信是否为冯某所发，周某的主张不能成立，驳回其诉讼请求。

【抗诉观点与再审结果】

检察机关抗诉认为：原审判决认定的基本事实缺乏证据证明，采信证据不当。原审判决认为“为反驳否定该两条手机短信，冯某、单某提供了证人刘某甲的证言，结合原审调取的董某的笔录，二人均证实抢夺手机的事实存在，故无法确定手机短信是否为冯某所发”，该认定缺乏依据。冯某所主张的周某手机上收到的两条短信不是其所发，是被周某抢走后自行发送的说法没有依据，冯某不能证明发送本案两条短信期间其手机曾处于失控状态，则由此推定该两条手机短信系手机机主冯某自己所发，符合事实逻辑和生活常理。

法院再审认为：冯某认可该短信系其手机发出的，但主张其没有借款，短信是周某抢去手机后发出的，并提供刘某甲、董某、杨某的证人证言予以证明。经核实，刘某甲虽然在一审庭审中出庭作证，证明其在为自己的手机缴费时看到周某抢冯某的手机，但根据一审法院向移动公司调取的证明，刘某甲的手机在其陈述的时间内并没有缴费记录，该证明上加盖移动公司的公章，并有经办人的签字，符合《最高人民法院关于适用〈中华人民共和国民事诉讼法〉的解释》第115条规定的单位向人民法院提出的证明材料的法定形式，证明刘某甲的证言不真实；董某虽然在2012年6月30日在法院所作的调查笔录中陈述其看到了周某抢夺冯某的手机，但在2013年5月8日法院再次做的调查笔录中，其否认了之前所做的证言；杨某的证言也没有周某抢手机的内容。因此，冯某的主张没有证据予以支持，不能成立。该手机短信的内容是冯某对借款事实的认可，与刘某乙、杨某的证言相互印证，能够证实冯某向周某借款25000元的事实，周某的主张成立，应予认定。

（四）二审判决对一审未予质证的证据处置不当

【案例】江西省九江市中级人民法院（2020）赣04民再16号民事判决：原审裁判认定，在涉案房屋2015年7月被法院查封之前，马某就已合法占有该房屋。认定这一事实的证据有，法院调查笔录显示马某于2016年1月向物业公司缴纳物业费、拿走房屋钥匙。原审裁判还认定马某与甲公司之间存在真实的房屋买卖关系，并已支付涉案房屋全部价款。认定这一事实的证据有，商品房预售合同、转账凭证、收据，但转账凭证的主体、用途、数额均不能与涉案房屋买卖一一对应。

【抗诉观点与再审结果】

检察机关抗诉认为：原审判决采信证据不当，认定的基本事实缺乏证据证明。马某未完成举证证明其就涉案执行标的享有足以排除强制执行的民事权益的责任，应承担举证不能的法律后果。

第一，相关证据不能证实马某在人民法院查封之前就已合法占有涉案房产。（1）甲公司出具的交付证明是其向一审法院提交的答辩意见，非证人证言，也未经过庭审质证，一审法院对“房屋已于2015年1月向马某交付”未予认定，二审法院确认一审法院已认定了上述事实，并对该事实予以认定，属认定不当。（2）伍某向二审法院提交了一审法院法官杨某2016年4月14日对小区业主委员会主任姜某作的调查笔录和马某于2016年1月7日缴纳物业费的票据，该调查笔录证实马某于2016年1月向物业公司缴纳物业费，拿走了房屋钥匙，房屋水电未通，也没人住，而一审法院查封涉案房产的时间是2015年7月23日。上述证据能够证明马某于法院查封之前并未合法占有涉案房产。二审法院以该调查笔录未在一审进行庭审质证为由对该证据不予采纳，认定不当。因为一审法院是适用《最高人民法院关于人民法院办理执行异议和复议案件若干问题的规定》第29条对该案作出判决，无须对马某在法院查封涉案房产前是否合法占有房产进行论证，故未将该调查笔录作为证据使用，也无须质证。本案应当适用的是《最高人民法院关于人民法院办理执行异议和复议案件若干问题的规定》第28条的规定，马某在法院查封涉案房产前是否已合法占有房产是本案争议的焦点，对姜某的调查笔录和缴纳物业费的票据是证实该问题的关键证据，二审法院以一审法院未予质证为由不予采纳，处置不当。退一步讲，案争房产查封前马某是否缴纳物业费、入住房屋、使用水电等证明合法占有的佐证依据，应当是马某承担举证责任，而本案中马某并未完成上述证明责任，应当承担举证不能的法律后果。（3）二审判决将“马某持有房屋钥匙”等同于“马某在案争房屋被查封前已持有房屋钥匙”，认定明显不当。

第二，现有证据不足以证实马某与甲公司之间存在真实的房屋买卖关系及已支付涉案房产全部价款的事实。（1）马某提供的商品房预售合同、银行转账凭证、收款收据及房管局出具的合同未备案的证明等证据能证明其与甲公司之间存在形式上的房屋买卖关系，但转账凭证主体、汇款用途、汇款总数和单笔数额不能与购房事项一一对应，转账凭证显示乙公司于2013年1月22日汇入甲公司账户185万元。汇款人不是购房人马某，虽然马某是乙公司的法定代表人，但法律上并非同一主体；汇款总额为185万元，而购房款总额为1937084元，马某声称87084元为现金支付，但并未提供其他证据予以佐证；转款凭证注明用途为“货款”，并非购房款。甲公司收到款项后仅开具了收款收据，而不是正规的交易发票，且收款收据上未注明房号，有违房屋买卖交易习惯。案中的四套房屋和另案中的两套房，共计六套房屋，其中有住宅用房和门面不分楼层高低、朝向、性质，价格均为每平方米2800元，此价格有悖常理。（2）一审执行法官出具的“情况说明”证实一审时马某曾提交了吕某个人打给马某的借条一份，数额185万元，后马某又提交了甲公司开具的收款收据，拿回了借条，该借条明确注明六套房屋是用于抵押借款。

法院再审认为：现有证据不足以证实马某与甲公司之间存在真实的房屋买卖关系及已支付涉案房产全部价款，马某对执行标的不享有足以排除强制执行的民事权益，其诉讼请求应当驳回。原审对证据审核不当，导致认定事实错误，应予以撤销。

第一，马某提交了商品房预售合同、乙公司转账凭证、收款收据及房管局出具的合同未备案的证明等证据，证明其与甲公司之间存在形式上的房屋买卖关系，但转账凭证主体是乙公司而不是购房人马某，汇款用途是货款，转款总数与购房合同总额不一致。虽然马某是乙公司的法定代表人，但法律上并非同一主体。转款凭证注明用途为“货款”，而不是购房款。转账金额为185万元，与购房款总额1937084元不符，马某声称87084元为现金支付，但并未提供其他证据予以佐证，且购房收款收据上均未注明房号，有违房屋买卖交易习惯。案中的房屋不分楼层高低、朝向，价格均为2800元/平方米，亦有悖常理。

第二，一审执行法官出具的情况说明证实：一审在执行过程中，查封了该小区共六套房屋并向马某送达了执行裁定，2015年9月18日，马某委托其下属向法院提出异议并提交了乙公司转款凭证、吕某个人出具给马某的借条（注明以六套房屋抵清借款）、六份借款合同（无签订时间）。2015年10月12日，马某又委托其下属向法院递交乙公司的证明，证明乙公司转给甲公司的185万元是马某个人的购房款，过了几天，马某本人来到法院，称其未委托下属向法院递交材料，同时向法院提交了甲公司开具的购房收据，并取走了吕某出具给马某的借条。为核实该情况说明的真实性，二审承办法官还进行调查并作了谈话笔录。再审认为，该证据能够证明马某与甲公司之间不是真实的房屋买卖关系。

第三，甲公司在再审庭审中陈述，甲公司与马某之间是借贷关系，其向马某出具了借条，双方约定月息2.5分，双方签订了购房合同并进行了网签，实质是抵押担保。

第四，马某与甲公司2013年1月22日签订购房合同，而市政府自2014年4月1日起才停办甲公司开发的案涉房屋所在项目产权变更、抵押、合同签约备案等业务，在长达一年的时间内，马某不申请办理商品房预售合同登记备案手续，有违常理。

【审查思路】

本案中，一审和二审对法律适用的观点发生了变化，《最高人民法院关于人民法院办理执行异议和复议案件若干问题的规定》第28

条和第 29 条[①]有不同的适用条件和审查重点，“在人民法院查封之前已合法占有该不动产”是适用第 28 条时的审查重点，一审法院适用第 29 条，故虽然取得了能够证明马某于法院查封之前并未合法占有涉案房产的证据，但未予质证，而二审变更了法律适用，改适用第 28 条，却依然未对该证据进行质证，以及将甲公司的答辩意见中陈述的内容直接作为证据采信不当。

（五）采信不具有合法性和关联性的证据

【案例 1】云南省曲靖市中级人民法院（2019）云 03 民再 55 号民事裁定：2013 年 6 月 23 日，被告王某芬之夫刘某红向李某翔借款 13 万元，并约定按月支付利息 2000 元，刘某红出具借条一份交由原告李某翔收执，借款后刘某红未履行还款义务。2014 年 9 月 13 日刘某红病逝。被告王某芬与刘某红系夫妻关系，被告刘某贤、刘某芳系刘某红之子女，被告邱某玉系刘某红之母，四被告均属继承人。经李某翔多次催要被告至今尚未偿还借款，2016 年 5 月 26 日，原告李某翔向法院起诉，请求法院依法判决四被告偿还借款 13 万元。原告李某翔向法院提交了如下证据：借条一份，用以证明刘某红向原告借款的数额；证明一份，用以证明刘某红于 2014 年 9 月 13 日病故以及四被告与刘某红的亲属关系。一审法院认为，原告认为刘某红所欠债务属刘某红与被告王某芬的

---

① 《最高人民法院关于人民法院办理执行异议和复议案件若干问题的规定》第 28 条规定，“金钱债权执行中，买受人对登记在被执行人名下的不动产提出异议，符合下列情形且其权利能够排除执行的，人民法院应予支持：（一）在人民法院查封之前已签订合法有效的书面买卖合同；（二）在人民法院查封之前已合法占有该不动产；（三）已支付全部价款，或者已按照合同约定支付部分价款且将剩余价款按照人民法院的要求交付执行；（四）非因买受人自身原因未办理过户登记”；第 29 条规定，“金钱债权执行中，买受人对登记在被执行的房地产开发企业名下的商品房提出异议，符合下列情形且其权利能够排除执行的，人民法院应予支持：（一）在人民法院查封之前已签订合法有效的书面买卖合同；（二）所购商品房系用于居住且买受人名下无其他用于居住的房屋；（三）已支付的价款超过合同约定总价款的百分之五十”。

夫妻共同债务，要求被告王某芬在刘某红死亡后承担偿还责任的诉讼请求依法成立，予以支持。因原告未能提供证据证明刘某红死亡后所留遗产的详细情况及被告刘某贤、刘某芳、邱某玉继承刘某红遗产的事实，原告要求被告刘某贤、刘某芳、邱某玉在继承刘某红遗产的范围内承担偿还责任的诉讼请求依法不能成立，法院不予支持。

【抗诉观点与再审结果】

检察机关抗诉认为：第一，原审法院采用某社区居委会出具的证明作为认定夫妻关系的证据，根据居委会证明认定刘某红与王某芬系夫妻关系，属采信证据不当。第二，该院（1999）宣民初字第691号民事调解书、某市民政局出具的《无婚姻登记记录证明》证实，刘某红与王某芬已于1999年5月18日经调解离婚，此后无再婚姻登记记录。

法院再审认为：原判认定申诉人王某芬与刘某红系夫妻关系事实不清，且适用法律不当，裁定撤销原判、发回重审。

【审查思路】

本案证据采信的错误非常典型，即人民法院在诉讼过程中，应当组织当事人对证据的真实性、合法性和关联性进行质证，按照法定程序将真实、合法、相关的证据作为定案依据，社区居委会不是证明婚姻关系的有权主体，其出具的婚姻关系证明不具有合法性和关联性，原审判决以此为基础认定夫妻共同债务，判令王某承担还款责任，明显不当。

【案例2】湖南省郴州市苏仙区人民法院（2019）湘1003民再2号民事裁定：2006年12月3日，经郴州市北湖区人民法院（2006）郴北执字第388号裁定，将被执行人张某林所有的福沅山庄×栋×号房抵偿给申请执行人中国银行郴州某行。2006年12月13日，何某某与中国银行郴州某行签订了房屋买卖协议，何某某以317497.6元的价款购得了诉争房屋。2006年12月16日，郴州市北湖区人民法院（2006）郴北执字第388号裁定，福沅山庄×栋×号房变卖给何某某。郴州市北湖区人民法院通过执行程序，依法将该房过户到何某某名下，何某某依法取得了该房的所有权。何某某于 2006 年 12 月 28 日向中国银行郴州某行申请住房按揭贷款，并将该房抵押给中国银行郴州某行，在郴州市房产交易与权属登记办理了预购商品房贷款抵押登记备案。2009 年 11 月 12 日，被告周某某不听苏仙公安分局办案民警的劝阻，强行侵入何某某依法取得的福沅山庄×栋×号房进行装修，企图造成非法抢占的事实。何某某向法院提起诉讼，请求判令被告立即停止对原告所有的福沅山庄×栋×号房的非法侵占、侵害，恢复原状。

原审法院认为，在中国银行郴州某行与张某林、福沅公司借款合同纠纷一案时，郴州市北湖区人民法院查封了福沅山庄×栋×号房屋。在执行过程中，张某林和福沅公司明知福沅山庄×栋×号房屋按揭贷款是假的，并且也知道该房屋已卖给了周某某。郴州市北湖区人民法院在执行福沅山庄×栋×号房屋时，应当首先采取拍卖的方式，但没有按照最高人民法院的规定执行，而是让张某林将福沅山庄×栋×号房屋以 1330 元/平方米低于当时的福沅公司的售房价格抵偿给中国银行郴州某行，再由该行卖给本单位职员何某某，损害了周某某的权益。周某某曾向郴州市中级人民法院及郴州市北湖区人民法院申诉，未得到处理。因何某某自购买的福沅山庄×栋×号房屋预告登记几年时间，未办理房产权属证书，根据《物权法》第 20 条第 2 款规定，预告登记后，债权消灭或者自能够进行不动产登记之日起三个月内未申请登记的，预告登记失效。又根据本案具体情况，周某某已足额交纳了购房款，并且已装修入住。故，对何某某要求周某某停止对福沅山庄×栋×号房屋非法侵占、侵害、恢复原状，并保证不入住该房的诉讼请求，本院不予支持。

【抗诉观点与再审结果】

检察机关抗诉认为：原审法院对生效判决已经确认的“张某林在某银行的按揭贷款合法有效”的事实不予采信，却违法采信了某公安局出具的证明。

法院再审认为：原审判决中对于法院生效判决已认定“张某林与某银行、某公司之间签订的借款及抵押合同为有效合同”，及对“案涉房属于假按揭贷款”事实未予采信，而采信了某公安局出具的“证明”认定“案涉房属于假按揭贷款”的事实不当，应予纠正。

【审查思路】

公安机关出具的关于案涉房屋贷款为假按揭贷款的“证明”有什么效力？如果该证据来源真实，只能证明公安机关对相关事实的侦查意见，那么公安机关有无权限评价按揭贷款是否真实？答案是没有。公安机关如果认为相关行为构成犯罪，应当按照程序移送起诉，由检察机关进一步审查决定是否提起公诉，最终由法院认定事实，而是否有效、是否虚假属于法律事实，带有评价性质，更应当由法院评价。公安机关行使侦查权，不能对法律关系的性质进行定性。而与公安机关“证明”内容相反的是，法院生效裁判已经认定案涉借款合同和抵押合同为有效合同，未认定案涉房屋贷款为虚假按揭贷款，原审判决不采信生效裁判所确认的内容，反而采信公安机关的证明，属于采信证据不当。

三、对法官释明义务的审查

释明，对法官而言是权利还是义务，抑或既是权利又是义务，当限定了视角——从民事生效裁判监督的视角观察“法官释明”，则更多从法官义务的角度观察——法官是否应当释明而未释明，法官不应释明而释明（超出释明的限度），法官是否错误释明三类情形。故而本书使用了“释明义务”的表述，不属于法官义务的亦可亦可不的内容，或者是否释明对当事人权利不产生实质性影响的，不在研究范围。

（一）释明在司法实践中的基本情况

在聚法案例网检索法院裁判文书，以“释明”为关键词，在裁判文书的“本院认为”部分检索最高人民法院的民事裁判文书，共有1597个检索结果。其中，2014 年 71 件，2015 年 88 件，2016 年 131 件，2017 年 189 件，2018 年 204 件，2019 年 289 件，2020 年 266 件，

2021 年 162 件，2022 年 91 件，2023 年 104 件。从涉及的程序看，再审和审判监督程序 664 件，二审程序 481 件，再审程序 440 件，执行程序 8 件；其中公报案例 8 件，优秀文书 2 件，典型案例 2 件。从结果类型上看，维持原判的 272 件，改变的 1325 件（包含撤销或改判 235 件、发回重审 33 件）。

在聚法案例网以“未释明”为关键词，在裁判文书的“本院认为”部分检索最高人民法院的民事裁判文书有 41 件（另有高级法院 133 件、中级法院 1198 件、基层法院 226 件）；以“不应释明”为关键词，在裁判文书的“本院认为”部分未检索最高人民法院的民事裁判文书（高级法院和中级法院各 1 件）；以“不当释明”为关键词，在裁判文书的“本院认为”部分检索最高人民法院的民事裁判文书，有 1 件（中级法院 36 件、基层法院 2 件）；以“释明错误”为关键词，在裁判文书的“本院认为”部分检索最高人民法院的裁判文书，有 3 件（另有高级法院 6 件、中级法院 38 件、基层法院 4 件）。

再聚焦到民事生效裁判监督，在中国裁判文书网上以“释明”和“抗诉认为”为关键词进行民事裁判文书的检索，有 1184 个检索结果；以“未释明”和“抗诉认为”为关键词进行民事裁判文书的检索，有 17 个检索结果；以“释明错误”和“抗诉认为”为关键词进行民事裁判文书的检索，有 1 个检索结果；以“不当释明”和“抗诉认为”为关键词未检察到相关民事裁判文书；以“不应释明”和“抗诉认为”为关键词亦未检索到相关民事裁判文书。

（二）对法官释明义务的一般观察

2002 年 4 月 1 日起施行的《最高人民法院关于民事诉讼证据的若干规定》第 35 条规定，“诉讼过程中，当事人主张的法律关系的性质或者民事行为的效力与人民法院根据案件事实作出的认定不一致的，不受本规定第三十四条规定的限制，人民法院应当告知当事人可以变更诉讼请求。”这一规定通常被视为开创性地规定了释明制度，要求法官在当事人主张的法律关系的性质或者行为效力与法院认定的不一致时，应当告知当事人可以变更诉讼请求。

2020 年 5 月 1 日起施行的《最高人民法院关于民事诉讼证据的若干规定》对第 35 条进行了相应修改，第 53 条第 1 款规定，“诉讼过程中，当事人主张的法律关系性质或者民事行为效力与人民法院根据案件事实作出的认定不一致的，人民法院应当将法律关系性质或者民事行为效力作为焦点问题进行审理。但法律关系性质对裁判理由及结果没有影响，或者有关问题已经当事人充分辩论的除外”。

从条文表述的变化看，所针对的情形没有发生变化，都是指向“诉讼过程中，当事人主张的法律关系的性质或者民事行为的效力与人民法院根据案件事实作出的认定不一致的”，但法院的行为方式要求发生了变化，由原来规定的“应当告知当事人可以变更诉讼请求”变为“应当将法律关系性质或者民事行为效力作为焦点问题进行审理”。

是否经此可以理解为，就前述情形法官不再负有释明义务？字面的意思是，法官不再必须应当告知当事人可以变更诉讼请求，而应当将相应问题作为焦点问题进行审理——结合“已经当事人充分辩论的除外”的上下文一并理解——应当理解为，将法律关系性质或者民事行为效力作为焦点问题进行审理，是为了促使和保障各方当事人就焦点问题进行充分辩论，在充分辩论后自行选择是否变更诉讼请求，自行明确对民事行为效力的观点，也就是通过法院将相关问题明确为争议焦点，使各方在充分行使辩论权的基础上作出决定。

回到前面的问题，是否法官不再负有释明义务？答案似乎进一步清晰了，不是简单地免除了法官的告知义务，而是改进了释明的方式：当法官就法律关系的性质和民事行为的效力持有与当事人主张不同的观点时，不能保持沉默或径行裁判，而应当通过确立为争议焦点的方式，向当事人进行“开示”，并通过当事人之间的充分辩论，尽量求得更加灵活深入的释明和共同的理解，这也是近年来法学界所关注的“法律观点开示义务”。从这一角度观察，释明也确实更倾向于是法官的一项义务。

例如，原告以买卖合同纠纷提起诉讼，法院经审理，倾向于认为该案是借贷法律关系，即名为买卖实为借贷，能否径行裁判？按照2002年证据规则的释明，可能是：原告，本院经审理认为，本案的法律关系是民间借贷法律关系，你可以变更诉讼请求，你是否变更诉讼请求？按照2020年证据规则则是：双方当事人，本院归纳的争议焦点为：第一，本案的法律关系是什么？买卖合同还是民间借贷或者其他；第二，基于本案的法律关系，被告是否应当承担相应的还款责任，计算依据是什么。第二种方式似乎更加深化了辩论原则和处分原则，帮助当事人更加准确地理解法律关系，作出判断和选择。

（三）法官释明义务的规范分析

以“释明”为关键词，在北大法宝网上进行法律法规、司法解释的检索，检索结果共有5部法律、3部行政法规、252部司法解释；其中，“民法”类的司法解释17部，“合同”类司法解释4部，“知识产权+反不正当竞争”类15部，“公司+企业”类8部，“民事诉讼”类43部（实质检索结果包含已被修正的重复内容，以及许多释明的情形采用了“告知”的表述，范围更广），具体如下：

1. “民法”类（含司法解释和会议纪要）

一是《最高人民法院关于审理买卖合同纠纷案件适用法律问题的解释》（2020年修正）。

第21条　买卖合同当事人一方以对方违约为由主张支付违约金的，对方以合同不成立、合同未生效、合同无效或者不构成违约等为由进行免责抗辩而未主张调整过高的违约金的，人民法院应当就法院若不支持免责抗辩，当事人是否需要主张调整违约金进行释明。一审法院认为免责抗辩成立且未予释明，二审法院认为应当判决支付违约金的，可以直接释明并改判。

《民法典》第585条规定了当事人调低或调高违约金的请求权，当事人只进行免责抗辩而未以调整违约金提出抗辩时，本条规定了法院应当就如果不支持免责抗辩时是否需要调整违约金进行抗辩，并规定了二审对于免责事由是否成立的态度变化时的处理，可以直接释明并改判。

此类情形，实质上是一种选择之诉的引导，比如“如果原告主张的法律关系不成立、法院认定是另一法律关系，则原告的诉讼请求变更为……”,或者“如果法院认定合同无效，则原告的诉讼请求变更为……”等。

未释明的后果可能是导致裁判结果（违约金数额）显失公平的结果（低于造成的损失或者过分高于造成的损失）。

二是《最高人民法院关于审理建设工程施工合同纠纷案件适用法律问题的解释（一）》。

第32条　当事人对工程造价、质量、修复费用等专门性问题有争议，人民法院认为需要鉴定的，应当向负有举证责任的当事人释明。当事人经释明未申请监督，虽申请鉴定但未支付鉴定费用或者拒不提供相关材料的，应当承担举证不能的法律后果。

这一规定实质上是对于当事人承担的举证责任的释明，类似在医疗损害纠纷等案件中也有此类情形（均涉及专门性问题），一方当事人负有举证责任，既有证据不能查明工程造价、质量、修复费用等情况（医疗损害纠纷案件中有可能仅依据既有证据不能查明损害后果、诊疗过错和因果关系），法院认为需要鉴定的，应当向负有举证责任的当事人释明，不仅应当释明鉴定需要，还应当释明不按时支付鉴定费或不提供相关材料的后果。

未释明的后果可能是导致案件事实未能查明，且直接由负有举证责任的一方承担不利后果显失公平。这一规定与民事证据规则的规定有所交叉。

三是2019年《全国法院民商事审判工作会议纪要》。

第13条【诉讼地位】人民法院在审理公司人格否认纠纷案件时，应当根据不同情形确定当事人的诉讼地位……（3）债权人对债务人公司享有的债权尚未经生效裁判确认，直接提起公司人格否认诉讼，请求公司股东对公司债务承担连带责任的，人民法院应当向债权人释明，告知其追加公司为共同被告。债权人拒绝追加的，人民法院应当裁定驳回起诉。

《全国法院民商事审判工作会议纪要》19 次涉及释明，可能与其会议纪要的职责定位有关，更多地强调对各级法官的指导，统一裁判思路，规范法官自由裁量权，以及体现了对于“查明当事人的真实意思，探求真实法律关系”的更高追求[①]，强化实用性，但是，法官未尽《全国法院民商事审判工作会议纪要》规定的释明义务，会造成何种后果？如果仅仅是浪费司法资源，可以通过后续程序补救（如另行提起诉讼），而无须通过民事生效裁判监督程序纠正；如果造成原案的错误裁判，比如案件事实未能查清或者法律适用错误，则应当按照《民事诉讼法》第 211 条的规定审查。

本条是为了查明案件事实。通常，公司人格否认案件以公司债务确定且公司不能清偿为前提（如果公司能够清偿则没有必要否认公司人格、没有必要追究股东的连带责任），判断公司能否清偿债务，需要确保债权人对公司的债权是确定的，在所主张的债权未经生效裁判确认的情况下，应当追加公司为共同被告，查明债权是否确定；是否存在公司自身能够偿还债务或者根本不存在有效债权债务关系的情形，此一释明乃是为查明案件事实。

未释明的后果可能导致案件事实不能查清。

第 36 条【合同无效时的释明问题】在双务合同中，原告起诉请求确认合同有效并请求继续履行合同，被告主张合同无效的，或者原告起诉请求确认合同无效并返还财产，而被告主张合同有效的，都要防止机械适用“不告不理”原则，仅就当事人的诉讼请求进行审理，而应向原告释明变更或者增加诉讼请求，或者向被告释明提

---

① 《〈全国法院民商事审判工作会议纪要〉理解与适用》，人民法院出版社 2019 年版，第 5 页。

出同时履行抗辩，尽可能一次性解决纠纷。例如，基于合同有给付行为的原告请求确认合同无效，但并未提出返还原物或者折价补偿、赔偿损失等请求的，人民法院应当向其释明，告知其一并提出相应诉讼请求；原告请求确认合同无效并要求被告返还原物或者赔偿损失，被告基于合同也有给付行为的，人民法院同样应当向被告释明，告知其也可以提出返还请求；人民法院经审理认定合同无效的，除了要在判决书“本院认为”部分对同时返还作出认定外，还应当在判项中作出明确表述，避免因判令单方返还而出现不公平的结果。

第一审人民法院未予释明，第二审人民法院认为应当对合同不成立、无效或者被撤销的法律后果作出判决的，可以直接释明并改判。当然，如果返还财产或者赔偿损失的范围确实难以确定或者双方争议较大的，也可以告知当事人通过另行起诉等方式解决，并在裁判文书中予以明确。

当事人按照释明变更诉讼请求或者提出抗辩的，人民法院应当将其归纳为案件争议焦点，组织当事人充分举证、质证、辩论。

第 49 条【合同解除的法律后果】合同解除时，一方依据合同中有关违约金、约定损害赔偿的计算方法、定金责任等违约责任条款的约定，请求另一方承担违约责任的，人民法院依法予以支持。

双务合同解除时人民法院的释明问题，参照本纪要第 36 条的相关规定处理。

第 36 条可以说是一个强释明条款，集中规定了合同不成立、无效或者被撤销时法院应当如何行使释明权的问题，主要的考虑是一次性解决纠纷、节约司法资源，在互负对待给付义务的当事人之间保持利益平衡。

双务合同中，双方互负对待给付义务，在合同不成立、无效或可撤销的情况下，相互返还的义务依然构成对待给付。比如，房屋买卖合同中，买受人起诉请求确认合同无效，并请求被告返还购房款，被告以合同有效进行抗辩（未请求返还房屋），一旦法院认定合同无效，判令被告返还购房款，而被告没有返还房屋的诉讼请求，则纠纷实质并未一次性审结，被告可能还需要另行提起返还房屋的诉讼。类似情形，在原告、被告均有可能出现，故法院对原告、被告均应根据案件实际情况进行释明。

未释明的后果可能导致纠纷无法一次性解决，当事人需要再次提起诉讼，甚至极端情况下，如果有的当事人故意利用时间差转售标的物，还会因权属问题产生新的纠纷。

第39条【报批义务的释明】须经行政机关批准生效的合同，一方请求另一方履行合同主要权利义务的，人民法院应当向其释明，将诉讼请求变更为请求履行报批义务。一方变更诉讼请求的，人民法院依法予以支持；经释明后当事人拒绝变更的，应当驳回其诉讼请求，但不影响其另行提起诉讼。

这一规定主要涉及合同未经批准情况下的释明，既包含对报批义务的释明，也包括对合同解除的释明。须经行政机关批准生效的合同，既不等同于有效合同，也不等同于无效合同，如果当事人以合同有效（要求对方继续履行）或无效作为诉讼请求的基础，进而提出履行合同、承担违约责任的诉讼请求，则法院应当释明当事人变更诉讼请求为继续履行报批义务；以及，当事人如果直接请求确认无效的，法院应当向其释明，请求解除合同，释明后依然拒绝变更诉讼请求的，可以驳回诉讼请求。

第45条【履行期届满前达成的以物抵债协议】当事人在债务履行期届满前达成以物抵债协议，抵债物尚未交付债权人，债权人请求债务人交付的，因此种情况不同于本纪要第71条规定的让与担保，人民法院应当向其释明，其应当根据原债权债务关系提起诉讼。经释明后当事人仍拒绝变更诉讼请求的，应当驳回其诉讼请求，但不影响其根据原债权债务关系另行提起诉讼。

实践中，对于“当事人在债务履行期届满前达成以物抵债协议”但尚未完成公示的，存在效力观点之争，从纪要的表述来看，采用了“让与担保”的观点，将届满前的以物抵债作为履行原债权债务的担保来对待（要结合第 44 条区分对期限利益的不同态度）。

因为尚未完成公示，以物抵债协议作为原债权债务的担保，能够作为履行依据的依然原债权，故而债权人并没有优先受偿权，应当向当事人释明，仍以原债权债务关系提起诉讼，类似于签订买卖合同作为原金钱债务的担保的性质。

未释明或释明后当事人依然拒绝变更诉讼请求的，当事人都可以依据原债权债务关系提起诉讼。

第 85 条【重大性要件的认定】审判实践中，部分人民法院对重大性要件和信赖要件存在着混淆认识，以行政处罚认定的信息披露违法行为对投资者的交易决定没有影响为由否定违法行为的重大性，应当引起注意。重大性是指可能对投资者进行投资决策具有重要影响的信息，虚假陈述已经被监管部门行政处罚的，应当认为是具有重大性的违法行为。在案件审理过程中，对于一方提出的监管部门作出处罚决定的行为不具有重大性的抗辩，人民法院不予支持，同时应当向其释明，该抗辩并非民商事案件的审理范围，应当通过行政复议、行政诉讼加以解决。

此处的释明类似于一种释法说理的功能。从虚假陈述司法解释看，实质将起诉前置程序作为认定重大性的标准，也就是说只要被行政监管部门处罚的或者被刑事判决认定的虚假陈述，都当然构成重大证券侵权行为，无须受诉法院判断对投资者交易决定有无影响，故而法官应当向当事人释明是否具有重大性不属于民事商事案件的审理范围，应由行政复议、行政诉讼处理。

第 102 条【转贴现协议】转贴现是通过票据贴现持有票据的商业银行为了融通资金，在票据到期日之前将票据权利转让给其他商业银行，由转贴现行在收取一定的利息后，将转贴现款支付给持票人的票据转让行为。转贴现行提示付款被拒付后，依据转贴现协议的约定，请求未在票据上背书的转贴现申请人按照合同法律关系返还转贴现款并赔偿损失的，案由应当确定为合同纠纷。转贴现合同法律关系有效成立的，对于原告的诉讼请求，人民法院依法予以支持。当事人虚构转贴现事实，或者当事人之间不存在真实的转贴现合同法律关系的，人民法院应当向当事人释明按照真实交易关系提出诉讼请求，并按照真实交易关系和当事人约定本意依法确定当事人的责任。

此时法官向当事人释明的要点在于，由于原告并不是基于票据法律关系向被告提起诉讼，而是基于转贴现合同提起诉讼，所以双方之间是合同关系（原理在于行为人进行票据行为，应当在票据上签章；进行转贴现，应当背书转让票据；未进行背书，转贴现合同当事人之间不成立有效的票据法律关系）。

第 104 条【票据清单交易、封包交易案件的处理原则】在村镇银行、农信社等作为直贴行，农信社、农商行、城商行、股份制银行等多家金融机构共同开展以商业承兑汇票为基础的票据清单交易、封包交易引发的纠纷案件中，在商业承兑汇票的出票人等实际用资人不能归还票款的情况下，为实现纠纷的一次性解决，出资银行以实际用资人和参与交易的其他金融机构为共同被告，请求实际用资人归还本息、参与交易的其他金融机构承担与其过错相适应的赔偿责任的，人民法院依法予以支持。

出资银行仅以整个交易链条的部分当事人为被告提起诉讼的，人民法院应当向其释明，其应当申请追加参与交易的其他当事人作为共同被告。出资银行拒绝追加实际用资人为被告的，人民法院应当驳回其诉讼请求；出资银行拒绝追加参与交易的其他金融机构为被告的，人民法院在确定其他金融机构的过错责任范围时，应当将未参加诉讼的当事人应当承担的相应份额作为考量因素，相应减轻本案当事人的责任。在确定参与交易的其他金融机构的过错责任范围时，可以参照其收取的“通道费”“过桥费”等费用的比例以及案件的其他情况综合加以确定。

此情形下，课以法官释明义务的目的在于查明案件事实和节约司法资源。实践中，有的当事人分别起诉、多头起诉，不但浪费司法资源，也不利于查明案件事实，法官应当释明当事人应当申请追加参与交易的其他当事人作为共同被告，便于一次性解决纠纷和确定责任份额。

第 117 条【公司解散清算与破产清算的衔接】要依法区分公司解散清算与破产清算的不同功能和不同适用条件。债务人同时符合破产清算条件和强制清算条件的，应当及时适用破产清算程序实现对债权人利益的公平保护。债权人对符合破产清算条件的债务人提起公司强制清算申请，经人民法院释明，债权人仍然坚持申请对债务人强制清算的，人民法院应当裁定不予受理。

公司结算清算与破产清算有不同的功能和适用条件，因为破产清算程序公权力的介入更深，更有利于所有债权人得到最大限度的公平清偿，所以当适用条件同时符合的，应当及时适用破产清算程序，法官应当对此进行释明，如果当事人坚持不变更，裁定不予受理强制清算申请。

2. “民事诉讼”类

一是《最高人民法院关于审理民事案件适用诉讼时效制度若干问题的规定》第 2 条规定，当事人未提出诉讼时效抗辩的，人民法院不应对诉讼时效问题进行释明。

与之相一致的是，《民法典》第 193 条规定，人民法院不得主动适用诉讼时效的规定。两条规定结合起来看，法院既不能主动释明，更不能主动适用，法官总体上对诉讼时效应当持消极态度。这是由诉讼时效的制度价值决定的，诉讼时效本质上是对民事主体行使民事权利进行时间限制的法律制度，民事主体在法定的时间内不行使自身权利，法律就不再予以保护，通过诉讼时效制度，首要目的是督促权利人及时行使权利，维护社会关系和秩序的稳定性，避免法律关系处于一种悬而未决的状态，同时，有利于证据的收集和判断，便于法院处理民事纠纷。

以及前述司法解释第 3 条规定，当事人在一审期间未提出诉讼时效抗辩，在二审期间提出的，人民法院不予支持，但其基于新的证据能够证明对方当事人的请求权已过诉讼时效期间的情形除外。当事人未按照前款规定提出诉讼时效抗辩，以诉讼时效期间届满为由申请再审或者提出再审抗辩的，人民法院不予支持。

法官主动释明或主动适用诉讼时效问题的，属于适用法律错误。

二是《最高人民法院关于人民法院强制执行股权若干问题的规定》第 17 条第 1 款规定，在审理股东资格确认纠纷案件中，当事人提出要求公司签发出资证明书、记载于股东名册并办理公司登记机关登记的诉讼请求且其主张成立的，人民法院应当予以支持；当事人未提出前述诉讼请求的，可以根据案件具体情况向其释明。

这一规定主要是便利诉讼、一次诉讼解决争议的规定，即当事人在提起股东资格确认纠纷案件中，如果仅要求确认股东资格，未同时要求公司签发出资证明书、记载于股东名册并办理公司登记机关登记等程序/形式要求的，法院应当释明，尽可能在同一案件中一次解决争议，实现诉讼目的。

三是《最高人民法院关于民事诉讼证据的若干规定》第 30 条第 1 款规定，人民法院在审理案件过程中认为待证事实需要通过鉴定意见证明的，应当向当事人释明，并指定提出鉴定申请的期间。

本条是需要通过鉴定意见证明的待证事实的一般规定，类似于《最高人民法院关于审理建设工程施工合同纠纷案件适用法律问题的解释（一）》第 32 条关于专门性问题的规定，有的当事人在提交证据后认为己方已经完成了举证责任，可能未意识到法院无法就专门性问题进行判断，故而未提出鉴定申请，就此类情形，法院应当结合案件的审理情况，向当事人释明，并指定申请期间，不申请的或逾期申请的，则无法通过鉴定完成举证责任。

与之相关的，还有《最高人民法院关于人民法院民事诉讼中委托鉴定审查工作若干问题的规定》第 12 条规定，人民法院应当向当事人释明不按期预交鉴定费用及鉴定人出庭费用的法律后果，并对鉴定机构、鉴定人收费情况进行监督。

未释明的后果是案件事实的无法查明，以及直接另当事人承担不利后果显失公平。

总体观察对法官释明义务的规定，既包括事实上的释明，也包括法律上的释明（可能与法院审理认为法律关系、效力的不一致）；既包括对当事人诉讼请求（选择、变更）的释明、事实主张的释明，也包括对举证责任的释明（如何分配、是否完成、如何转移）。

（四）从民事生效裁判监督的视角观察不当释明的后果

司法解释列举了法官针对何种情形，应当履行何种释明义务，但是并未明确法官不当释明的后果。法官的不当释明，通常包括怠于释明、不当释明以及错误释明，当案件中存在这些“不当释明”，应当产生何种后果？最典型的，被告在诉讼中一直未以诉讼时效经过为由进行抗辩，经法官当庭释明（如，“被告，你是否认为本案已经超过了诉讼时效期间？——”这种直接的释明，或变相的释明——“本庭归纳的正义焦点为，第三，原告的诉讼请求是否已经超过诉讼时效期间?”）——将产生何种法律后果？如前文所述，属于适用法律错误，那么能否引发再审？产生何种后果？如何救济？经过法院的释明，一个被推测为理性的被告必然在今后的诉讼程序中，例如二审、再审程序中，主动提出诉讼时效抗辩，能否认为被告不能以此抗辩了？或者，被告虽然在已经经过的诉讼程序中一直未提出诉讼时效抗辩，但是，一审诉讼程序并未终结（如一审法庭辩论结束前、最后陈述前），法官进行了诉讼时效的释明，被告辩称，不能由此认为其未在一审中提出诉讼时效抗辩（一审尚未结束，不能适用“当事人在一审期间未提出诉讼时效抗辩，在二审期间提出的，人民法院不予支持”的规定）。

既有的观点认为，法官不当释明的后果包括：造成裁判突袭、造成请求权基础的丧失、致使法官中立原则被违背或者使释明制度的功能被削弱。[①] 这些后果似乎是学理上的，并没有探讨到可能产生的救济、后果，因为规定释明权的规范通常都没有说法官如果不当行使释明权会如何如何，只关注当事人不依照释明提示的路径行事，将产生何种后果。学理上的研究也从十几年前就开始呼吁立法明确法官不当释明的责任[②]，然而从“法官不行使释明权，不会产生任何法律后果”[③] 的情况一直持续至今。民事生效裁判的着眼点也并不在于追究法官的责任，而在于通过个案、类案的监督，纠正错误的生效裁判，共同推进法律适用的不断进步，维护法律的统一正确实施。

因此，观察法官释明义务的履行情况，实质仍需将其映射到《民事诉讼法》第211条所规定的应当再审（应当抗诉）的情形，可能会具体对应到适用法律确有错误（例如主动释明诉讼时效），或者有的突击裁判会造成违约金数额低于造成的损失或者过分高于造成的损失，有的未释明导致案件事实未能查明（导致认定的基本事实缺乏证据证明）——法官释明义务的履行情况，将成为应否抗诉的一个分析步骤——法官是否恰当地进行了释明，是否对事实认定和法律适用产生消极影响。

---

① 邱晓虎、李砚：《论民事诉讼中不当释明问题》，载《法律适用》2011年第1期。

② 例如提出“我国立法应明确法院释明的责任，同时强化当事人对不当释明的救济保障。对法院不行使、怠于行使、违法过度行使释明权的（不符合事实真相的过度释明）设置程序性制裁措施，可通过当事人的上诉或当事人虽未上诉但上诉审法院依职权进行审查由上诉审法院以原审判决严重程序违法而发回重审。如果法院判决书、调解书已生效当事人可以此为由提出再审，按照审判监督程序予以救济。与此同时赋予当事人对释明不服的适时异议权，对异议决定不服的当事人还可向法院申请复议或提出上诉予以救济”。参见唐磊、朱传生：《释明权：幽灵还是精灵》，载《社会科学研究》2006年第5期。

③ 林玉棠：《规范和完善法官释明权的思考——简评〈最高人民法院关于民事诉讼证据的若干规定〉第35条》，载《法律适用》2003年第9期。

第五章 “五步审查法”之四：审查程序违法

对程序违法的审查，要坚持必要性和法定性原则，明显轻微的程序违法，并不足以引发抗诉。

《民事诉讼法》第211条涉及的典型程序违法（单纯程序违法，不包括交叉问题），主要包括审判组织组成不合法、违反法律规定剥夺当事人辩论权、未经传票传唤缺席判决的。对于审判组织不合法《人民检察院民事诉讼监督规则》第79条列举有五种情形，比如应当组成合议庭的案件独任审判的，属于重大程序违法，理应引发再审。对于剥夺当事人辩论权，《最高人民法院关于适用〈中华人民共和国民事诉讼法〉的解释》第389条规定有四种情形，即不允许当事人发表辩论意见的；应当开庭审理而未开庭审理的；违反法律规定送达起诉状副本或者上诉状副本，致使当事人无法行使辩论权利的；违法剥夺当事人辩论权利的其他情形。

对程序违法的审查有两个难点，一是何谓未经传票传唤缺席判决的；二是何谓违反法律规定，剥夺当事人辩论权利的。

一、未经传票传唤缺席判决

司法实践中，一般不会出现简单直接的不传唤当事人即开庭的“低级错误”，即使书记员忘记送达某一方当事人，法官在开庭前也通常会审查开庭传票和起诉状的送达回证，予以补正。比较“有技术性的”错误集中在违法公告送达，被视为隐蔽的未经传票传唤缺席审判，有些公告送达似乎也经历过直接送达、邮寄送达前置，依然不合法。

送达制度在民事诉讼中具有非常重要的地位和作用，从实务层面观察，“送达难”是持续困扰法官的问题，直接送达难、邮寄送达难、留置送达也难，有的当事人为了逃避法律责任而逃避被送达，有的当事人为了使对方不能出庭应诉而提供虚假信息①，法官未穷尽其他方式，予以公告送达。送达难背后的法律问题至少值得关注到以下两个层面：一是送达决定着当事人辩论权的有效行使，因此在民事诉讼程序中意义重大，有效送达才能保障当事人的知情权，从而决定是否参与诉讼，才能行使辩论权；二是公告送达如果被不当使用则可能使得当事人的辩论权被剥夺。

实践中，适用公告送达审理的案件几乎都适用缺席审理，受送达人实质上无法参与诉讼，如配偶出国或者打工期间不在家，有的当事人隐瞒事实，谎称配偶下落不明，向法院起诉离婚，法院公告送达开庭传票等诉讼文书，最终判决离婚和分割财产，以致损害配偶利益的情况。由于公告送达的缺席审理，法院只能依据单方的陈述、主张和证据作出裁判，所以公告送达隐含着不容低估的错判和信访风险。②

（一）不同视角观察公告送达

从法官的视角观察公告送达：一审法官需要尽力保障适用公告送达的方式程序合法；二审和再审法官需要审查一审公告送达是否合法，是否因此需要发回重审，如送达不合法，实质上属于未能有效送达诉讼文书，系严重违反法定程序。

从民事检察官的视角观察公告送达：在于关注法律是否得到统一正确实施，即审视法院公权力行使是否合法，是否有违法剥夺当事人辩论权的行为，并结合法定性和必要性标准，决定是否监督和所采取的监督方式。

---

① 廖永安：《在理想与现实之间：对我国民事送达制度改革的再思考》，载《中国法学》2010 年第 4 期。

② 陈杭平：《“职权主义”与“当事人主义”再考察：以“送达难”为中心》，载《中国法学》2014 年第 4 期。

（二）公告送达的本质：在效率和公正之间寻找平衡的拟制送达

公告送达是一种法律规定的拟制送达，制度设计在于保护两个方面的进程，一是基于司法效率的考虑，对于可能存在的故意逃避受送达的主体，要能够保障民事诉讼程序继续推进；二是基于司法公正的保障，对于受送达主体，要真正做到穷尽其他送达方式（其他送达方式"完全不能送达"①），才能通过公告送达来拟制受送达主体收到诉讼文书的法律效果。

《民事诉讼法》第87条规定送达回证，第88条规定直接送达和代收送达，第89条规定留置送达，第90条规定电子送达，第91条规定代为送达和邮寄送达，第92—94条规定转交送达，第95条规定公告送达。"送达"一节所有的规定指向的行为主体全部是法院，并没有赋予受送达人的另一方当事人有协助送达的义务。至于学理上，关于送达的概念，相对共识的观点认为，所谓民事诉讼中的"送达"，是指法院按照法定程序和方式，将诉讼文书送交当事人或其他诉讼参与人的行为。② 从该概念分析，送达的主体也只是法院，送达是法院的职权行为。

近年来的民事审判方式改革，可以说已经具备了明显的职权主义向当事人主义转变的特征，但是送达除外，"送达程序的全面改革一直没有提上议事日程，送达的超职权主义形态"几乎是没有变化的，甚至一定程度上说，"送达难"本身就根源于"送达的职权主义司法定性"，又因为送达的职权主义形态"没有随着经济社会发展而作出相应调整"从而使问题凸显。③ 但是，客观来说，基于我们的社会认知基础以及制度基础，寄希望于加入当事人送达来解决"送达难"的问题，短期内可能效果不佳，所以，总体的解决思路还是需要以法院的职权主义，甚

---

① 最高人民法院修改后民事诉讼法贯彻实施工作领导小组编著：《最高人民法院〈民事诉讼法〉司法解释理解与适用（上）》，人民法院出版社2015年版，第423页。

② 江伟主编：《民事诉讼法学原理》，中国人民大学出版社1999年版，第522页。

③ 廖永安：《在理想与现实之间：对我国民事送达制度改革的再思考》，载《中国法学》2010年第4期。

至强化某些职权来解决送达难的问题。

观察公告送达制度的立法变化（见表 1），四十多年来除公告期限逐步缩短之外，几乎没有变化：1982 年《民事诉讼法（试行）》第 75 条规定“受送达人下落不明，或者用本章规定的其他方式无法送达的，公告送达。自发出公告之日起，经过三个月，即视为送达。公告送达，应当在案卷中记明原因和经过”。1991 年《民事诉讼法》第 84 条规定“受送达人下落不明，或者用本节规定的其他方式无法送达的，公告送达。自发出公告之日起，经过六十日，即视为送达。公告送达，应当在案卷中记明原因和经过”。2007 年《民事诉讼法》和 2012 年《民事诉讼法》沿用了 1991 年《民事诉讼法》的规定。2021 年《民事诉讼法》第 95 条规定“受送达人下落不明，或者用本节规定的其他方式无法送达的，公告送达。自发出公告之日起，经过三十日，即视为送达。公告送达，应当在案卷中记明原因和经过。”2023 年《民事诉讼法》沿用了 2021 年的规定。从当前的制度设计来看，比较明显的问题是制度设计的价值目标相对单一，有一定的本位主义色彩，可能在强调效率的情况下，一定程度上失去了对正当性的保护，也导致了公告送达之后的案件纠错和信访问题。

表 1　公告送达制度的立法变化

1982 年《民事诉讼法（试行）》	1991 年《民事诉讼法》	2007 年	2012 年	2021 年	2023 年
第 75 条规定“受送达人下落不明，或者用本章规定的其他方式无法送达的，公告送达。自发出公告之日起，经过三个月，即视为送达。公告送达，应当在案卷中记明原因和经过。”	第 84 条规定“受送达人下落不明，或者用本节规定的其他方式无法送达的，公告送达。自发出公告之日起，经过六十日，即视为送达。公告送达，应当在案卷中记明原因和经过。”	沿用	沿用	第 95 条规定“受送达人下落不明，或者用本节规定的其他方式无法送达的，公告送达。自发出公告之日起，经过三十日，即视为送达。公告送达，应当在案卷中记明原因和经过。”	沿用

（三）民事生效裁判监督思路：在纠正程序违法和维护既判力之间寻找平衡

观察送达中存在的问题，尤其是公告送达，要在纠正程序违法和维护既判力之间寻找平衡。违法剥夺当事人辩论权利是严重的程序违法，属应当重审的事由。

《民事诉讼法》第211条第9项规定“违反法律规定，剥夺当事人辩论权利的”应当再审；《民事诉讼法》第177条第4项规定“原判决遗漏当事人或者违法缺席判决等严重违反法定程序的，裁定撤销原判决，发回原审人民法院重审”；《最高人民法院关于适用〈中华人民共和国民事诉讼法〉的解释》第323条对第4项“违法剥夺当事人辩论权利的”属于严重违反法定程序需要发回重审的情形。从这一系列规定中可以看出，如果在二审阶段发现了违法剥夺当事人辩论权利、违法缺席审判情形的，应当发回原审法院重审；在再审阶段发现了相应情形的，应当再审。

观察“送达”的表达，《民事诉讼法》第七章第二节规定了“送达”，送达的对象是诉讼文书，“送”表达的是行为、手段、方式，“达”表达的是目的和效果。与之相关联和可以比较的是，《人民检察院民事诉讼监督规则》中对法律文书使用的是“发送”概念，《人民检察院民事诉讼监督规则》第128条规定“人民检察院可以参照《中华人民共和国民事诉讼法》有关规定发送法律文书”，并没有参照民事诉讼法使用“送达”的概念，“发送”和“送达”的区别主要体现在“发送”没有表达必然能够到达当事人的效果的意思，《人民检察院民事诉讼监督规则》制定时主要考虑一是普遍存在“送达难”的问题；二是诉讼监督是对公权力的监督，法律文书的发送不直接涉及当事人的实体权利义务，不直接关系到辩论权的行使，主要是通知程序性事项，而民事诉讼程序中的“送达”意味着要准确、充分、及时地向当事人传递与诉讼有关的信息，确保当事人能够参加诉讼程序，进而提出自己的主张和证据，以及反驳对方的主张、对对方的证据进行质证，负有这样一种保证程序正当的意义。

大约从20世纪90年代开始，民事诉讼法学界展开了“职权主义向当事人主义转型”的理论探索，这种转型来自比较法上的借用，从法院的大包大揽到通过保障当事人的程序主体性，由当事人自己决定、自己负责，既符合经济社会的发展变化，也符合实务部门对效率的追求。从“送达”这样一个非常微观、具体的细节观察，法院是希望能够借助“向当事人主义转型”的契机，一定程度上向当事人转移送达的负担及送达不能的风险，但是实践中出现的问题是：对于当事人，有的故意提供虚假信息，有的故意躲避送达；法院，有不规范和法律规定之外的“变通”出现，可以说，有关送达的“负担及风险的分配”并没有“形成明确、可预期的规则体系”，更没有实现“具有正当性的新制度均衡”。①

以法院为当然、唯一的送达（职权）主体，基于早年间民事（经济）纠纷数量相当有限的背景下，也契合当时的“深入群众、调查研究”的审判模式，可以在送达的同时，深入基层走访群众，调查案件背景，甚至了解案情，做调解工作。但是随着改革开放的深入，经济社会生活发生了重大变化，可能有三方面的因素综合作用造成了“送达难”的问题日益凸显，一是人口的流动性增强，人户分离、户籍所在地与经常居住地不一致情况日益普遍；二是社会的诚信建设还不够完善；三是民商事案件数量呈井喷式增长。

法院实际开展了一系列改革，如在立案的时候，除《民事诉讼法》第122条第2项要求的“有明确的被告”之外，还要求当事人尽可能详细地提供被告的有效联系方式和联系地址；对于能够联系上的当事人，还会要求当事人填写《送达地址确认书》，确认有效送达地址，按照该地址未能有效送达的风险由当事人承担。除此之外，法院在实际送达中

---

① 陈杭平：《“职权主义”与“当事人主义”再考察：以“送达难”为中心》，载《中国法学》2014年第4期。

按照“电话通知到院领取”—“邮寄送达”或“直接送达”—“公告送达”的流程进行（另有例外情形之下的留置送达、代为送达、转交送达，以及适应经济技术手段新发展的电子送达）。但是，对于故意逃避诉讼的当事人、法院对于转移未能送达的风险依然是束手无策的，有的当事人不接电话、不到法院领取、不配合电子送达，或者谎称自己并非该当事人、拒绝提供经常居住地的地址。

（四）判断是否严重违反法定程序——违法缺席判决

从民事生效裁判监督的视角观察公告送达，不符合适用条件的公告送达、不符合法定方式和程序的公告送达、计算错公告送达期限的（按照公告计算应当是 A 日期，法院组织 B 日期开庭），都可能导致违法缺席判决。

1. 不符合适用条件的公告送达可能导致违法缺席判决

根据《民事诉讼法》第 95 条规定，公告送达应当符合“受送达人下落不明”或者“用其他方式无法送达”两个条件之一。

关于第一个条件，所谓“受送达人下落不明”，是指“离开最后居住地后没有音讯”的状况。《民法典》第 41 条规定：“自然人下落不明的时间自其失去音讯之日起计算。战争期间下落不明的，下落不明的时间自战争结束之日或者有关机关确定的下落不明之日起计算。”根据该条表述，“失去音讯”是下落不明的充分必要条件。

关于第二个条件，《最高人民法院关于进一步加强民事送达工作的若干意见》第 15 条规定：“要严格适用民事诉讼法关于公告送达的规定，加强对公告送达的管理，充分保障当事人的诉讼权利。只有在受送达人下落不明，或者用民事诉讼法第一编第七章第二节规定的其他方式无法送达的，才能适用公告送达。”

使用其他方式无法送达，是指应当穷尽《民事诉讼法》第七章第二节规定的其他送达方式，包括直接送达、邮寄送达、转交送达、电子送达，只有用尽这些方式无法送达，才能公告送达。

【案例】安徽省铜陵市中级人民法院（2016）皖07民再7号民事裁定：一审法院受理原案后，依据原告姚某、王某提供的宋某住址，于2014年6月7日、9日、27日向宋某送达传票、民事诉状、应诉通知书等诉讼文书。由于宋某不在该地址居住，一审法院送达未果。2014年6月10日，宋某配偶到一审法院了解宋某涉诉纠纷情况时，告知一审法院宋某实际居住地址（一审法院《询问笔录》记载）。一审法院要求宋某配偶签收开庭传票、诉状等诉讼文书被拒后，即告知其以留置方式送达，但未将诉讼文书留置宋某住所，而是留置在法院办公场所。2014年8月5日至11月17日，一审法院先后4次向姚某、王某起诉时提供的地址邮寄送达开庭传票均被退回。2014年8月21日，一审法院在《法制日报》上刊登公告向宋某送达上述诉讼文书，自公告刊登之日起60天送达期满后，经30日举证期满的第三日8时30分为开庭时间。一审法院于2014年10月21日15时30分（公告通知宋某开庭日期之前）开庭审理本案时，宋某未到庭参加诉讼。

【抗诉观点与再审结果】

安徽省铜陵市人民检察院就原审程序违法提出抗诉。法院再审认为：一审法院应当直接向宋某送达开庭传票、民事诉状等诉讼文书，在未穷尽直接或者其他方式送达的情况下，不应采用拟制方式即公告送达。2014年6月10日，一审法院要求宋某配偶代收诉讼文书被拒后，将开庭传票等诉讼文书留置于法院办公场所，不符合法律有关留置送达的规定。一审法院在宋某配偶已告知宋某实际住所的情况下，仍向宋某户籍地址送达诉讼文书，导致开庭传票未能有效送达。一审法院未经合法传唤被告宋某，即进行缺席审理和宣告判决，审判程序不符合法律规定。根据《最高人民法院关于民事审判监督程序严格依法适用指令再审和发回重审若干问题的规定》第5条规定，“人民法院按照第二审程序审理再审案件，发现第一审人民法院有下列严重违反法定程序情形之一的，可以依照民事诉讼法第一百七十条第一款第（四）项的规定，裁定撤销原判决，发回第一审人民法院重审……（三）未经合法传唤缺席判决，或者违反法律规定剥夺当事人辩论权利的……”综上所述，本案原审违法缺席判决，再审应当撤销原审判决，发回原审法院重审。

2. 不符合法定方式和程序的公告送达可能产生违法缺席判决

《最高人民法院关于适用〈中华人民共和国民事诉讼法〉的解释》第138条规定，“公告送达可以在法院的公告栏和受送达人住所地张贴公告，也可以在报纸、信息网络等媒体上刊登公告，发出公告日期以最后张贴或者刊登的日期为准。对公告送达方式有特殊要求的，应当按要求的方式进行。公告期满，即视为送达。人民法院在受送达人住所地张贴公告的，应当采取拍照、录像等方式记录张贴过程”。第139条规定，“公告送达应当说明公告送达的原因；公告送达起诉状或者上诉状副本的，应当说明起诉或者上诉要点，受送达人答辩期限及逾期不答辩的法律后果；公告送达传票的，应当说明出庭的时间和地点及逾期不出庭的法律后果；公告送达判决书、裁定书的，应当说明裁判主要内容，当事人有权上诉的，还应当说明上诉权利、上诉期限和上诉的人民法院”。

根据《最高人民法院关于适用〈中华人民共和国民事诉讼法〉的解释》第138条、第139条规定，第一，公告送达的方式包括两个方式：一是张贴公告，即在法院的公告栏和受送达人住所地张贴公告，张贴公告的方式应当拍照或录像记录并入卷；二是报纸、信息网络等媒体上刊登公告。第二，公告送达应当说明相关事项，包括公告送达的原因，需要告知的内容以及法律后果。

3. 错误计算公告期限可能产生违法缺席判决

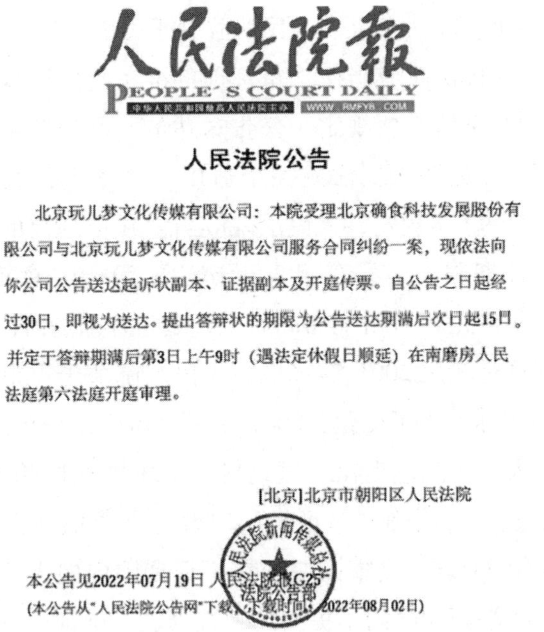
人民法院報
PEOPLE´S COURT DAILY
WWW.RMFYB.COM

人民法院公告

北京玩儿梦文化传媒有限公司：本院受理北京确食科技发展股份有限公司与北京玩儿梦文化传媒有限公司服务合同纠纷一案，现依法向你公司公告送达起诉状副本、证据副本及开庭传票。自公告之日起经过30日，即视为送达。提出答辩状的期限为公告送达期满后次日起15日。并定于答辩期满后第3日上午9时（遇法定休假日顺延）在南磨房人民法庭第六法庭开庭审理。

[北京]北京市朝阳区人民法院

本公告见2022年07月19日 人民法院报G25

(本公告从"人民法院公告网"下载，下载时间 2022年08月02日)

如图示例，公告送达的期限计算，包括计算开庭时间、计算举证期限。

一是关于计算开庭时间，根据《民事诉讼法》第 85 条规定，公告送达的期间为 30 日，上图中 7 月 19 日见报当日不算（期间开始的时和日，不计算在期间内），自 7 月 20 日起计算 30 日，如果第 30 日是法定休假日，就要顺延到休假日后第一个工作日，视为送达，也就是 8 月 18 日届满，视为送达。自 8 月 19 日起计算 15 日，9 月 2 日答辩期届满。再数第三天，9 月 5 日开庭。不论 30 日还是 15 日，抑或第 3 日，遇上法定节假日都要顺延。

如果公告刊登日期是 7 月 21 日，开庭时间并不是简单顺延 2 天到 9 月 7 日开庭。自 7 月 22 日起计算 30 日，则 8 月 20 日届满，当天为星期六，所以届满的最后一天是 8 月 22 日。自 8 月 23 日起算 15 日，9 月 6 日答辩届满，第三天 9 月 9 日开庭。

二是关于公告送达的举证期限，前述图例中的公告没有列明举证期限，有无瑕疵？

根据2019年修改的《最高人民法院关于民事诉讼证据的若干规定》第50条规定，人民法院应当在“审理前的准备阶段”向当事人送达举证通知书；第55条第5项规定，公告送达的，举证期限自公告期届满之次日起计算。《最高人民法院关于适用〈中华人民共和国民事诉讼法〉的解释》第99条规定，人民法院应当“在审理前的准备阶段”确定当事人的举证期限。根据《民事诉讼法》第十二章第二节的规定，审理前的准备阶段是“答辩期届满后至开庭审理前的阶段”。

这一系列规定较之2001年《最高人民法院关于民事诉讼证据的若干规定》已经实际发生了变化：2001年《民事诉讼证据规定》第33条第1款规定，人民法院应当在“送达案件受理通知书和应诉通知书的同时”送达举证通知书明确“举证期限以及逾期提供证据的法律后果”。这一规定是与第34条“当事人应当在举证期限内向人民法院提交证据材料，当事人在举证期限内不提交的，视为放弃举证权利。对于当事人逾期提交的证据材料，人民法院审理时不组织质证。但对方当事人同意质证的除外”的规定配套适用的，现第34条已被删除。

根据民事诉讼法解释的一般规定，人民法院应当在“答辩期届满后至开庭审理前的阶段”确定当事人的举证期限；根据《最高人民法院关于民事诉讼证据的若干规定》第55条的特别规定，公告送达的，举证期限自公告期届满之次日起计算。公告期届满后应当开始计算答辩期还是举证期限？还是二者可以重合？

《民事诉讼法》第128条规定一审普通程序中“人民法院应当在立案之日起五日内将起诉状副本发送被告，被告应当在收到之日起十五日内提出答辩状”，据此，“提交答辩状期间”是从收到起诉状副本之日起15日内。答辩期与举证期限有不同的目标、价值和功用，适用不同的法律规定，二者不能重合计算。根据民诉法解释的规定，第一审普通程序案件举证期限不得少于15日。由此，公告送达的开庭时间的计算应当是

“30日公告期+15日举证期限+15日答辩期+法院指定的第几日”。

关于第55条，应当理解为该解释试图区别于2001年“在案件受理时即指定举证期限”规定，可能导致双方当事人举证期限届满时间不一致，以及遇到追加当事人等情况时，当事人举证期限届满时间不一，会导致程序操作上的混乱，而“审理前的准备阶段”在公告送达中的实际操作又是较为困难的，因此，对于公告送达诉讼文书的案件，在公告送达的日期确定后，案件当事人才能实施举证活动，故新规则第55条第5项规定公告送达的案件，从公告期届满之次日开始计算举证期限[①]，但并不能理解为答辩期和举证期限重合计算。

4. 公告送达的适用例外

公告送达的例外，即不能采用公告送达的情形，主要包括简易程序案件不适用公告送达，向被羁押的当事人送达不适用公告送达。

一是简易程序案件。《最高人民法院关于适用〈中华人民共和国民事诉讼法〉的解释》第140条规定“适用简易程序的案件，不适用公告送达”，主要理由在于，穷尽其他送达方式无法送达的案件，不属于《民事诉讼法》第160条规定的“事实清楚、权利义务关系明确、争议不大的简单的民事案件”，此类案件由于权利义务关系明确，而“可以用简便方式传唤当事人”且需在“三个月内审结”，故适用简易程序的案件不适用公告送达。

二是对被羁押的当事人的送达。根据《民事诉讼法》第93条规定，受送达人被监禁的，通过其所在监所转交。受送达人被采取强制性教育措施的，通过其所在强制性教育机构转交。

最高人民法院（2018）最高法民终1169号民事裁定：关于原审程序问题，当事人提交的“（2016）闽01民初876号民事裁定”已载明李某“被羁押于安徽省淮南市看守所”，原审法院应当知晓李某

---

① 潘杰：《新证据规定中举证期限条文的理解与适用》，载“法盏”微信公众号，https：//mp. wei 某 in. qq. com/s/Mo6DD_pSisBR7TDHEFw_qA，2022年8月22日访问。

被羁押，却并未依法通过其所在监所转交材料，而是直接作出判决，并继续采用公告送达方式送达判决书，最高人民法院评判认为这一行为“程序存在瑕疵”。

5. 离婚案件中的公告送达

《最高人民法院关于适用〈中华人民共和国民事诉讼法〉的解释》第217条规定，“夫妻一方下落不明，另一方诉至人民法院，只要求离婚，不申请宣告下落不明人失踪或者死亡的案件，人民法院应当受理，对下落不明人公告送达诉讼文书”。值得注意的是，通常来说，离婚案件必须调解，一方不到庭，法院一般要慎重对待，一般不会作出缺席判决，但对公告送达的案件除外。①

6. 对国内没有住所的当事人适用公告送达的特殊规定

一是关于公告期。对国内没有住所的当事人，采用公告送达须符合《民事诉讼法》第283条的规定，公告期为60个月。② 对于在国内没有

---

① 最高人民法院民一庭编：《民事审判实务问答》，法律出版社2021年版。

② 《民事诉讼法》第283条规定：“人民法院对在中华人民共和国领域内没有住所的当事人送达诉讼文书，可以采用下列方式：（一）依照受送达人所在国与中华人民共和国缔结或者共同参加的国际条约中规定的方式送达；（二）通过外交途径送达；（三）对具有中华人民共和国国籍的受送达人，可以委托中华人民共和国驻受送达人所在国的使领馆代为送达；（四）向受送达人在本案中委托的诉讼代理人送达；（五）向受送达人在中华人民共和国领域内设立的独资企业、代表机构、分支机构或者有权接受送达的业务代办人送达；（六）受送达人为外国人、无国籍人，其在中华人民共和国领域内设立的法人或者其他组织担任法定代表人或者主要负责人，且与该法人或者其他组织为共同被告的，向该法人或者其他组织送达；（七）受送达人为外国法人或者其他组织，其法定代表人或者主要负责人在中华人民共和国领域内的，向其法定代表人或者主要负责人送达；（八）受送达人所在国的法律允许邮寄送达的，可以邮寄送达，自邮寄之日起满三个月，送达回证没有退回，但根据各种情况足以认定已经送达的，其间届满之日视为送达；（九）采用能够确认受送达人收悉的电子方式送达，但是受送达人所在国法律禁止的除外；（十）以受送达人同意的其他方式送达，但是受送达人所在国法律禁止的除外。不能用上述方式送达的，公告送达，自发出公告之日起，经过六十日，即视为送达。”

住所的当事人的公告送达，依然要穷尽前述七项规定的送达方式，才能使用公告送达。

二是裁判文书仍需公告送达。《最高人民法院关于适用〈中华人民共和国民事诉讼法〉的解释》第532条规定，“对在中华人民共和国领域内没有住所的当事人，经用公告方式送达诉讼文书，公告期满不应诉，人民法院缺席判决后，仍应当将裁判文书依照民事诉讼法第二百七十四条第八项规定公告送达。自公告送达裁判文书满三个月之日起，经过三十日的上诉期当事人没有上诉的，一审判决即发生法律效力。”对于国内没有住所的当事人，公告送达期满不应诉的，法院缺席判决后仍应将裁判文书公告送达。

7. 邮寄送达与公告送达的衔接偏差

一是按照工商登记及合同记载地址邮寄送达，当事人亦对地址、电话的真实性予以确认的，邮寄送达未果，属于其他方式无法有效送达的情形。

（2021）最高法民申1232号民事裁定：关于原审法院送达程序是否合法的问题。经查，一审法院已将开庭传票、起诉状副本、举证通知书等诉讼材料通过法院专递方式分别寄往甲公司工商登记地址以及甲公司另行订立的《抵（质）押借款合同》上所留的地址，法院专递收件人系叶某本人并备注其移动电话号码和办公电话；叶某在二审庭审中对上述收件地址及电话号码的真实性予以确认。因此，原审法院在诉讼材料经多次投递仍无法直接送达甲公司的情况下，采用公告送达方式向甲公司送达诉讼材料，符合法律规定。甲公司关于乙公司方故意隐瞒可送达地址以及故意提供不再使用的电话号码导致本案公告送达，损害其诉讼权利的主张，没有事实和法律依据，法院不予支持。

二是按照起诉状载明地址向被告邮寄送达，而该地址与被告后来提交的法律文书载明地址一致的，邮寄送达未果采用公告送达符合法律规定。

（2019）最高法民申1599号民事裁定：一审法院向某银行起诉状中载明的刘某的地址邮寄了应诉通知书、开庭传票等法律文书，且该地址与刘某向本院提交的再审申请书中载明的地址一致。因邮件未能妥投，在未寻找到刘某下落的情况下，一审法院通过公告方式进行了送达，并在作出判决后通过公告方式送达了一审民事判决书，符合法律规定。本案一审时不存在未经传票传唤缺席判决的情形。一审法院公告送达一审民事判决书后，刘某依法上诉，经二审法院询问，刘某陈述了其对某银行诉请的答辩、举证质证和辩论意见，其诉讼权利未受到影响。刘某根据《民事诉讼法》第200条第10项规定申请再审的理由不能成立。

三是因填写寄件地址不完整被退回的，采取公告送达不属于有效送达。

（2019）最高法民终137号民事裁定：关于一审裁判文书的送达。《民事诉讼法》第92条规定："受送达人下落不明，或者用本节规定的其他方式无法送达的，公告送达。自发出公告之日起，经过六十日，即视为送达。公告送达，应当在案卷中记明原因和经过。"2018年6月13日，一审法院作出一审判决。2018年9月10日，一审法院向甲公司邮寄一审判决书及上诉状，邮寄面单载明的地址为"香港特别行政区湾仔港湾道1号会展广场办公大楼"，但未载明具体楼层及房号。后该邮件被退回，退回单据载明"欠楼层"。由于一审法院载明的邮寄地址不完整，导致邮件被退回。以此相对照，二审送达时，根据与一审送达时的同一地址，完整填写楼层信息后，该邮件就顺利送达甲公司，说明只要认真填写完整当事人的地址，邮件是可以送达的。故甲公司并不属于下落不明的当事人，不存在公告送达的前提条件。一审法院向甲公司公告送达一审判决书不属于有效送达。

一审法院正确的做法是在收到退回的快递面单后核实原因，如果发现是由于邮寄地址填写不完整造成的，应当补齐地址重新邮寄，而不是径行公告送达，如前述，公告送达作为一种拟制送达往往伴随着缺席判决，实质牺牲了当事人的一系列辩论权利，必须严格符合法定条件。

四是一审法院公告送达不符合法定条件的情况下，二审法院径行公告送达的，亦不符合法律规定。

（2019）最高法民再168号民事裁定：该院再审认为，案件审理中，送达直接影响到当事人各项诉讼权利的行使，人民法院在处理送达问题时需注意在保护诉权与司法效率的价值之间做好平衡。公告送达是一种推定送达，应当严格依照民事诉讼法规定的条件和程序进行，只有在受送达人下落不明或者穷尽其他送达方式无法送达的情况下，才能采取公告送达方式。本案并不符合上述两项条件，在甲公司住所地明确的情况下，原审法院至少可以采取邮寄送达的方式进行送达。留置送达是合法的送达方式，符合法定条件和程序的留置送达即属于送达成功，不需要再通过公告的方式进行送达。在一审法院公告送达不符合法定条件的情况下，二审法院径行公告送达亦不妥当，未能充分保障甲公司参与诉讼的权利，剥夺了甲公司的辩论权，违反了法定程序。甲公司主张原审法院程序不当理由成立，本院予以支持。

一审法院公告送达，二审法院并不能简单照抄公告送达，依然要对一审公告送达是否符合适用条件进行审查，否则二审依然是程序错误。而民事生效裁判监督阶段，对前序流程的公告送达需要细致审查，此类程序问题属于严重程序违法，当然引发再审。

五是按有效的户籍地址送达，回单未显示签收、妥投，仅标注“电话无法接通”的，公告送达不符合法定规定。

（2020）最高法知民申6号民事裁定：原审法院曾向被告杜某的户籍地址邮寄传票等诉讼文书，邮寄回单中未显示签收，也未标注投递状态和未妥投原因，仅手写标注“电话无法接通”，在此情况下原审法院未采取其他送达方式就进行公告送达。最高人民法院在审理该案过程中还查明，杜某的户籍地址位于杭州市中心城区；并且在（2020）浙01执193号案中，原审法院执行局于2020年3月23日依该地址向杜某成功送达相关材料（显示为配偶签收），证明该地址为有效地址，杜某并非处于下落不明的状态。据此，最高人民法院裁定认为，原审法院通过邮寄方式向杜某送达起诉状、举证通知书、应诉通知书等材料被退回后，未采取过其他送达方式，直接公告送达前述应诉材料及传票，违反了《民事诉讼法》第92条第1款“受送达人下落不明，或者用本节规定的其他方式无法送达的，公告送达”的规定，导致缺席审理且原审判决认定事实的主要证据未经质证，故裁定指令原审法院再审。

本案中，邮寄面单显示“电话无法接通”，并不能说明依该地址无法邮寄送达，而原审法院执行局依据该地址就曾经成功向当事人送达，故此原审法院直接进行公告送达，属于未穷尽其他送达方式，违法剥夺了当事人的辩论权利。

六是寄件回单显示“该地址查无此人”的，可采用公告送达。

（2021）最高法民申4185号民事裁定：原审法院邮寄送达应诉诉讼文书被退回，原因是“该地址查无此人”，原审法院随后采用公告方式送达。“该地址查无此人”实际上意味着当事人下落不明，在此情况下，采用公告送达符合《民事诉讼法》第92条第1款的规定。

该裁定的表述值得分析——“该地址查无此人”是意味着受送达人下落不明，还是用其他方式无法送达。通常认为，“受送达人下落不明”是指“离开最后居住地后没有音讯”的状况，仅有一地址查无此人，能否认定受送达人下落不明？

七是其他送达方式与公告送达。按当事人工商注册地址送达，因当事人内部管理原因送达未果的，公告送达不违反法律规定。

（2020）最高法民终905号民事判决：甲公司主张，一审法院未针对乙公司诉请变更重新确定举证期限和重新公告送达，存在程序问题。但是，一审法院按甲公司工商注册的地址送达未果，并公告送达。二审中，甲公司亦自认因内部原因公司无人管理导致一审法院未能现场送达。并且，乙公司一审诉讼请求的变化系在原诉请基础上，减少部分诉请，并未发生事由的实质性变化，对此一审法院程序并无违法之处。

八是受送达人“避而不见”与公告送达的衔接。如果遇到当事人避而不见情形，不能直接采用公告送达的方式送达，应当依法留置送达。2012 年 8 月 31 日修正的《民事诉讼法》第 86 条针对 2007 年《民事诉讼法》第 79 条规定作出修改，修改了留置送达的规定：如果有证据表明受送达人就在其住所居住，但避而不见，即可认为属于“拒绝接收诉讼文书”，人民法院可以依据新《民事诉讼法》第 86 条明确规定，“受送达人或者他的同住成年家属拒绝接收诉讼文书的，送达人可以邀请有关基层组织或者所在单位的代表到场，说明情况，在送达回证上记明拒收事由和日期，由送达人、见证人签名或者盖章，把诉讼文书留在受送达人的住所；也可以把诉讼文书留在受送达人的住所，并采用拍照、录像等方式记录送达过程，即视为送达”。但是，如果受送达人及其同住成年家属确实不在其住所内居住生活，人民法院就不能采取上述送达方式送达诉讼文书。[①]

① 最高人民法院民一庭编：《民事审判实务问答》，法律出版社 2021 年版；以及最高人民法院《关于进一步加强民事送达工作的若干意见》第 8 条亦对受送达人避而不见的情形作出了处理规定：“当事人拒绝确认送达地址或以拒绝应诉、拒接电话、避而不见送达人员、搬离原住所等躲避、规避送达，人民法院不能或无法要求其确认送达地址的，可以分别以下列情形处理：（一）当事人在诉讼所涉及的合同、往来函件中对送达地址有明确约定的，以约定的地址为送达地址；（二）没有约定的，以当事人在诉讼中提交的书面材料中载明的自己的地址为送达地址；（三）没有约定、当事人也未提交书面材料或者书面材料中未载明地址的，以一年内进行其他诉讼、仲裁案件中提供的地址为送达地址；（四）无以上情形的，以当事人一年内进行民事活动时经常使用的地址为送达地址。人民法院按照上述地址进行送达的，可以同时以电话、微信等方式通知受送达人。”

二、违反法律规定剥夺当事人辩论权利

（一）对剥夺辩论权利的理解

《民事诉讼法》第12条规定，“人民法院审理民事案件时，当事人有权进行辩论”。第12条通常被理解为确定了当事人的辩论权利，明确了当事人在民事诉讼中重要且基本的权利。当事人可以进行实体和程序上的辩论，可以口头方式、书面方式行使辩论权。所谓的辩论权利，有《民事诉讼法》第52条“进行辩论”的权利，第144条“法庭辩论”（发言、答辩、互相辩论都属于法庭辩论）的权利。同时，结合证据规定来看，2002年开始实施的证据规定明确了几个方面的功能性辩论权利（与宣示性相对应），包括当事人有质证的权利（未经质证的证据不得作为裁判的依据，将辩论提升到事实认定必要性程序的位置）；进行法庭辩论的权利；新证据规定又增加了围绕提交书证的申请提供证据、进行辩论的权利；同时有救济的权利，当事人辩论权利被违法剥夺属于“严重违反法定程序”的情形，有权提出上诉、有权申请再审。

要保障当事人的辩论权利，首先要保障当事人的受送达的权利、阅卷的权利、提供证据的权利、陈述的权利，这是辩论权利的基础和当然组成部分。

进一步讲，如何理解《民事诉讼法》第211条规定的“违反法律规定，剥夺当事人辩论权利”中被剥夺了应当引发再审的“辩论权利”。是在审前准备阶段未给予被告答辩的权利？在开庭审理阶段没有经过法庭辩论程序？在法庭辩论终结时未询问当事人的最后陈述意见？还是违反法律规定送达起诉状副本或者上诉状副本，致使当事人无法行使辩论权利的？未组织对证据进行质证、辩论？[①] 应当开庭而未开庭

---

① 如果当事人所提供证据经过庭审质证，但未得到充分的辩论，是否属于“剥夺当事人辩论权利”的情形？——笔者注

审理？

当事人未被允许参加诉讼，是否应当归入第211条第8项作为监督理由。未经传票传唤缺席判决的，也是严重剥夺当事人辩论权利的，但是可能不只剥夺了当事人的辩论权利，故而第211条第10项作了单独列举。

结合未经传票传唤缺席判决一并分析剥夺辩论权利，二者有许多交叉的内容，在下文“缺席判决”部分中一并论述。

（二）剥夺当事人辩论权利的形式

以“辩论权利”为关键词，在聚法案例网上检索最高人民法院裁判文书的“本院认为”部分，共有581个民事检索结果，其中结果为“撤销或改判的”有22个，本部分仅分析最高人民法院支持了原审剥夺当事人辩论权利的案例。

1. 未按照法定程序送达诉讼文书

最高法院（2019）最高法民再182号民事裁定：一审法院在审理过程中，未按规定向甲公司依法送达相关应诉材料，而系交由乙公司工作人员转交。一审中虽有持甲公司授权委托书的员工王甲、律师王乙应诉，但王甲并未按照《最高人民法院关于适用〈中华人民共和国民事诉讼法〉的解释》第99条的相关规定，提交其与甲公司之间存在合法劳动人事关系的证明材料。司法鉴定意见显示，2017年9月11日员工王甲、律师王乙的授权委托书上加盖的甲公司印章与甲公司的预留印章不一致，不能确认系甲公司出具。二审诉讼中，甲公司的相关诉讼文书系由其一审的“委托诉讼代理人”王甲领取，根据甲公司2018年10月10日委托司法鉴定所出具的司法鉴定报告显示，落款日期为2018年4月11日的甲公司授权王甲代理其参加二审诉讼的授权委托书上加盖的甲公司印章与预留印章不一致，亦不能确认系甲公司出具。法院认为，本案因未按法定程序向甲公司送达起诉状副本等诉讼文书，致使甲公司因不能归责于本人的事由，未能参加一审、二审诉讼，无法行使辩论权利，严重违反法定程序。

本案最高人民法院查明的各种细节均指向原审由于未按照法定程序向甲公司送达诉讼文书，导致甲公司未参加诉讼，辩论权利被剥夺。案件的处理结果是撤销原判，发回重审。

2. 采信未经质证的证据

最高人民法院（2017）最高法民终69号判决：本案上诉所涉及的原审判决认定基本事实不清、原审判决据以认定事实的主要证据未经质证等事由成立。原审判决确定枣树补偿款2209011元所根据的“专家意见”，不属于《最高人民法院关于适用〈中华人民共和国民事诉讼法〉的解释》第93条第1款第2项规定的“众所周知的事实”。原审法院对涉案生长四年的枣树地径粗度和比例进行专家咨询后，形成专家意见，但未组织当事人质证，即判决认定枣树补偿款数额，与前引司法解释第103条规定不符，致使当事人对本案的基本事实及主要证据在原审程序中难以行使质证辩论权利。

本案被认定为剥夺当事人辩论权利的事由是采信了未组织当事人质证的证据，由此，剥夺了当事人对案件主要证据及基本事实的辩论权利。

最高人民法院（2018）最高法民终504号判决：一审法院在认定监管情况时，依职权调取了相关刑事案件证据，以两份证言作为认定关键事实的主要证据，该两份证言内容虽载于刑事判决书中，但仅是对刑事证据的列举和描述，并非经判决书所确认的事实，仍然应当在庭审中出示并经过各方当事人相互质证，但该证据在一审中并未向各方当事人出示和质证。《最高人民法院关于适用〈中华人民共和国民事诉讼法〉的解释》第323条规定，严重违反法定程序包括违法剥夺当事人辩论权利，而认定事实的主要证据未经质证，实际上就是剥夺了当事人就该证据及其待证事实发表意见的权利，应当属于严重违反法定程序。

本案和前述（2017）最高法民终69号文书均指向采信了未经组织当事人质证的证据，剥夺了当事人的辩论权利。通常来说，对于当事人提交的普通证据，法院不会“大意”地不组织质证，因为未经庭审质证的证据不得作为定案依据应当是一个常识性规范，但是一旦证据形式有所变化，则容易出现错误。（2017）最高法民终69号文书中涉及原审对专家意见未组织质证，而专家意见依然是证据形式的一种，并不属于众所周知的事实，当然应当组织质证，双方当事人可以对证据的真实性、合法性、关联性发表意见。本案的“迷惑假象”是法院依职权调取相关刑事案件中的证据，且该证据在刑事判决中进行了列举和描述，即便如此，两份证言依然是以证据的形式存在，并没有转化为已经生效裁判认定的事实，故而依然应当组织质证，才能采信。

3. 突袭裁判

最高人民法院（2017）最高法民再39号[①]案中，检察机关抗诉认为：（2009）黑监民再字第54－1号民事判决相较于（2009）黑监民再字第54号民事判决，主要增加了“工业厂房北侧的一层偏厦220平方米和北侧小二楼（均无房照）的交付、更名过户手续”等内容，这一判项与买卖协议书中的赠予条款有关。关于赠予一层偏厦220平方米和北侧小二楼等内容，在原审中并未涉及，原庭审中双方亦未就此进行举证、质证和辩论，在（2009）黑监民再字第54－1号民事判决未经开庭审理的情况下，终审法院径行作出（2009）黑监民再字第54－1号民事判决，既超出了原审诉讼请求，又非法剥夺了当事人的辩论权利。

根据民事诉讼法的相关规定，对于笔误可以裁定的形式予以补正，但并未规定对于实体判决中存在的错误或漏判可以再行判决的

① 本案系检察机关抗诉并改判的案例。——笔者注

形式予以补正。终审法院在（2009）黑监民再字第54号民事判决作出约五年之后，在未经开庭审理的情况下作出（2009）黑监民再字第54－1号民事判决，属于严重的程序违法。

最高人民法院再审认为，民事诉讼法仅规定笔误的补正，并未规定可以作出补充判决。由于案涉房屋买卖协议被确认为无效，故姜某依据该协议第二条关于“赠予一层偏厦220平方米和北侧小二楼等内容”的诉讼请求，也不应得到支持。故（2009）黑监民再字第54－1号补充判决的判决形式和内容均不当，该院予以纠正。

本案系一个“难得”的典型案例，原审法院在五年之后，超出原审诉讼请求作出了补充判决，既不符合民事诉讼法允许的判决补正形式，所涉及的内容由于未专门组织审理，也剥夺了当事人的辩论权利。

4. 辩论权利被剥夺但是不影响判决结果

最高人民法院（2012）民提字第3号民事裁定：尽管（2007）锡民二初字第299号民事调解书、（2007）锡民二初字第300号民事调解书属于人民法院发生法律效力的裁判，但是上述裁判文书本身并未认定施某、吕某与甲公司之间的红利诉讼及款项执行的事实，而是以其记载的内容来证明案件事实。就施某、吕某与甲公司之间的红利诉讼及款项执行的事实这一证明对象而言，（2007）锡民二初字第299号民事调解书和（2007）锡民二初字第300号民事调解书属于证明案件事实的书证。上述证据应当在法庭上出示，由当事人质证，否则不能作为认定案件事实的依据。即使对于已为人民法院发生法律效力的裁判所确认的事实，也应在庭审中提示该裁判文书，给予当事人以答辩和提交证据予以反驳的机会。一审法院执行部门对周某、吕某作的谈话笔录，以及一审法院执行部门调查时拍摄的乙厂的照片、再审法院依职权调查获知的证据材料等，同样应向当事人出示，给予其质证的机会。再审法院对于上述另查明的事实所依据的证据材料，未在法庭上出示，没有给当事人发表质证意见的机会，违反法定程序。但是，再审判决所认定的上述事实对本案判决结果并无实质影响，即使申请再审人对于认定上述事实的证据的辩论权被剥夺，也不影响再审判决结果。因此，对于申请再审人的上述申请再审理由，该院不予支持。

本案有多项证据未经质证，如民事调解书、依职权调取的证据均未经质证，最高人民法院认为确实剥夺了当事人发表质证意见的机会，违反了法定程序，但是由于所涉及的相关事实对本案的判决结果并无实质性影响，故而即便是对相关证据的辩论权利被剥夺，也不影响裁判结果。从这一视角观察，《民事诉讼法》第211条规定的辩论权利被剥夺，似乎包含两个“等级”，“应当参加诉讼的当事人未参加诉讼的”，“未经传票传唤，缺席判决的”属严重情形，当然引发再审的情形；而“违反法律规定，剥夺当事人辩论权利的”，还要分析程度与关联性，如果非涉及“基本事实”的证据，“认定事实的主要证据”未经质证，或者并非彻底遗漏了“法庭辩论”环节，不对案件的裁判结果产生实质性影响的，也可以不启动再审程序。

此外，再审裁判称“民事调解书属于人民法院发生法律效力的裁判”，如果代入到《最高人民法院关于民事诉讼证据的若干规定》第10条“已为人民法院发生法律效力的裁判所确认的基本事实”中，似乎容易对“当事人无需举证证明”引起困惑。原因在于：一是2019年证据规定已经将生效裁判所确认的事实为免证事实限缩为“裁判所确认的基本事实”；二是《最高人民法院关于适用〈中华人民共和国民事诉讼法〉的解释》第107条规定，“在诉讼中，当事人为达成调解协议或者和解协议作出妥协而认可的事实，不得在后续的诉讼中作为对其不利的根据，但法律另有规定或者当事人均同意的除外”，依据调解协议制成的调解书中涉及的事实，并不属于当然的免证事实。

第六章 “五步审查法”之五：合理限度内尊重审判规律

民事检察官审查生效裁判监督案件，在经历了固定争议焦点，优先和重点审查法律适用问题，审查事实认定中的法律适用问题（交叉问题），以及结合法定性和必要性审查程序违法的四个步骤之后，还应当具有“合理尊重审判规律”的意识、步骤和方法。合理尊重审判规律，既是审查过程中应当遵循的方法步骤，也是应当坚持的意识，要摒弃一切皆要监督、一切皆要纠正的思维，尊重审判规律，尊重并且容忍形式理性的有限性，尊重法官的自由裁量权。

或许有人会问，在民事生效裁判监督的视角之下，有没有需要尊重的审判规律？如果有，是什么？如何尊重？

一、民事生效裁判监督需尊重的具体审判规律

关于“审判规律”，能检索到的文献并不多，其中相对较为权威的解读将审判规律定位为“审判活动各要素之间必然、本质、稳定和反复出现的联系”。借用规律的基本概念，在内涵上认为审判规律具体表现为以下几个方面：一是以起诉立案为审判权行使的先决条件；二是以判断和居中裁判为基本任务；三是以庭审和听证查明的事实为裁判依据；四是以法律为裁判是非曲直的基本准绳；五是以程序的正当性赢得裁判的正当性和权威性；六是以法官和合议庭为裁判的基本决策主体；七是以合法公正为核心评价参数；八是以国家的强制力作为生效裁判实现的

最后保障。[1] 这些规律绝大多数指向和能够启示所谓的“去行政化”的审判管理，那么与民事生效裁判监督相关的有哪些呢？

（一）审判权行使以起诉立案为先决条件

如何认识和理解审判规律？试举例分析，“以起诉立案为审判权行使的先决条件”——并不是某一个案件涉及、关联的所有问题都是法院能够裁判的，首先法院有管辖范围，以民事纠纷为例，平等主体之间的人身和财产纠纷才属于法院的管辖范围，比如第四章论述的“征地补偿费用的请求分配与不服分配方案——河北省高级人民法院（2009）冀民再4号民事裁定”；又如某一案件中涉及多个问题，法院只能围绕当事人的诉讼请求进行审理，超出诉讼请求如有直接相关的内容，法官可以释明，如果当事人不增加、变更诉讼请求的，明知可能无法案结事了，法院也不能直接审理。这就决定了民事检察官在办理民事生效裁判监督案件时，要注意以当事人的诉讼请求为基础（基础之一）归纳争议焦点，对于诉讼请求的确定、调整，上诉请求、再审请求的变化，要注意法官是否适当履行了释明义务。换言之，当某些案件的走向受到当事人诉讼请求、上诉请求的影响时，要观察法官是否适当履行了释明义务，如果法官履行了应尽的释明义务，依然无法影响案件的走向，当事人多需要自行承担责任（多为程序上的责任）。

（二）以庭审和听证查明的事实为裁判依据

《民事诉讼法》第7条规定，“人民法院审理民事案件，必须以事实为依据，以法律为准绳”。以什么事实为依据，法律事实还是客观事实？客观事实是司法追求的价值目标，法律事实是依照民事诉讼程序能够固定、认定的事实，作为定案依据的事实只能是法律事实。法律事实是事后还原的，是法官依照法定程序所“试图竭力恢复的事实”，是法官按照证据规则审查、认定、还原的事实，法官试图通过庭审查明追求

---

① 江必新：《审判管理与审判规律抉微》，载《法学杂志》2011年第5期。

的事实“无限接近于客观事实”，而无法等同于客观事实本身。由于证据的限制，有的案件中，一些证据可能早已彻底毁灭，客观事实无法得到确定地还原，而法官又不能由此拒绝裁判，要综合在案的真实、合法、有效的证据，运用、分配举证责任，完成法律事实基础上的裁判。对民事检察官而言，在事实证据问题上，要重点审查法官是否依照法定程序审查、认定证据，是否依照法律规定、结合案件的特殊性分配举证责任，在完成了这两项审查之后，要客观理性地承认，所竭力恢复的事实就是审理民事案件所依据的事实。

（三）法官的自由裁量权

通常认为，法官的自由裁量权是“法官或法庭对法律规则或原则的界限予以厘定”的权力，或者说是法官酌情作出决定的权力，这种权力有的时候是在规定的或给定的限度范围或裁量范围内，有的时候是根据情势需要行使。行使自由裁量权应当是“正义”且“合理”的。虽然称“自由”，但依然是“裁量”，是行使公权力，只要是行使公权力就必然要受到约束。对此可以从两个角度理解这种自由裁量，一是自由裁量中的“自由”不是任意的自由，不是不受约束的自由①，也不是无迹可寻的自由，裁量仍然要以法律为依据、以事实为准绳。② 二是所谓“自由”，是在法律的规则或原则对个案没有给出唯一的、准确的答案时，需要法官以正义且合理为目标，对法律原则以及一般条款（相对于具体条款）进行具体化③，给出具体的答案。

---

① ［英］阿尔弗雷德·汤普森·丹宁：《法律的训诫》，杨百揆、刘庸安、丁健译，法律出版社2011年版，第75页。

② 也有观点强调，如果自由裁量权只能依照法律或其精神、原则来作出判断和选择，那就不是在真正行使自由裁量权了。自由裁量权的行使有时候是受法律约束的，但并不是绝对不受法律约束。参见江必新：《论司法自由裁量权》，载《法律适用》2006年第11期。

③ 杨开湘：《法官自由裁量权论纲》，载《法律科学》1997年第2期。

（四）庭审的决定性优势

庭审在民事诉讼阶段是具有决定性地位的，是“解决争议的主战场”①，凡是需要在法庭上解决的、凡是能够在法庭上解决的，都应当在法庭上解决，较之于“阅卷或者写裁判文书”，庭审对于查明案件事实、辨明法律适用具有决定性意义。庭审的决定性地位不是结论，是民事检察官应当具有的态度和分析问题的基础，原审的庭审对于查明事实具有时间优势，原审距离纠纷发生的时间较之于民事诉讼监督更近；原审的庭审具有直接优势，尤其是一审，实际以“直接言词”② 的形式直接接触当事人、证人、出庭的鉴定人，更有利于查明案件事实，既充分保障了当事人的辩论权利，又可通过当事人围绕争议焦点展开的辩论，促进法律适用问题的充分展开、辨明。

二、尊重自由裁量权并观察其行使边界

关于自由裁量权行使的内涵外延有许多不同的观点，自由裁量也一直有广义、狭义之说③。判断某一行为或结果是否公平、是否诚实信

---

① 胡云腾：《审判规律与中国特色》，载《法律适用》2014 年第 9 期。

② 陈卫东：《直接言词原则：以审判为中心的逻辑展开与实现路径》，载《法学论坛》2002 年第 6 期。直接言词原则的理念最早可追溯至古罗马时期，其基本特征表现为：诉讼当事人必须到庭，以言语动作陈述己方意见、进行抗辩和宣誓，刑事审判以直接和言词的形式开展，法官直接根据开庭情况作出裁判，而书面文件不得在诉讼活动中出现。费尔巴哈于 1821 年首次提出作为直接言词原则雏形的“口头原则”，要求法官与被告人、证人、鉴定人之间应当进行实时的追问和补充发言，庭审应当在人证之上完全地、尽最大可能地、充分地展开生活细节。直接言词原则在近现代德国得到完善和发展，并凭借其在公正审判与真实发现上的法治价值得到了其他大陆法系国家的青睐和借鉴。经过在欧洲大陆近百年的传播，该原则的基本内涵演化为两个相辅相成的部分，即直接审理原则和言词审理原则。

③ 比如有的观点认为，从广义来看，自由裁量权就是指在法院审判工作中，法官根据法律，依据法庭查明的事实，在个人法律意识支配下作出裁判的过程，换言之，自由裁量是个过程，法官作出的判决和裁定是自由裁量的结果。参见张军：《法官的自由裁量权与司法正义》，载《法律科学（西北政法大学学报）》2015 年第 4 期。

用、是否违背公序良俗，以及是自由裁量权还是一定幅度、区间范围内的选择权，比如《民法典》第585条，法院根据当事人的请求增加或减少违约金，就是一个在“低于实际造成的损失”“过分高于实际造成的损失”的区间进行“适当”增加或减少的自由裁量权。

民事生效裁判监督尊重自由裁量权，所切入的视角应当是观察自由裁量权行使的边界，遇有当事人以“案件结果明显不公”为申请监督理由的，要观察自由裁量权的把握问题，是否违反法律的强制性规定，是否符合立法本意，是不是为了追求正义、合理的个案裁判结果。

（一）法官行使自由裁量权不能违反法律规定

虽然有观点认为自由裁量权是一个中性的概念，认为“如果自由裁量权只能依照法律或其精神、原则来作出判断和选择，那就不是在真正行使自由裁量权了”，这样的观点可以用来突出强调“自由裁量”的特点，因为如果能够“严丝合缝”地依法进行，便完全不需要自由裁量了，毕竟自由裁量本身就是与“拘束裁量”（法律规定得十分明确，法官没有任何选择和判断余地）相对应的概念。但是法官行使自由裁量权不能违反法律强制性规定，不能与法律原则、立法本意相违背，不能超过法律所给定的限度、幅度、时间、手段、方式，否则不具有行使自由裁量权的正当性。

通常，自由裁量权存在于两种情形：一是法律没有规定的情况；二是法律有规定，但规定不具体或者不明确的情况。[①] 法官不能因为法律没有规定或者规定不明确、不具体而拒绝裁判，而要依据法律原则、立法原意作出不违反法律规定的裁判，作出在既有框架、幅度范围内的裁判。“只要符合自由裁量的两个要素，即依据法律事实和证据的认定，就不能叫做错案。”[②]

---

① 江必新：《论司法自由裁量权》，载《法律适用》2006年第11期。

② 张军：《法官的自由裁量权与司法正义》，载《法律科学（西北政法大学学报）》2015年第4期。

（二）法官行使自由裁量权以个案正义为目标

如前，法官行使自由裁量权应当是正义且合理的。由于成文法的滞后性与有限性，能够预设的模型都是有限的，法官通过行使自由裁量权在相应的裁量空间内可以实现更大程度的实质正义、个案正义，而不能作为谋求个人利益，甚至表达个人偏好的工具。民事检察官应当分析观察法官在行使自由裁量权时，是否充分考虑了案件的背景和情形、案件的特殊性，是否贯彻了立法意图，有无违反法律的强制性规定，以及个案的处理效果、对社会公众的法治引领效果，这样情形下行使的“理由充分”的、能够“自圆其说”的自由裁量权，当然是民事生效裁判监督应当予以充分尊重的。一个理由充分的自由裁量过程，往往伴随着法官充分的释法说理，法官会在裁判文书中公开自己的考虑、权衡、分析论证的过程，便于当事人知悉和信服，这也是自由裁量的透明化和法官的自我监督。

个案正义还应当是合理的，符合法律的价值衡量规则。当今社会，经济社会生活呈现爆炸式的变化，法律不可能不存在漏洞，民事司法面临巨大挑战，不仅最高人民法院享有实质的“司法性立法权”，法官在个案中的造法也并不罕见，面对新类型案件、面对法律漏洞，运用自由裁量权所进行的“临时性造法”应当是符合个案正义、个案理性的，符合“基本价值的社会共识”[①]，比如，生命利益大于健康、健康利益大于财产、生命利益不分高低、财产利益按照价值大小区分高低、弱者利益应当获得特别保护等；比如，应当尊重诚实信用原则、权力不得滥用原则、不得违反公序良俗、不得损害社会公共利益等。对于超越正当界限而滥用权利的，应当敢于给予负面的评价，比如法院分析认为“如将该建筑物占有系争土地部分拆除，势沿其面向道路部分包括屋柱与隔邻之墙壁垂直切割拆除，必影响全栋建筑结构体之安全”“被上诉人辩

---

① 梁上上：《利益衡量论》，北京大学出版社2021年版，第85页。

称，上诉人之请求为权利滥用云云，自属可取”,[①] 以及法院分析认为“公安机关在向新闻媒体提供侦破案件的相关资料，供新闻媒体用于新闻报道时，应尽谨慎注意义务以保护他人合法权益”“公安机关侦查行为的合法性、配合新闻媒体进行法制宣传的正当性以及新闻媒体自身在新闻报道中的过失，均不构成免除公安机关上述民事责任的法定事由”,[②] 都是自由裁量权的积极行使，合理平衡了权利的冲突。

三、尊重并容忍司法认识的有限性

人类认识的有限性和司法的程序性决定了司法认识的有限性。认识是“实践基础上主体对客体的能动反映”，自人类开始借助反思性原则，通过认识论问题取代本体论问题[③]，就逐步发展，意识到人脑的有限性、主观认识的有限性，进一步意识到人类认识所受到的社会历史的局限性，都表明了理性的有限性、人类认识的有限性。

不仅人类的智识是有限的，司法的程序性更加决定了司法认识的有限性。司法的突出特点是程序性，必须遵照一定的程序和规则认定、采信证据，民事证据根据真实性、合法性和关联性认定采信证据，形成法官认可的达到高度盖然性的证据链，刑事诉讼中更需要排除一些虽然很可能是真实的、能够反映案件事实的，但是不符合取证规则、要被排除的证据，司法程序只能照此认定事实，法律真实和客观真实是当然存在偏差的[④]，司法认识必然是有限的。

如果用“司法证明的目的”和“司法证明的标准”区分客观真实

---

① 黄立：《民法总则》，中国政法大学出版社 2002 年版，第 506 页。

② 参见“李某等诉某公安分局、某电视台等侵犯名誉权、肖像权纠纷案”，载《中华人民共和国最高人民法院公报》2007 年第 2 期。

③ ［德］康德：《纯粹理性批判》，邓晓芒译，杨祖陶校，人民出版社 2017 年版，第 361 页、第 399 页。

④ 景汉朝：《认识司法的有限性》，载《前沿论坛》2004 年第 22 期。

和法律真实[1]，则更为形象生动。司法证明的目的是追求和方向，带有一定的理想色彩，是司法活动查明事实的目标追求；司法证明的标准则侧重于表达追求之后的行为结果，是一定的价值观念被具体化之后，按照法律原则、规则所实现的结果。客观真实和法律真实并不是一对矛盾的概念，客观真实是司法活动不懈追求的目标，在案件事实的查明过程中均应当遵循此目标，甚至包括民事再审、刑事申诉制度的设立，都是为了始终坚持追求“公平正义”的法治理念[2]，追求和保障更大程度的实质正义。

按照民事诉讼法的规定，出现新证据的案件，只要不是对应法官在原审中未调查收集当事人因客观原因不能自行收集的证据，就不是确有错误的案件，但是有的案件也给检察官提出了问题。比如，原审裁判在一审中将举证责任分配给了某一方当事人，并向其释明应当通过申请鉴定查明事实，经释明该当事人仍拒不申请鉴定，二审未主动释明，该当事人亦未申请。败诉的裁判生效后，该当事人申请再审，在再审过程中申请鉴定，法院未予准许。该当事人向检察机关申请监督，并向检察机关提交其单方委托的鉴定意见，鉴定意见对该当事人有利，能够证明该当事人的主张。留下一个问题：检察机关是否应当抗诉？如何理解和把握《最高人民法院关于适用〈中华人民共和国民事诉讼法〉的解释》第 397 条规定的“审查再审申请期间，再审申请人申请人民法院委托鉴定、勘验的，人民法院不予准许”？

---

① 何家弘：《司法证明的目的是客观真实 司法证明的标准是法律真实》，载《诉讼法论丛》（第 7 卷），法律出版社 2022 年版，第 51 页。

② 陈国庆：《坚守新时代控告申诉检察工作的价值追求》，载《控告申诉检察工作指导》（第 1 辑），中国检察出版社 2020 年版，第 1 页。

后　记

我一直从事司法实务工作，实务工作给予一个法律工作者最大的“滋养”，就是能从各类纷繁复杂的案件中汲取养分。办案滋养成长，滋养反思，滋养习得，荣幸之至，亦时时惶恐。

毕业至今，我在法检两院工作了十六年，非常有幸并常怀忐忑地，从民事审判、民事生效裁判监督和刑事申诉的三个方向切入，持续办理了大量案件，每一个案件从细微到宏大、从事实认定到法律适用、从个案办理到类案延伸都不简单，涵摄模型的意义并非想象般重大，可能走到分析的最后一步才得以真正建立，那法律适用依凭的到底是什么？

从民事审判的视角，我更关心借助法律（以及在没有法律明确规定的情况下），如何“获致一份正当的个案裁判”，虽复杂但相对纯粹。从刑事申诉的视角，既要关心生效裁判的权威与稳定性，又要关心每一个案件的背后是否隐藏着“被曲解的灵魂”，不厌其烦地审查，方能坚守刑事申诉制度保障人权的价值初衷，而刑事申诉案件又在不经意间为我观察民事生效裁判监督案件提供了更丰富的视角：二者各有侧重，特色鲜明，制度和实践决定了刑事申诉案件的难点在于事实证据问题，民事生效裁判监督案件的难点是法律适用问题。

具体到民事生效裁判监督的视角，问题则复杂得多——我们有这样一项法律监督制度，但是它一直命运多舛。它是一项具有中国特色的检察制度，因而能够横向借鉴、参照、对比的对象并不丰富；它自诞生以来饱受争议，因担心影响民事生效裁判的稳定性、担心检察权介入民事诉讼中两造对立的平衡而被忌惮；又因把握不准要不要抗诉而不善运用；因检察权的行使要格外克制、审慎、谦抑而不敢用，再度循环性地陷入因为敢于出手的案件少、民事检察官的能力素质得不到海量案件锻造、抗诉质量似也堪忧、从而更加不敢抗的困境。

基本的逻辑顺序难道不应当是这样吗？首先，厘清检察机关的民事诉讼监督是“法律监督”；其次，明确宪法、人民检察院组织法和民事诉讼法所规定的民事生效裁判监督，当然有其正当性和必要性，用好、用准，则不应当受到所谓民事诉讼不被介入的质疑；再次，分析法律监督是特殊监督，有其特定的内涵和意义，即维护国家法律的统一正确实施，基于此，民事生效裁判监督的对象是公权力（审判权）行使；最后，突出对公权力行使的监督，要尊重民事诉讼规律，尊重审判规律，尊重法院基于诉讼过程优势地位而带来的优势结果，同时，基于维护法律统一正确实施的需要，将监督关注的重点置于法律适用问题和事实认定中的法律适用问题，与法官一道共同致力于推进个案乃至类案的法律监督。

不必将自己定位为一个“挑错者”，枉法裁判当然有应当承担的责任，而对于枉法之外的确有错误的案件，中性地进行个案纠正、关注类案、推进类案是民事检察官更自洽的定位，毕竟目标是法律统一正确实施。另外，确有错误的案件应当坚决抗诉，一项制度的深刻实践既需要质量，也需要相匹配的数量，允许检察官抗诉启动再审程序，令法官重审此案，这与我们允许法官在裁判中的认识分歧是同理的，也同样允许检察官的不同认识，使得一个案件通过再审，进一步辨明存在的重大分歧，即使不能改判，再审也是进一步辨明真相、释法说理（这几乎是申请监督案件法律文书普遍存在的短板）的过程，由法官再次强化判决理由（也有变化裁判理由的），不但不会弱化审判权威，反而会强化审判权威。

面对每一个案件，没有挑错与高下之心，只是追求当事人需要的正义，追求检察官内心遵从的正义，追求潜在类案、未来类案的更大覆盖面积的正义，并将案件中的正义最终培育为社会生活中的正义，终究是一件值得的事情。

因为办理民事生效裁判监督案件，曾屡屡与同事就个案的抗诉与否争论不休，引发了我对民事抗诉标准问题的思考，形成了2021年的《民事抗诉标准的再探讨》一文，国家检察官学院的一位教授看见后说，你来我们这里讲讲民事生效裁判监督案件的审查思维与方法吧，这个对检察官比较有用，讲完又顺手形成了《民事生效裁判监督案件的审查思维与审查方法》一文，这两篇文章的写作让我对民事生效裁判监督工作的价值定位、案件的办理有了相对系统的思考。再后来中国检察出版社的编辑老师联系我，她提出民事抗诉标准问题和案件审查方法问题都有着大量的实践需求，但是研究较少，想约两本书稿，我们就内容和体例进行了反复讨论、碰撞，可是后来由于我的懒惰拖延，只形成了一本，但我把抗诉标准和审查方法都融入到了这一本书里，并且更侧重于实践。最近，我又将民事抗诉、刑事抗诉标准进行了横向比较，留待今后继续研究、融贯。

书稿的写作是一个漫长的过程，得到了我的老师、同学、领导、同事的悉心指导，我经常在写到某个问题时想起他们中的某一位是某一领域的专家，就抓住他或她持续请教、讨论，所幸得到了毫无例外地耐心对待，在此真诚致谢。编辑老师就书稿的体例安排、文字表述做了大量具体繁杂细致的工作，在此真诚致谢。

“一切法律的总目标一般是或应该是增加社会幸福”，我们所做的也是这样，无论是办案还是法学写作，尊重法律、适用法律、信仰法律，并且追随法律共同增加社会幸福，也是幸福的！

兰 楠

2024 年 8 月